YUHIKAKU

日本政治史

現代日本を形作るもの

AN INTRODUCTION TO
A POLITICAL HISTORY OF MODERN JAPAN

著・**清水唯一朗**
　　瀧井一博
　　村井良太

有斐閣ストゥディア

日本政治史を学ぶ意義

　本書は，大学での日本政治史の入門講義用テキストを意図して編まれている。もちろん，一人でも学べるよう工夫し，また，大学生に限らず，歴史好きの高校生や，海外と／で仕事をするような社会人が広く手に取ってくれると，とてもうれしい。

　日本政治史は，「近代日本の政治権力に関する歴史的分析であり，政治権力を中心として見た近代史」であると定義される（北岡 2017：iii）。また，こう定義した北岡伸一が教科書の副題に「外交と権力」とつけたように，内政と外交の連関を重視する日本政治外交史の伝統がある。それは世界の中の日本という視座であり，本書も同様である。さらに，内政と外交が結び付くところには，生活があり思想があり文明史への広がりも含まれる。

　そもそも日本政治史を学ぶ意味はどこにあるのだろうか。第1に，史実を学ぶという意味がある。本書は，現在の日本政治史研究が示す理解の最先端をわかりやすく提供することをめざしている。その観点から日本政治にかかわる歴史上の基本的な事実とその相互の結び付き，変化が明らかにされ，現在の私たちがどのような世界に生きているのかの歴史的見取り図が与えられる。もとよりエピソードも重要であり，登場する人物の生涯には自らを励ますものがあるかもしれない。

　近年，歴史とは歴史家の語りたい物語に過ぎないのではないかという疑念を耳にすることがある。また，残された史料から現実を再現することも，そもそも可能なのだろうか。さらに，先に日本と中国との間で行われた歴史共同研究でも双方の見解が時に分かれたように，国境を越える歴史というものはないのではないか（北岡・歩 2014）。これらは，それぞれに傾聴すべき論点を含んでいる。しかしながら，史料などから裏づけられる尊重されるべき史実，共有できる史実というものはあり，史料の精査に立脚した歴史内在的な討論を通して，真実の漸近線（交わらないが限りなく近づいていく線）を描くことはできるのである。

　第2に，日本政治史を学ぶことには，その方法を学ぶという意味がある。政

治史は政治学における一つの方法であり，政治学における歴史分析である。それは政治学と歴史学の2つの学問領域が交わるところにある。政治学の中でいえば，歴史研究は事例研究の一つであり，過去にあった重要な政治的出来事を歴史資料等によって明らかにする。もとより何が重要であるかは問いによっても異なる。史料は大きな導きとなるが，史料を並べれば歴史が書けるわけではなく，史料や史実は分析されなければならない。政治史においては，エリートへの着目やリーダーシップの態様，制度の影響など関心の集まる領域があるが，いずれも全体の中に位置づける必要があり，時に諸外国の事例や同じ国の異時点間での比較が行われ，理論的知見が分析に活かされる。

　政治史のもう一つの側面は歴史学としての面である。そもそも史料には真贋〔しんがん〕があり，どちらの史料がより信頼に堪えるかという問題がある。史料批判といわれ，時間が離れた史料よりは直近の史料，第三者の史料よりは当事者の史料，史料の目的や残り方によっても問題への証明上の信頼性は変わってくる。同じ史料でも問いによって有効性は異なるのである。歴史家は新史料の発掘と紹介に大きな意義を見出す。しかし，新史料だから価値があるという単純な話ではなく，新史料によって古典的史料に新たな光が当たることもしばしばである。もとより本書では原史料はほとんど登場しないが，このような史料との接し方が本書の叙述の土台となっている。ぜひ専門書に読み進み，注を見てほしい。

　なお，歴史分析の方法に親しむことには2つの効用がある。一つは目利きとしての効用である。歴史リテラシー（歴史読み書き能力）といってもいいが，単なる物知りを越えて，ぜひ歴史書の評価者になってほしい。書かれていることの根拠，そして書かれていないことに注目することで，議論の信頼性を推し測ることができる。もう一つは自ら歴史の書き手となることをお勧めしたい。例えば自らの暮らす地域はどのような歴史をたどってきたのだろうか。図書館や博物館はもとより，近年では，文書館を完備する地方自治体も増え，地方史も活発である。また，自らの家族の移動に注目してもよい。自らの職業の歴史をひもとくことも有意義である。歴史を読み，歴史を書くことは最高の遊びの一つである。その際にも日本政治史は重要な見取り図を提供するだろう。

　そして第3に，政治を学ぶという意味がある。すなわち，歴史から政治を学ぶことができる。私たちは日々，政治との深いかかわりの中で生活している。政治には人々を結び付ける力もあれば，人々を引き離す力もある。政治にばか

り心を奪われることも不健全だが，人任せにしてしまうにはあまりに重要である。近代日本の歴史は政治の加害性を最も明らかなかたちで提示したし，災害後の救済や所得の再分配，防衛，公共財の提供など，政治にしかできないことも多い。私たちが生きる現代日本の政治体制は人権とデモクラシーによって基礎づけられている。それを日本の歩みを通じて理解することは，日本で生活する者の一つのたしなみであろう。

民主政治のもとで生活する中で，私たちはデモクラシー共同体の一員として政治の担い手であり，本書の読者の多くは選挙権をもつ有権者共同体の一員でもあるだろう。有権者共同体には，有権者でない年少者，外国籍者，生まれてもいないまだ見ぬ人々，そして人類への責任もある。本書が，政治の危険性と可能性，そして有権者の役割について，感受性や想像力を磨く手がかりになればよいと思う。

なお政治史を通して政治を学ぶ際に留意すべきは，そもそも自由な政治史研究ができる社会は当たり前ではないということである。政治史は自由な社会を必要としており，自由な社会は政治史を必要としている。そしてそれは歴史的に形成され，失われうるものである。

┃ 学びの環境変化 ┃

近年，大学での日本政治史の学びの環境は大きく変化している。一つには，高校での学びの変化である。歴史が暗記科目であるといわれて難問・奇問の知識を競っていたのは遠い昔のことで，大学と同様，基本的知識の上に立って自ら考えたり調べたりするアクティブ・ラーニングの力がますます求められるようになっている。さらに，2022年度に入学する高校新入生から近現代の日本史と世界史を学ぶ「歴史総合」が必修化される。このような変化は，もう一つの新必修科目「公共」が主権者教育を重視することともあわせて，政治学的感性と歴史学的感性を併せ持つ政治史の観点から歓迎される。中学ではそもそも世界史と日本史をあわせた，いわば歴史総合であった。高校は義務教育ではないが，私たちの社会が重力の働きや進化論などと同様，等しく共有すべきと考える歴史が，より詳細な像を結ぶことになる。そして，ほかならぬ日本の政治経験を学ぶことの意味は，自らの来歴を説明できること，そして日本国民が主権を行使できるのはデモクラシー共同体としての日本だけである点で大きい。

第2の変化は，第二次世界大戦後の歴史が長くなったことである。歴史研究にはその時々の問題意識が投影される。敗戦後の歴史学がまず追究したのは目の前の貧困の問題であり，平和の問題であった。第1段階として，日本政治史が問うたのはまず敗戦という過ちへの日本固有の道であり，民主主義の不十分さであった。それは他国にとっての反面教師であった。ところが，奇跡的といわれる復興から高度経済成長を果たして豊かさを享受し，クーデタも起こらない。1964年の東京オリンピックがそうであったように，「東洋で初めて」とか「アジアで唯一」といった言葉が好んで使われるようになると，非西洋諸国で日本だけが成功した固有の原因が問われる第2段階を迎えた。それには発展途上国のモデルを探す意味もあった。

　現在は第3段階である。その後，東アジアの国々も豊かになり，比較的平和になり，民主主義を享受する社会も多くなった。日本は低成長と人口減少と世代構造の悪化が憂慮されるようになった。「日米関係が世界で最も重要な二国間関係である」と述べたのはマンスフィールド元駐日アメリカ大使であったが，「失われた20年」と呼ばれた冷戦後の経済停滞と政治的混乱を経験して，その地位は明らかに低下している。少なくとももはや「唯一」の存在ではない。

　「唯一」でないことは，しかし悪いことではない。人口縮小が安定してもなお日本は国際比較の中で小さな国にはならない。日本の行動は国際社会で小さくない意味を持ち続けるのである。私たちは個人として世界と直接結び付く機会があるとともに，国家を通しても国際社会と結び付いている。唯一でなくとも小さくもない日本の道行きを考える時，日本語で日本を中心に人類の歩みを学ぶことの意義は大きいといえよう。本書は日本がある気象条件や地理条件，歴史的条件などからユニークであるとともに，ある条件が揃えばどこででも起こりうることであり，本質的に他国史と異ならないものとして理解している。

　また，敗戦からの時間的距離は過去から学びうる可能性を高める。国際政治学者の高坂正堯はフランスの政治指導者ド・ゴールの青年時代を論じる中で，百年以上もの間，王政への復帰を説く反動派と革命の理想の実現を求める急進派の間に引き裂かれてきたフランスにおいて共和制が自明なこととなる中で，かえって革命以前の旧制度から必要な知恵を見出すことを可能にしていたと指摘し，「王政という政治制度が最後の息を引き取ったことによって，人々はこれに対して客観的な態度をとり，そこから学ぶことができるようになったので

ある」と記した（高坂 1999：370）。戦後日本においてもいわゆる「戦後民主主義」が制度・意識の両面で定着し，植民地帝国としての大日本帝国が最後の息を引き取る中で，その智恵を学ぶことができるようになったのではないだろうか。

▌ 本書の特徴と構成——日本の来歴 ▌

ストゥディア・シリーズは，考える力を養い，自ら学びを深めるよう促すことを基本姿勢としている。本書もその一冊として，単なる知識のパッケージにとどまらず，日本を通して世界を見ることで，読者にとって世の中がどう動いてきたのかを考える手がかりとなることを期待している。それは日本で何がありました，誰がいました，ということのさらに先，どのような制度や構造の下で何が起こりうるのか（にもかかわらず起こらなかったのか）への感性を育む試みである。もとより，読んで楽しいものがよい。

本書は 1850 年代から 1950 年代の約 100 年間を扱う 4 部 13 章からなる。まず第 1 部（近代国家・国際関係の形成）は第 **1**〜**3** 章からなり，幕末・維新期の混乱から大日本帝国の成立までを論じる。黒船来航を機に従来の幕府による支配は動揺し，さまざまな政治勢力や構想の競合を経て天皇を中心とした新しい政権が誕生する（**1**章）。とはいえそれは終わりではなく，国際社会の荒波に耐えうる統一的で文明的な富国強兵国家を実現する近代国家建設の始まりであった（**2**章）。そのような明治維新の取り組みの一つのゴールに大日本帝国憲法制定と議会開設があり，日本は文明国と肩を並べる立憲国家の装いを得る（**3**章）。こうして世界の変化の中で日本も近代国家として国際社会を形作っていく。

第 2 部（近代国家・国際関係の運用と改良——大国化への適合・不適合）は第 **4**〜**7**章からなり，第 1 部で扱われた大日本帝国憲法の運用が始まって日清・日露戦争から第一次世界大戦までを論じる。憲法制定はまた新たな始まりであり，行政を構築し，議会を運営していかなければならない。そこで大きな争点となったのが「不平等」条約であった（**4**章）。そのような取り組みは東アジア情勢の緊張と相次ぐ対外戦争によって規定されていく。日清戦争（**5**章），日露戦争（**6**章）を経て植民地帝国化するとともに，政治・経済・社会の自立性が次第に高まり，政府と政党の結び付きも次第に深まって第一次世界大戦を迎えた（**7**章）。立憲国家が戦時と戦後を何層も重ねながら内実を整えていき，さらに植

民地の問題を抱え込んでいくのがこの時期の特徴である。

　第3部（現代世界の誕生——近代帝国日本の分かれ道）は第**8～10**章からなり，第2部を通して世界的な大国として成長した第一次世界大戦後の立憲帝国日本の日中戦争勃発前夜までを扱う。4年に及んだ第一次世界大戦は世界を変えたといわれるが，日本でも同様であった。大国となった日本で国際協調と結び付いた政党内閣の時代が幕を開ける（**8**章）。それは関東大震災の災後にあって「憲政の常道」と呼ばれる政党政治に結実したが，世界大恐慌と満州事変を受けて挫折していく（**9**章）。さらに政党政治と国際協調の回復に努めるも二・二六事件など国内の混乱と暴力によって果たせず，新たな均衡点を模索しながらも国際的孤立と政治の漂流が進んでいった（**10**章）。この時期の政治はさまざまな社会運動の台頭や市民社会的な文化の広がりをともない，明治の近代国家建設と昭和の戦争動員の物語として語られがちな近代日本の多様性やさまざまな選択を示すことにもなる。

　第4部（焦土の中の日本と再編）は第**11～13**章からなり，第3部の果てに戦われた日中戦争から第二次世界大戦を経て占領後の再編までを扱う。それは現在とも直接結び付く過去である。日本政治の再均衡点を探しながら日中全面戦争が始まり，戦時体制の構築が急がれた（**11**章）。ところがアジア太平洋戦争にまで発展し，薄氷を踏む終戦となる（**12**章）。帝国日本は解体され，明治立憲国家は新たな装いと条件の中で再出発する（**13**章）。すべてが戦争に塗りつぶされたかのようなこの時期にも日常はあり，第3部までの蓄積はどっこい生きている。

　本書が日本の来歴をたどるうえで，その始点と終点についてもう少し説明しておきたい。政治はいつの時代にも存在するが，日本政治史という場合，一般に19世紀半ばのペリー来航を始点として論じられる。それは冒頭の定義にもよるが，明治維新によって身分社会から職業選択の自由がまがりなりにも認められた社会に移行したことは，私たちの生きる現代社会に直接つながる過去として妥当な区切りといえよう。

　より論争的なのは終点である。本書は1955年前後を終点とした。それは1945年の敗戦時ではないということである。敗戦への道は一つの描き方であるが，現在では貫戦史など戦時下と占領下をひとまとまりとして理解する見方も有力である。また，憲法が変わり，占領が終わっても，すぐさま異なる政治

秩序が動き出すわけではない。したがって1947年の日本国憲法の施行でも1952年の講和独立回復時でもなく，本書は，政党政治だけでなくその後長期にわたる戦後政治の創発が形成されたと考える1955年前後を区切りとした。また，暗い谷間論ではないが，研究が進む中で現在の日本が1920年代以前の日本との連続性で語られることもあらためて多くなっている。その意味で歴史は単線ではない。

　なお，いずれ本書の後の時代を扱う別のストゥディア「日本政治史」が出版され，21世紀にまで議論が及ぶのだろう。しかし，本書は本書で未来に向かって完結していると考えている。一つには，すでに本書には1955年以降の時代を考える手がかりに満ちている。かえって19世紀末の日本の中に未来が見えるかもしれない。また，私たちは大学で学んだ知識で生涯を過ごすわけではない。重要なのは幹となる基本的知識とともに，情報を外から集めながらそれを総合し，位置づける基礎的な訓練である。そのような歴史分析力こそ本書を通じて身につけてほしい能力である。

┃ 歴史を活用する ┃

　最後に，歴史の活用についても簡単にふれておきたい。まず取り上げたいのは研究者にとっての活用である。政治学では近年，質的研究の高度化が積極的に議論されてきた。キング，コヘイン，ヴァーバは，定性的研究を，数量的な測定に依拠しているものではなく，一つ，もしくは少数の事例に着目し，徹底的な聞き取り調査を行ったり，歴史的資料を綿密に分析する傾向をもつと定義したうえで，その精緻化を議論した（キング＝コヘイン＝ヴァーバ 2004）。また，ガーツとマホニーは，定量的研究と定性的研究それぞれの長短を指摘し，それが総合的に行われる必要を述べている（ガーツ＝マホニー 2015）。

　さらに進んで歴史から理論をつくる興味深い試みもあらためて議論されている（保城 2015など）。一定の範囲の中で事例をすべて取り上げ，限定的であるが理論化を行おうとする。理論化は構造理解の深化に有用なだけでなく，他分野の研究者をはじめとして，社会への説明となる。

　次に政治エリートや公職者にとっての活用である。政治史は意思決定論や政治過程論と相性がよい。メイは名著『歴史の教訓』で第二次世界大戦後のアメリカ外交を題材に，外交政策形成者がいかに歴史から影響を受け，誤用するか

を論じて歴史の効果的利用方法と基盤となる歴史研究のあり方を検討した（メイ 2004）。科学的根拠に基づいた政策形成（EBPM）が高唱される中，定性的な歴史政策研究が政策形成の重要な基盤となることは見逃してはならない。

　そして最後に社会にとっての活用である。近代日本の外交史家清沢洌が1941 年に「外交史に関する知識が，今日ほど必要とされてゐるときはない。この知識を基礎とせずして造り上げられたる外交政策と，外交輿論は，根のない花である」と記した時，そこには公職者だけでなく国民の歴史理解が問われている（清沢 1941）。民主政治において国民は政治への参画者であり，そうでない社会においてすら重要なのである。現代の歴史家マクミランは歴史の濫用に警鐘を鳴らし，「謙虚であることは過去が現在に提供できる最も有用な教訓のひとつである」と述べている（マクミラン 2014：177）。そしてマクミランは「私たちは，断固として，できるだけ幅広く見るように気をつけなければならない」とも述べる（同上：159）。

　昨日のように今日があるわけではない。だから昨日を知らないといけない。今日のように明日があるわけでもない。だからこそ私たちは考え続けるのである。

　本書は比較的世代の近い 3 人の共著であり，企画・編集には有斐閣の岩田拓也氏にお世話になった。深く感謝したい。3 人で執筆した原稿を統合し，その草稿は五百旗頭薫先生，齊藤紅葉先生，曽我謙悟先生，武田知己先生，奈良岡聰智先生，待鳥聡史先生に見ていただいた。頂戴したコメントやチェックはいずれも真摯であり，緻密であり，本質的であり，専門家としての知見を惜しみなく提供してくださったものであった。心からお礼を申し上げる。ありがとうございました。教科書をつくることで最も学ぶのは筆者なのかもしれない。さらに未来の日本政治史の教科書のあり方も感じさせられるものであった。すべてを盛り込めたわけではないが，ともかく私たちは多くの助けを得て前に向かって走った。そして次の走者がまたバトンを手に走り継いでくれるのだろう。

　　2019 年 11 月

　　　　　　　　　　　　　　　　　　　　　　　　　　　著 者 一 同

＊引用・参考文献

ガーツ，ゲイリー＝ジェームズ・マホニー／西川賢・今井真士訳 2015『社会科学のパラダイム論争——2つの文化の物語』勁草書房。

加藤淳子・境家史郎・山本健太郎編 2014『政治学の方法』有斐閣。

清沢洌 1941『外交史』東洋経済新報社。

北岡伸一 2017『日本政治史——外交と権力〔増補版〕』有斐閣。

北岡伸一・歩平編 2014『「日中歴史共同研究」報告書2　近現代篇』勉誠出版。

キング，G.＝R. O. コヘイン＝S. ヴァーバ／真渕勝監訳 2004『社会科学のリサーチ・デザイン——定性的研究における科学的推論』勁草書房。

久米郁男 2013『原因を推論する——政治分析方法論のすゝめ』有斐閣。

高坂正堯／高坂正堯著作集刊行会編 1999『宰相吉田茂』（高坂正堯著作集4）都市出版。

保城広至 2015『歴史から理論を創造する方法——社会科学と歴史学を統合する』勁草書房。

マクミラン，マーガレット／真壁広道訳 2014『誘惑する歴史——誤用・濫用・利用の実例』えにし書房。

メイ，アーネスト／進藤栄一訳 2004『歴史の教訓——アメリカ外交はどう作られたか』岩波現代文庫。

著者紹介 (五十音順)

清 水　唯一朗 (しみず　ゆいちろう)

1974 年，長野県に生まれる。

1999 年，慶應義塾大学法学部卒業。

2003 年，慶應義塾大学大学院法学研究科博士課程単位取得，退学。博士（法学）。

現在，慶應義塾大学総合政策学部教授。

専門は，日本政治外交論，オーラル・ヒストリー。

主な著作に，『政党と官僚の近代——日本における立憲統治構造の相克』（藤原書店，2007 年），『近代日本の官僚——維新官僚から学歴エリートへ』（中公新書，2013 年，日本公共政策学会賞受賞），『原敬——「平民宰相」の虚像と実像』（中公新書，2021 年），など。

瀧 井　一 博 (たきい　かずひろ)

1967 年，福岡県に生まれる。

1990 年，京都大学法学部卒業。

1995 年，京都大学大学院法学研究科博士後期課程単位取得，退学。博士（法学）。

現在，国際日本文化研究センター教授。

専門は，国制史，比較法史。

主な著作に，『文明史のなかの明治憲法——この国のかたちと西洋体験』（講談社選書メチエ，2003 年，大佛次郎論壇賞・角川財団学芸賞受賞），『伊藤博文——知の政治家』（中公新書，2010 年，サントリー学芸賞受賞），『大久保利通——「知」を結ぶ指導者』（新潮選書，2022 年，毎日出版文化賞受賞），など。

村 井　良 太 (むらい　りょうた)

1972 年，香川県に生まれる。

1995 年，神戸大学法学部卒業。

2002 年，神戸大学大学院法学研究科博士課程修了。博士（政治学）。

現在，駒澤大学法学部教授。

専門は，日本政治外交史。

主な著作に，『政党内閣制の成立　一九一八〜二七年』（有斐閣，2005 年，サントリー学芸賞受賞），『佐藤栄作——戦後日本の政治指導者』（中公新書，2019 年，日本防衛学会猪木正道賞特別賞受賞），『市川房枝——後退を阻止して前進』（ミネルヴァ書房，2021 年），など。

目　次

第 1 部　近代国家・国際関係の形成

CHAPTER 1　江戸幕府の崩壊と新秩序の模索　2
明治維新への道

CHAPTER 2　近代国家の建設　21
急激な近代化に成功した要因は何か

大日本帝国憲法の制定と議会の開設 　　　　　39

立憲国家建設プロジェクト

第 **2** 部　近代国家・国際関係の運用と改良
大国化への適合・不適合

国制の構築と条約改正への道 　　　　　60

「不平等」条約をどう改正したか

日清戦争と国民・政党　　　　　　　　　77

初の対外戦争の意味

日露戦争と韓国併合　　　　　　　　　　99

中華世界から列強世界へ

第4部　焦土の中の日本と再編

CHAPTER 11 日中全面戦争と真珠湾への道　　208

近衛文麿を求めた日本

CHAPTER 12 アジア太平洋戦争下の日本　　228

帝国日本の崩壊

CHAPTER
13 戦後改革と日本の再出発 252
国民・国際社会との絆の回復

Column●一覧

＊ 執筆に際し，直接引用したり参考にしたりした文献は，各章末に一覧にして掲げた。本文中では，著作者の姓と刊行年のみを（　）に入れて記した。
　　　例　（北岡 2017）
　　　　　　北岡伸一 2017『日本政治史──外交と権力〔増補版〕』有斐閣。
＊ 年号については，改暦（1872〈明治 5〉年 12 月 9 日）を基準に，それ以前の時期は太陰暦を使用し，和暦で表記し，それ以降の時期は太陽暦を使用し，西暦で表記している。

第 **1** 部

近代国家・国際関係の 形成

PART

1

第 **1** 章

江戸幕府の崩壊と新秩序の模索

明治維新への道

🎧「大政奉還」（邨田丹陵筆，聖徳記念絵画館蔵）

INTRODUCTION

　嘉永 6 （1853）年，アメリカの東インド艦隊司令長官のペリー率いる艦隊が，国交の樹立を求めて日本を訪れた。いわゆる黒船来航である。これを機に，徳川将軍家による支配は大きく動揺し，時代は幕末の世に入る。慶応 3 （1867）年に将軍徳川慶喜は大政奉還を行い，その後の王政復古のクーデタ，戊辰戦争を経て，天皇を中心とする新しい政権がもたらされた。本章ではそのような明治維新へと至る複雑な政治的激動の時代を取り扱う。この時期を突き動かしたさまざまな政治勢力の動向と相互関係をわかりやすく解説しながら，それらがめざした政治理念や国家構想にも着目しつつ，明治維新への道のりを概説する。

第 1 章関連年表

年　月	事　項
嘉永 6 (1853) 年 6 月	アメリカ東インド艦隊司令長官ペリー，浦賀に来航
安政 1 (1854) 年 3 月	日米和親条約締結
安政 5 (1858) 年 6 月	日米修好通商条約調印。以後，9 月までの間に蘭，露，英，仏の 5 カ国と条約結ぶ（安政の五カ国条約）／安政の大獄
万延 1 (1860) 年 3 月	桜田門外の変
文久 2 (1862) 年 4 月	島津久光，率兵上京。尊王攘夷派活気づく
8 月	生麦事件
文久 3 (1863) 年 5 月	長州藩，下関で外国艦船を砲撃。攘夷を決行
7 月	薩英戦争
8 月	八月十八日の政変
元治 1 (1864) 年 7 月	禁門の変（蛤御門の変）／第 1 次長州征討の命下る
8 月	英，米，蘭，仏の四カ国連合艦隊，下関を砲撃
慶応 1 (1865) 年 5 月	幕府，第 2 次長州征討命じる
10 月	安政の諸条約勅許
慶応 2 (1866) 年 1 月	薩長間に密約成立（薩長盟約）
8 月	長州征討中止
12 月	一橋慶喜，将軍に就任／孝明天皇，死去
慶応 3 (1867) 年 1 月	明治天皇即位
10 月	徳川慶喜，大政奉還を上表

1　開　国　　　　Ⅲ▶ペリー来航と江戸幕府

ペリー来航前夜の世界と日本

　明治維新はいつ始まりいつ終わるのか。1 人の人物の目からまずは見てみよう。少年は 1849 年に当たる嘉永 2 年，京都に右大臣の次男として生まれ，2 年後に同格の公卿であった西園寺家の養子となった。西園寺家は琵琶をよくしたので，彼も長じれば琵琶の師匠となったかもしれない。しかし時勢はそれを許さなかった。日本研究者ジャンセンは幕末の周旋家坂本龍馬の伝記を「日本の維新活動家の形成年間におけるいちじるしい知的，政治的経験は，西洋の脅威に対して彼らの社会は抵抗しきれないという発見であった」という一文で始めている（ジャンセン　2009）。西園寺少年もまた自らを取り巻く環境の激変する中，1940 年までの短くない生涯を歩んでいくことになる。

19世紀中葉の日本が直面した危機はまず対外危機であった。嘉永6年6月3日，アメリカ東インド艦隊司令長官ペリーは4隻の黒船を率いて浦賀沖に現れ，日本の対外政策に変更を求めた。

　ペリーが来航した19世紀国際環境の特徴は，地球上に一つの世界が出現したことであった。従来，イスラム世界やキリスト教世界，中国を中心とする東アジア世界など，世界は複数の多様な文明圏が並存しつつ交流してきたが，18世紀後半に産業革命を果たしたヨーロッパ文明は世界市場の一体性を周囲に強制していった。1648年のウェストファリア条約を端緒として，ヨーロッパでは主権国家を中心とする国際関係が基調となり，それら諸国は海外に植民地を擁するようになっていた。したがって，西力東漸という日本の直面した危機は同時に東アジア全体の危機でもあった。

　かつて盛んに行き来した日中朝東アジア三国の関係は19世紀には希薄化していた。たびたびの遠征によって大帝国を築いた清国も自足の大国として貿易港を広州に限っていた。また，李氏朝鮮は中国と冊封・朝貢関係にある「属国」であったが，「自主」的な対外関係を認められていた。日本との間では18世紀後半には交易も行われなくなり，文化交流に寄与した朝鮮通信使も江戸ではなく対馬どまりとなったが，それも1811年には途絶えた。その中で清は1840年に始まったアヘン戦争に敗北し，42年の南京条約など一連の条約によって香港島の割譲と開港地の拡大，そして治外法権，関税自主権の放棄，片務的最恵国待遇を認めることになった。他方，イギリス植民地からの独立後，大西洋国家として出発し，領土を西へ西へと拡大してきたアメリカでは，1848年，メキシコから奪い取ったばかりのカリフォルニアで砂金が発見され，人口が急増した。鯨油を目的とする捕鯨漁の活況もあり，太平洋の行き来は増していた。アメリカはペリーの前にも幾度か日本の扉をたたいている。また，北方のロシアもしばしば日本に通商を求めた。

　日本は戦国時代を経て17世紀初頭に武家政権である幕府が江戸に開かれ，幕府と諸藩からなる幕藩体制が長い平和を維持していた。幕府の政治は譜代大名を中心とする幕閣によって排他的に行われ，学問は儒教，中でも朱子学が奨励されたが，中国や朝鮮とは異なり，試験任用制である科挙制度は導入されなかった。このような幕藩体制は次の3要素の凍結によって特徴づけられる（升味　1988）。第1は朝廷である。朝廷は幕府によって厳しく管理されたが，他方

で幕府の支配を正当化する制度的権威として残され，朱子学による「大政御委任」の擬制があった。第2に外様大名である。徳川幕府との間には擬制的主従関係があったが，外様大名も朝廷と同様，厳格な管理の対象であった。そして第3の要素が外国であった。各藩が個別に貿易を行うことは禁じられ，徳川幕府の管理の下，限定的な対外関係にとどまっていた。江戸期の日本は宗家（対馬）を通して朝鮮と，島津家（薩摩）を通して琉球と，松前家（蝦夷地南端）を通して蝦夷地住民すなわちアイヌと，そして徳川直轄の長崎を通して他のすべての対外関係すなわち中国，オランダと交流があった。こうして鎖国政策というつくられた伝統が形作られた。

　260年の長い平和の下で江戸は百万都市となり，各藩には藩校がつくられた。明治維新後の日本の近代化は世界の耳目を集めたが，文物，学術はもとより俳句や剣術のネットワークなど江戸期の遺産は大きい。徳川支配の下，各藩がそれぞれ国家であると同時に，日本という単位が意識されていったのである。

┃ペリー来航と日米和親条約──阿部正弘政権┃

　他方で，幕府は財政に苦しみ改革に次ぐ改革を余儀なくされ，また藩政改革に成功した藩とそうでない藩とで体力に差が生まれていた。さらに，先に述べたように日本近海には外国船がたびたび姿を現し，北方の領域への関心も芽生えていた。幕府は，イギリス軍艦が長崎に侵入したフェートン号事件を受けて1825年に無二念打払令（異国船打払令）を出し，清国，オランダ以外の外国船をすべて撃退するよう命じていた。これは日本の断乎たる姿勢を示すことで摩擦を避けようとするものであったが，1837年に友好の証しとして日本人漂流民を連れて来航したアメリカ船モリソン号は砲撃を受けて追い返され，これを批判した渡辺崋山，高野長英といった洋学者は蛮社の獄で弾圧された。

　しかし，アヘン戦争の報が伝わると，1842年に薪水給与令を出し，漂着した外国船には薪水と食料を与えて速やかに日本を離れさせるようにと方針を転じた。大国中国の敗北は驚愕の出来事であったが，日本以上に深刻に受け止めたのがオランダであった。別段風説書としてアヘン戦争の詳報を伝えていたオランダは，日本が清国の轍を踏むことを恐れ，1844年には幕府に国王の親書を送り，開国を勧告したのであった。幕府はこれを拒絶したが，1852年にはアメリカ使節ペリーの来航予定がオランダから伝えられた。

果たしてペリーは，琉球王国，小笠原諸島を経て，浦賀沖に4隻からなる艦隊を率いてやってきた。幕府の対応を担った老中首座の福山藩主阿部正弘は，アヘン戦争を念頭に，鎖国を定めた祖法破棄と戦争への懸念の板挟みになりながら，開国と通商を求めるフィルモア大統領の書簡を臨時の処置として浦賀で受理した。これに際してのペリーの準備は周到なものであり，既述のようにオランダを通して事前通告を行っていた。ペリーは強硬姿勢を維持しつつも翌年再来航して返事を受け取る旨を伝え，江戸湾内の測量を行ったうえで再び琉球王国に向かって去った。

　阿部はこの未曽有の危機に接して従来の統治様式を変更する行動に出た。第1に，諸大名や幕臣にまで広く大統領の書簡の和訳を示して意見を求めた。名案が出たわけではないが重大事について広く意見を求める「公議輿論」の意識が広がる契機となった。第2に京都所司代を通じて朝廷にも状況を伝えた。西欧列強と日本との国防上の能力差を知る幕府首脳は，鎖国の長い伝統を放棄せざるをえないであろうという見通しのうえで，国内での反発を和らげるためにこのような措置に出たのであった。そして第3に幕臣中から新進気鋭の人物を抜擢した。海防掛を務めた岩瀬忠震や，他に川路聖謨，勝海舟などである。さらに阿部は禁止されていた大型船建造を許可制に改め，台場の建設と鉄砲の鋳造を行った。そしてオランダに軍船を発注し，長崎海軍伝習所を作った。のちの文久元年6月（1861年7月），軍艦奉行の下に軍艦組という海軍将校の組織ができたが，これが日本における洋式海軍の起源となる。また蕃書調所を設置し，蘭学の伝統は洋学へと発展していく。

　日本に開国を求めたのはアメリカのみではなかった。ペリーに引き続き，ロシア使節プチャーチンが国交樹立交渉のため長崎に来航した。これに刺激されたペリーは，年明け早々の嘉永7年1月（1854年2月）に再来航し，横浜への上陸を果たした。将軍への献上品には4分の1サイズの蒸気鉄道の模型など文明の伝道者としての意識が見られ，日本側には西洋文明に対する積極的な吸収への意欲がすでに見られた。交渉の末，3月には日米和親条約が締結された。ここで定められたのはアメリカ船が必要とする燃料や食料などを供給すること，難破船や乗組員を救助すること，下田・箱館の2港を開き，領事の駐在を認めること，アメリカに一方的な最恵国待遇を与えることであった。のちに不平等条約の一要素となる最恵国待遇は，一々諸外国と交渉することを回避し外交コ

ストを下げるためのものであった。幕府はイギリス，ロシア，オランダとも同様の条約を結んだ。イギリスとロシアとの条約では長崎開港が約束され，最恵国待遇によって他国にも権利が広げられた。なおペリーは帰途再び琉球に立ち寄り，琉米修好条約を結んだ。

アヘン戦争に衝撃を受けた松代藩士佐久間象山は「和魂洋才」を唱えて兵学や砲術など蘭学に努め，門人であり兵学家であった長州藩士吉田松陰はアメリカへの密航を図って拒絶され，投獄された。和親条約の締結は鎖国体制に風穴を開けたが，幕府から見れば通商を排除できた点で一定の成果であった。しかしその背景には，アメリカにとっては中国市場が重視されていたこと，イギリスにとってはクリミア戦争によって当初，貿易への願望が抑えられたことがあった。

■ ハリス来日と日米修好通商条約 ■

開港の次に問題となったのが，市を世界に開く開市，すなわち国際貿易であった。そこに登場するのが日米和親条約に基づいて1856年に派遣されたハリス総領事であった。

陶磁器輸入商で清国の寧波領事の経歴をもつハリスは，通商条約の締結を求めて江戸で将軍との謁見を望んだ。隣国清はアロー号事件で英仏両国と第2次アヘン戦争を戦っており，ハリスは早急にアメリカとの間で通商条約を結ぶことが日本の利益であると説得に努めた。この結果，安政4年5月（1857年6月）には和親条約追加規定，いわゆる下田協約が調印され，この規定の第4条によって領事裁判権が定められた。

同時期，阿部の急死にともなって，老中首座に就任していた佐倉藩主堀田正睦に実権が移ったが，彼我の武力差を素直に受け止め，有力大名と協力し，朝廷の権威を助けに開国を進めるという基本方針は変わらなかった。さらに，幕臣中にも積極的開国を望ましいと考える声が上がる中，安政5年（1858年），堀田は朝廷に日米修好通商条約締結の勅許を求めた。堀田は勅許が比較的簡単に得られると考えていたようである。しかし，孝明天皇は，開国は神州を汚すと考え，公議が未だ尽くされていないという理由で拒否した。

これをきっかけに堀田は老中を辞め，先の意見聴取では開国を主張した彦根藩主井伊直弼が大老となり，公議手続きをやり直そうとした。しかし，その矢

先に清が敗北を認めて天津条約を結ぶと，ハリスは英仏の脅威を説いて強硬に通商条約の調印を迫った。井伊は状況が切迫する中で無勅許のまま日米修好通商条約に調印することを決断した。

　同条約は，神奈川，長崎，新潟，兵庫の開港と，江戸・大坂の開市，通商は自由貿易とすること，開港場に居留地を設け，一般外国人の国内旅行を禁ずること，居留地内での領事裁判権を認めること，日本の関税についても相互で協定して決めることなどを定めた。オランダ・ロシア・イギリス・フランスとも同様の条約が結ばれ，「安政の五カ国条約」と呼ばれる。ペリーが大西洋航路で来日したのに対して，1860年には日米修好通商条約の批准書を携えて日本の遣米使節団が太平洋を横断した。この時，長崎海軍伝習所でオランダ士官から学んだ幕臣勝海舟が随行船咸臨丸の艦長を，漂流してアメリカ社会を経験した土佐出身のジョン万次郎こと中浜万次郎が通訳を務め，大坂の緒方洪庵の適々斎塾で学んだ中津藩士福沢諭吉も同船していた。遣米使節一行はアメリカで熱烈な歓迎を受けた。

　他方，幕末貿易は輸出入額では横浜が圧倒的に多く，貿易相手国としてはイギリスが先頭に立った。アメリカは1861年から65年まで南北戦争に忙殺され，後退した。日本からは生糸や茶などが輸出され，毛織物や綿織物，武器などが輸入された。貿易は大幅な輸出超過で物価が上昇した。また，日本と外国の金銀比価が，外国では1対15，日本では1対5と大きく異なったため，貨幣の改鋳までに大量の金貨が一時海外に流出した。そのような混乱もありながら，当初中国市場が重視され，寄港地や薪水補給地として期待された日本の市場価値は，中国国内の混乱もあって次第に高く評価されるようになった。

　こうして開国に至ったが，勅許を求めながら無勅許調印した事実は対外危機を国内危機へと転化させ，国家理性を代表する幕府に対し，国民感情を代表する権力として朝廷が台頭する契機となる。他方で幕末外交への近年の評価は比較的高く，交易は幕府再強化の契機もはらんでいた。不平等条約というものの，清と比較した場合，敗戦による不平等条約と交渉によるそれでは質が異なる。もっとも，調印後の混乱の中，協定関税の税率が下がり，不平等性が増すことにもなる。

2 動乱の時代　▶▶尊皇攘夷の激化と公議輿論の行方

公武合体の模索——幕府権威の凋落

　安政7年3月3日（1860年3月24日）早朝，江戸城桜田門から登城しようとする大老井伊直弼の一行が襲撃され，井伊はその場で殺害された。桜田門外の変である。井伊の取り仕切る幕政を不満とする水戸脱藩者を中心とする浪士たちの犯行であり，幕府の執政者がテロに斃れるという前代未聞の凶事が起こったのである。

　幕末という激動の時代の中でも，この桜田門外の変はエポックメーキングな出来事として特筆される。天皇の勅許を得ずに強引に外国との条約締結を行ったことにより，京都の朝廷は幕府の条約無断調印を難じる勅諚を水戸藩と幕府に降下することを決定した（戊午の密勅）。折からの将軍跡継ぎ問題で，水戸藩の徳川斉昭の実子・一橋慶喜を推す声に対抗して紀州の徳川慶福（家茂）を擁立していた井伊は，水戸藩への密勅の降下を機に幕府の政策に反対する者への大規模な弾圧に乗り出す（安政の大獄）。

　権力者による暴力とは，えてして自己の存立に対する不安や弱気に起因するものである。安政の大獄は弱体化した幕府権威の締め直しを図ろうとしたものであったが，桜田門外の変の後，その動揺は明らかとなる。権威の失墜した幕府は，京都の朝廷へのすり寄りを見せる。公武合体の模索である。

　この時期の公武合体運動をシンボライズするのが，孝明天皇の妹である和宮の将軍徳川家茂への降嫁である。この輿入れを推し進めたのが，当時まだ下級の公家に過ぎなかった岩倉具視だった。和宮降嫁について下問を受けた岩倉は，徳川に委任していた政権を徐々に朝廷のもとへ回収し，公議輿論に基づいて国の政治を確立すべし（「和宮御降嫁ニ関スル上申書」『岩倉文書』Ⅰ：143）と答申した。

　岩倉のこの意見は，朝廷の中でかくも幕府を軽んじる見解が公言されていたことで注目される。つい先ほどまで厳しい圧政が行われていたことへの恐怖は微塵も認められない。幕府の足元を見透かした強気な立場の表明である。岩倉

は翌年12月の和宮の江戸入城に供奉したが，その際，幕府の閣老に対して，幕府に孝明天皇を退位させるとの噂があることを詰問し，それを否定する前例なき誓書を書かしめた。一公家にこのように屈してしまうほど幕府の権威は凋落していたのである。

　和宮降嫁の条件として，朝廷に対して幕府は10年以内に攘夷を行うことを約した。和宮降嫁は公武合体をシンボライズすると同時に，攘夷への転換を朝廷に約束したものとも考えられている。だが，この場合の攘夷とはどのような意味をもっていたのだろうか。

　この頃，長州藩の家老長井雅楽が「航海遠略策」（文久元年〈1861年〉3月）と呼ばれる建言書をとりまとめ，幕府と朝廷の公武合体を周旋していた。その論旨はこれまでの鎖国策を批判し，「皇威海外ニ振」うべきと主張した積極的開国論である。しかし，それは攘夷と矛盾するものとは考えられていなかった。長井の説くところは，「急速航海御開，御武威海外ニ振ヒ」，「一皇国ヲ以テ五大洲ヲ圧倒」すべし，すなわち国を開くことによって海外に国威を轟かせよというものだった。外国の圧力をはねのけるという点で攘夷を唱道するものにほかならなかったのである。「時勢事理ヲ深察」すれば鎖国を維持することはできない。開国したうえで国力を蓄え，列強と対抗するべし。そのための前提として必要なのが，公武合体による盤石な国内体制の確立だった。

▍尊攘運動の激化 ▍

　長井の「航海遠略策」に典型的に表れているように，当時，開国するということは外夷に屈することとは必ずしも考えられてはいなかった。それもまた攘夷のためにほかならなかったのである。長井と同じ長州人，かの吉田松陰も同様に積極的に国を開き，諸外国と通商関係を結んで国の独立自尊を勝ち取ることを主張している。長井と吉田は長州藩内にあって政敵の関係だったが，政治的な目標は異なってはいなかった。

　このように，この当時，攘夷ということは政治的立場を分けるメルクマールとはならない。開国するにせよ鎖国を貫くにせよ，それはともに攘夷の現れとみなされていたからである。そもそも，これまで通りの鎖国政策を堅持するとの立場は例外的だった。排外的な攘夷論もそのもとをたどれば，勅許を得ずに幕府が条約を結んだことの非を唱えるものであり，手続的瑕疵に基づく条約の

見直しに端を発するという側面を無視することはできない。

　桜田門外の変の後の政治情勢を指して，尊皇攘夷運動の激化としばしばいわれる。特に，井伊に続き幕府の老中安藤信正が水戸浪士らに襲撃された坂下門外の変，そして薩摩の島津久光が公武合体推進のため京都へ兵を引き連れて上京するという事態が続いた文久2（1862）年は，尊攘論時代の開幕と呼ばれる。とりわけ久光の率兵上京は全国の脱藩浪士をすこぶる刺激し，彼らが上方に結集する事態となった。

　久光自身は尊攘論の激化を危ぶみ，薩摩藩の過激派藩士の粛清（寺田屋事件）を行い，朝廷に浪士が取り入ろうとするのを防ぐなどしたが，体制の弛緩によって堰を切ったように奔流した下級藩士たちの激情は，時代の潮流となった。それに棹差したのが，長州藩である。

　この年の7月，長州藩の京都藩邸で御前会議が開かれた。藩主父子の面前で藩の政治方針をめぐって激論が闘わされ，その結果，長井の航海遠略説は否定され，尊攘論へと藩論の転換がなされた。それも，即今攘夷論への転換である。長井は翌年，切腹を命じられた。

　明くる文久3年の5月10日，長州藩は外国船への砲撃を開始した。この日は，幕府が朝廷に対して攘夷決行の日として約束させられていた日である。長州には大義名分があった。長州の攻撃に対して，アメリカとフランスの艦船が報復し，砲撃を行った下関の砲台は占拠された。彼我の力の差を見せつけられたわけだが，長州藩の実力行動に引き続いて，薩摩藩とイギリスとの間でも戦端が開かれ（薩英戦争），幕府も尊攘派に押されて横浜の鎖港を約束せざるをえないという窮地に追い込まれた。

　なお，注目されるのは，攘夷の決行と同時に，長州藩がイギリスに密航留学生を派遣していることである。伊藤博文，井上馨というのちの明治政府の立役者を含む5人の長州藩士を送り出したのは，航海策から攘夷への藩論の転換を指導した周布政之助だった。周布は，新しい時代を支える「活きた器械」となるよう留学生を派遣した。攘夷論が猖獗を極める中で自らも転向せざるをえなかった周布の撒いた一粒の航海策の種が，のちに大きな実を結ぶことになる。

▌薩長の対立と提携──八月十八日の政変から薩長同盟まで

　文久3年8月14日，桂小五郎（のちの木戸孝允），久坂玄瑞，平野国臣とい

った過激攘夷派志士に対して，朝廷の学問所である学習院への出仕が命じられた。「攘夷強硬論の錚々たる志士が，御所九門の中の朝廷の公認した場で発言し活動できるようになった」（佐々木 2004：162）のである。前年の島津久光の率兵上京以降，京都の雰囲気は様変わりした。各地から過激派浪士が集まり，暗殺が横行する物騒な世相となっていたが，そのような輩は御所の中を闊歩するありさまとなっていたのである。

　このような実状に対して，朝廷の秩序を回復しようとしてクーデタが起こされる。八月十八日の政変であり，会津藩と薩摩藩の公武合体派が中心となって長州藩の京都からの追放がなされた。三条実美ら長州藩と通じていた急進派の公家は謹慎を命じられ，京都から長州に落ち延びた（七卿落ち）。

　この政変の直後，孝明天皇は京都に居合わせていた大名たちに対して，この間に発せられた勅命には真偽不分明なものがあり，これから先出されるものこそ真の勅命だと伝えた。尊攘激派に突き上げられてやむなく出した嘘の命令だったというのである。天皇は確かに外国人を毛嫌いする排外主義者だったが，攘夷に自ら手を染めるのではなく，これまで通り幕府を頂点とする武家がそれを行うべきと考えていた。どこの馬の骨ともわからぬ志士たちによって朝廷が政治化することには否定的だったのである。とはいえ，天皇が自らの勅命を偽物と公言したことの意味は重い。これによって勅命ならびに天皇の権威の失墜は避けられなくなった。

　翌年の元治元（1864）年 7 月 19 日，復権をめざして京都に入った長州藩士たちと薩摩と会津の藩兵を中心とする幕府側勢力の間で戦闘が行われた（禁門の変）。クーデタ前の天皇の攘夷の勅命こそ真の天皇の意思であるという一念で上京した彼らだったが，敗退して今度は長州征討の勅命が下ることになる。あまつさえ 8 月 5 日には，英仏蘭米の四国連合艦隊が下関への砲撃を開始した。まさに内憂外患に一挙に見舞われ，長州藩存亡の危機と思われた。

　しかし長州征討は不発に終わる。長州の内部で藩政の転換が遂げられ，それまで主導権をとってきた急進派（正義派）は退けられ，保守派（俗論派）が政権を握った。新政権は征長軍に恭順の意を示し，自害した 3 人の家老の首を差し出した。また，幕府の指揮する征長軍のほうも諸藩の寄せ集めで士気が振るわず，12 月 27 日に撤兵令が出された。

　八月十八日の政変からここまでの政局は，政治に携わる人々に国家観の転換

を迫るものだった。幕府にせよ朝廷にせよ既存の権威はもはや頼むに値しない。かといって，自分たちが直接仕える主君たる藩主への忠孝も絶対ではない。それだけでは日本という単位に襲いかかってきている外国からの脅威に対抗できないからである。旧来の帰属先である藩を越え出た新たな国家を構成することが喫緊の課題となる。

　以上のような経緯がある故に，木戸孝允は慶応元（1865）年7月，私信において自らを長州の人間ではないと述べたうえで，「今日の長州も皇国の病を治し候にはよき道具と存じ申候」と書き記し，大久保利通は同年9月に幕府が長州再征の勅命を働きかけているとの報に接しても，「非義の勅命〔は〕勅命に有らず」と啖呵（たんか）を切るに至ったのである。立場の違いを超えて，皇国＝日本を盛り立てていかなければならないという共通の意思が芽生えていた。

　ここに，かつて敵同士であった薩長提携の素地が生まれる。前述の長州再征の勅命が降下されるに先立つ9月8日，長州藩主毛利敬親と世子定広が薩摩の島津久光・茂久（忠義）父子に親書を送り，これまでの両藩の行き違いに遺憾の意を表明し，提携を依頼した。これを受けて，翌年の慶応2年1月21日，薩長同盟が締結された。それが果たして幕府に対する軍事同盟を意味するものといえるかについては諸説あるが，長州が幕末政局の中心的アクターとして返り咲く機縁となるものであった。

　それと反比例して，幕府の正当性は揺らいでいく。前述のように，幕府が主導する長州再征の動きを「非義の勅命」をふりかざすものと大久保利通は喝破したが，幕府の道は他の雄藩からも疑問視され，その道義性は失墜していく。ここに支配の正当性の再構築をめざす革命的状況がかもし出され，いよいよ明治維新へ向けての最終局面へと舞台は展開していくのである。

大政奉還への道のりとその後

▌孝明天皇の死と政局の不安定化▐

　慶応2（1866）年12月25日，孝明天皇が突如世を去った。その死はあまりに突然であり，容態が奇妙であったことから毒殺説や殺害説がささやかれるほ

どであった。

　かくして，慶応3年は諒闇の中で明けることとなった。代替わりはえてして不安定をもたらす。孝明天皇のように，先代の力が強ければ尚更である。加えて1月9日に践祚した睦仁親王（のちの明治天皇）は，いまだ14歳であった。天皇としての伝統的権威はまとっていても，先帝のような存在意義は持ちうべくもない。

　それは，逼塞していた王政復古派にとってまたとない好機にほかならない。彼らはまず，孝明天皇の葬儀への参列とそれに伴う恩赦で復権を図る。有栖川宮熾仁親王，中山忠能らが参朝を許され，27日には天皇の葬儀が執り行われた。

　ポスト孝明天皇時代最初の朝幕交渉は，その後の趨勢を決める鍵となる。議題は兵庫港の開港を許すかどうかであった。これより先の慶応元年10月に当時将軍後見職だった一橋慶喜の主導で，条約は勅許され，箱館・横浜・長崎は開港されていたが，兵庫については延期されていた。3月5日，列国に約束した期限が迫ったことを受け，慶喜は朝廷に開港の勅許を奏請した。京都に最も近い兵庫港の開港は孝明天皇が忌避していたものであった。朝廷側は，孝明天皇の遺志と称して幕府からの奏請を退けようとした。

　このとき，慶喜はロッシュ公使を窓口としてフランスの支援を受けた軍事改革に着手しており，王政復古派にとっての脅威となっていた。両者の関係を停滞させるためにも，幕府の意向が実現しないという状況を作り出す必要がある。朝廷は自らが外交の衝に直接当たらないことをよいことに，勅許を却下した。

　外交上，重大な影響をもたらす判断である。慶喜は日を置かず再度奏請するが，朝廷は二度にわたってこれを退けた。再却下の前日，慶喜は英・仏・蘭の代表と大坂城で会見して兵庫開港を約束していたから，将軍としての国外に対する信用は著しく貶められることとなった。

　王政復古派はこの「成功」に勢いづく。再却下を行った3月29日，正親町三条実愛など公卿列参に参加した公家が救免され，岩倉具視も入京を許された。彼らの活動の活性化は，雄藩の活動とも連動し，5月21日には薩摩藩の西郷隆盛・小松帯刀と土佐藩の板垣退助が京都で会談，6月22日には坂本龍馬の仲介で土佐藩の後藤象二郎と薩摩藩の西郷隆盛・大久保利通が会談して薩土盟約が結ばれ，倒幕挙兵が協議された。その背景には，これに先立つ5月

24日に慶喜が自ら参内し，長州藩の寛大な処分と抱き合わせるかたちで兵庫開港勅許を再奏請し，紛糾の末，勅許を勝ち取ったことがあった。雄藩の意向を無視して専断する慶喜の行動に，大久保は大きな猜疑心を抱いた。

　幕府はさらに，老中の月番制を廃止したうえで国内，会計，外国事務総裁，陸海軍総裁を任命し，効率的に決定・実施を行える体制を整備した。状況は膠着しつつも緊迫の度を増しており，内戦の危険性が高まっていた。

▌大政奉還──広ク天下之公儀ヲ尽シ，聖断ヲ仰キ，同心協力，共ニ皇国ヲ保護仕候 ▌

　しかし舞台は武力衝突ではなく，さらなる政治交渉へと展開した。大回しを演じたのは，土佐藩である。幕末の雄藩として活躍しながら，薩摩，長州に出遅れた感のあった土佐藩は，坂本龍馬の示唆，後藤象二郎の主導のもと，武力によらない政権交代，政体変化を実現することで，新政権における指導的な地位を確保する将来像を描いた。

　衰えたりといえども幕府の勢力は軍事力，版図ともに比肩するものがなく，頼みの朝廷はふとした要因で大きく態度を変えて信頼に足らない。こうした状況の中で武力衝突に臨んでも勝利の確証はない。長期戦になれば，幕府の背後にあるフランス，薩長の背後にあるイギリスの発言力が大きくなることも懸念される。長期戦による負債の償却も問題となる。全国的に見れば，きわめて高い説得力を持つ提案である。

　この提案を行った背景には，土佐藩特有の事情，伝統もあった。土佐藩主の山内家は，関ヶ原の合戦の功をもって掛川5万石から高知20万石に抜擢された家であり，外様大名の中でも傑出して徳川家への恩義を感じ，重視してきた家であった。藩政の最高責任者である前藩主・容堂（豊信）は養子であり，嗣いだ家の伝統を守る姿勢を示すことは藩の内外に対して自らの正当性を示す方策でもあった。後藤は西郷に挙兵の延期を求めることとなる。

　ここに2つの政権構想が現れることとなる。幕府を軸として有力藩主が寄り合う幕藩体制の再編か，それとも，幕府を倒して朝廷を中心とした新たな国家形態を作り上げるのか。それぞれの動きが加速していく。

　先に動いたのは薩摩だった。9月18日には大久保が長州を訪れて藩主父子と面会して倒幕挙兵の盟約を結び，さらに大久保は京都に入って，岩倉らと天皇を中心とした倒幕，新政府樹立の方策を論じ始めた。

他方，土佐藩は大政奉還による危機回避を模索する。10月3日に後藤が老中に大政奉還の建白書を提出すると，芸州藩もこれに続く。これに慌てた倒幕側は，13日に岩倉から島津久光・忠義父子にいわゆる討幕の密勅を下す。時を同じくして，長州に藩主父子の復権を伝え，同様に密勅を与えた。

　同じ13日，慶喜は二条城に在京40藩の重臣を集め，大政奉還について諮問し，その結果を踏まえ，翌日に大政奉還を奏上した。こうなってしまうと倒幕は大義名分を失う。21日，朝廷側は薩長に計画の一時断念を伝え，22日，慶喜に対して，大政奉還奏上後もしばらくは庶政を委任する沙汰を発するほかなかった。自らの存在価値を誇示するかのように，慶喜はあえて辞表を朝廷に提出した。朝廷はそれをひたすらなだめるしかなかった。状況は幕府有利に動いていた。

　局面打開を図る薩摩は，11月13日に藩主・忠義が兵を率いて鹿児島を出立，長州も藩兵を上洛させた。薩摩藩兵は23日に入京，長州藩兵は29日に摂津に到着する。状況は緊迫の度を増していた。

┃王政復古の大号令と人材登用┃

　緊張の中，朝廷は12月9日に公武の有力者を集め，王政復古の大号令を発した。慶喜の将軍職辞職を認め，幕府，摂政，関白，京都守護職，京都所司代を廃止することで従来の国制を解消する。そのうえで，朝廷を軸とする新しい政権の基本構造として総裁，議定，参与からなる三職を置くという統治構造転換の宣言であった。

　その特色は，武家・公家の別なく「公議」を行うこと，「驕惰之汚習」を一掃して「国威挽回」を図るところにあった。総裁には皇族筆頭として有栖川宮熾仁親王が選ばれ，議定には有力諸侯と上級公家が，参与には有力藩の家老級と若手の倒幕派公家が配された。このようにして，武家と公家の協調が期されたのである。

　なぜ協調が重視されたのだろうか。何より，朝廷を中心とした国家を形成するといっても，公家たちには国政の経験どころか，統治経験が皆無であった。倒幕派の中心にある薩摩・長州とて同様である。新政権には人材が決定的に不足していた。このことは朝廷自身もよく理解しており，大号令には，言論を重視し，身分にかかわりなく進言することが奨励され，新政権にとって人材登用

が「第一之御急務」であることが宣言された。

　その夜，御所内に三職を集めた最初の会議が開かれた（小御所会議）。大政奉還への道筋をつけていた土佐の山内容堂は，薩長・倒幕派に対する警戒から，慶喜を招集した諸侯会議を提案し，一方，岩倉らは慶喜の辞官納地が先決であると主張して，議論は翌朝にまで及んだ。薩長・倒幕派側は刃傷沙汰も辞さずとの姿勢を見せて押し切ったといわれる。結局，まずは辞官納地を慶喜が受けるかどうかを確認するために，元越前藩主・松平春嶽と御三家である元尾張藩主・徳川慶勝とが慶喜のもとへ赴くことで妥協がなされた。

　これに対して，慶喜は融通無碍な対応をとって揺さぶりをかけていく。翌日，将軍辞職後の呼称を「上様」とするとして，幕府組織の温存と支配の継続の意思を垣間見せた。京都にあった諸藩勢力も動揺を見せ，岩倉らは辞官納地の条件として議定への任命と「前内大臣」の待遇を行うと譲歩せざるをえないまでになった。慶喜は勢いづき，各国公使と大坂城で面会して内政不干渉を約束させた。さらには慶喜が王政復古の大号令を撤回するよう求めるに至る。

　事態を一変させた事件は，人々の注目を集めた京都ではなく，後方の江戸で起きた。打開の方法を模索する薩摩藩が，付け火をはじめとする攪乱を進めた。幕府首脳部は慶喜とともに畿内にあったが，強硬派は交渉の場から遠ざけるべく江戸に留め置かれた。薩摩藩はそこを狙ったのである。25日に寒風に煽られて江戸城二の丸が焼失すると，これを薩摩藩の仕業ととらえた幕臣たちが薩摩の江戸藩邸を焼き討ちした。この勢いの中，慶喜は1月1日，薩摩藩征討を奏上する。

　かくして1月3日，京都南方の鳥羽・伏見において，大坂から北上した幕府軍と京都から南下した薩長軍が衝突する。この戦いで薩長軍が「錦の御旗」を掲げて官軍となり，幕府軍をもって賊軍としたことは，こののち，天皇を中心とする中央集権国家が生まれ，薩長を中心とする国家建築が始まる端緒となった。

　幕府軍は総崩れとなり，もはや土佐藩もこれを支えることができなかった。朝廷は東海道，東山道をはじめ，各方面に鎮撫軍を派遣し，3月には江戸に迫った。翌月11日，江戸城は無血開城し，幕府は崩壊することとなった。

　しかし，江戸で全面戦争が起こることなく，多くの幕臣がその命を保ったことは，こののちの国家建設にとって欠くことのできない要素となった。全国統

治の経験をもたない新政府にとって，その人材と叡智は不可欠のものであった
のである。

さらに学びたい人のために | Bookguide ●

三谷博『維新史再考——公議・王政から集権・脱身分化へ』NHK 出版，2017
年。
　　今日の幕末維新史研究をリードする第一人者による政治史と思想史を融合
させたチャレンジングな通史であり，この時代を動かした指導動機としての
「公議」への着目は，これからその意義をめぐって議論が一層活発となるこ
とだろう。

苅部直『「維新革命」への道——「文明」を求めた十九世紀日本』新潮選書，
2017 年。
　　明治維新を西洋化という外在的要因からではなく，それを可能にした内発
的な思想の熟成を江戸思想との連続性の観点から読み解いた好著。

遠山茂樹『明治維新』岩波文庫，2018 年。
　　初出は 1951 年。いわゆる戦後歴史学を代表する名著であり，長らく明
治維新研究に君臨してきたが，現在では実証性と歴史観の双方から修正の対
象となっている。しかし，議論の出発点として常に立ち返る必要がある。

引用・参考文献 | Reference ●

家近良樹 2014『江戸幕府崩壊——孝明天皇と「一会桑」』講談社学術文庫。
井上勲 1991『王政復古——慶応三年一二月九日の政変』中公新書。
苅部直 2017『「維新革命」への道——「文明」を求めた十九世紀日本』新潮選書。
佐々木克 2004『幕末政治と薩摩藩』吉川弘文館。
佐々木克 2014『幕末史』ちくま新書。
佐藤誠三郎 2009『『死の跳躍』を越えて——西洋の衝撃と日本』千倉書房。
ジャンセン，マリアス・B.／平尾道雄・浜田亀吉訳 2009『坂本龍馬と明治維新〔新装
　　版〕』時事通信出版局。
高橋秀直 2007『幕末維新の政治と天皇』吉川弘文館。
遠山茂樹 2018『明治維新』岩波文庫。
奈良勝司 2018『明治維新をとらえ直す——非「国民」的アプローチから再考する変革の
　　姿』有志舎。
藤田覚 2013『幕末の天皇』講談社学術文庫。
前田勉 2018『江戸の読書会』平凡社ライブラリー。
升味準之輔 1988『日本政治史（1）　幕末維新，明治国家の成立』東京大学出版会。

三谷博　2017『維新史再考——公議・王政から集権・脱身分化へ』NHK 出版。

宮地正人　2018『幕末維新変革史』上・下，岩波現代文庫。

＊Column❶

尾藤正英　2014『日本の国家主義——「国体」思想の形成』岩波書店。

三谷博　2017『維新史再考——公議・王政から集権・脱身分化へ』NHK 出版。

Column❶ 公議と国体

　幕末の政治史の指導理念となったものとして，公議と国体が挙げられる。ともに当時の史料の中にしばしば見出される語であり，時代を動かしたスローガンといってよい。

　まず公議とは，公明正大な政治の要請と言い換えることができる。だが，何をもって公明正大とみなすのか。それは政治を私物化しないことであり，そのためにより多くの者が政治的意思決定に参画することが求められた。かくして，政治のあり方を幅広い層で議論する「衆議」や身分の上下を超えて政治への発言を奨励する「言路洞開」，また能力ある者を政治的に任用する「人才登用」がさかんに唱えられた。

　もっともそのような公議論が，多数の意思に基づく政治決定という民主主義を導出したわけではない。実際の明治維新は，公議のプロセスを踏まえたうえで，特定の条理や正義の観念に基づいて独裁的決断を行ったリーダーたちによって成し遂げられたのである。とはいえ，それを指して公議論の挫折やまやかしを指摘するのも早計である。五箇条の「御誓文」の第1条に「広く会議を興し，万機公論に決すべし」と公議の理念が定められたのを筆頭に，公議に基づいた政治体制の構築は，明治政府の一大目標となり，その結果として大日本帝国憲法の制定と帝国議会の開設がなされた（→3章）。

　他方で，国体の定義にはさらなる注意を要する。昭和に入ってからの文部省による『国体の本義』の編纂や国体明徴運動が掲げていたのは，万世一系の天皇による統治こそ日本国家の大原理という神政政治的なキャンペーンだった。しかし，幕末の国体の語には，そのような天皇制支配のニュアンスは希薄で，むしろ外圧に抗する国家的威信や独立国家としてのプライドといった意味合いが強かった。

　のちの国体思想に結実するような天皇支配の要素は，明治維新後も決して主流とはなりえなかった。江戸時代に成立展開した国学や水戸学に立脚して祭政一致を求める潮流も当初は維新政権内にあったが，それらは淘汰される。明治政治史では，立憲主義を促進する公議の要素のほうが基調だったのである。

　国体論は政治の表舞台から消え，雌伏を余儀なくされる。そして，昭和に入って，その溜まったマグマが噴出する。それは国体論による公議論への逆襲だったのか，それとも大正デモクラシーの後のポピュリズムを背景とする公議論の新たな展開だったのか，評価が分かれるところだろう。

第**2**章

近代国家の建設

急激な近代化に成功した要因は何か

🎧「特命全権岩倉使節一行」（山口県文書館蔵）

INTRODUCTION

　1868 年，明治改元とともに，日本は新しい時代を迎える。それは，西洋を中心とする近代的主権国家によって構成される国際社会への参入を意味した。この新たな政治的環境に対応するために，明治新政府は文明国となることをめざした。いわゆる文明開化の推進であるが，政治的課題としては，廃藩置県を通じての中央集権化，岩倉使節団に代表される西洋文明の摂取，また富国強兵と殖産興業が掲げられた。本章では，これら一連の出来事の背景や展開を解説し，それらの政治史的意義を考える。

第2章関連年表

年　月	事　項
慶応4/明治1(1868)年 1 月	鳥羽伏見の戦い（戊辰戦争勃発）
3 月	五箇条の「御誓文」
明治 2 （1869）年 3 月	東京奠都
6 月	版籍奉還
明治 4 （1871）年 7 月	廃藩置県
	日清修好条規調印
11 月	岩倉使節団，欧米に派遣
明治 5 （1872）年 9 月	琉球国を廃し，琉球藩とする
11 月	太陽暦を採用
1873（明治 6 ）年 1 月	徴兵令布告
9 月	岩倉使節団帰国
10 月	征韓論政変（明治六年の政変）。西郷隆盛，江藤新平，板垣退助ら下野
11 月	内務省設置
1874（明治 7 ）年 2 月	佐賀の乱
5 月	台湾出兵
8 月	大久保利通，台湾問題の談判のため北京に赴く
1875（明治 8 ）年 9 月	江華島事件
1876（明治 9 ）年 2 月	日朝修好条規調印
8 月	秩禄処分
1877（明治 10）年 2 月	西郷隆盛，挙兵。西南戦争
8 月	第 1 回内国勧業博覧会
9 月	西郷隆盛，自害

1　統一国家への道

五箇条の「御誓文」と政体書

　戊辰戦争さなかの慶応 4 年／明治元（1868）年 3 月 14 日，江戸の薩摩藩邸で西郷隆盛と勝海舟が江戸城の明け渡しに合意したその日，京都の宮中では天皇が公家や武家の主だったものを率いて，神前に五カ条の施政方針を宣誓した。五箇条の誓文である（公式の名称は「御誓文」。以下，五箇条の「御誓文」，ないし「御誓文」と記す）。その内容は以下の通りである。

　　① 広く会議を興し，万機公論に決すべし。
　　② 上下心を一にして，さかんに経綸を行うべし。

③官武一途庶民にいたるまで，おのおのその志を遂げ，人心をして倦まざらしめんことを要す。

④旧来の陋習を破り，天地の公道に基づくべし。

⑤智識を世界に求め，大いに皇基を振起すべし。

　注目されるのは，次のことである。すなわち，今後の政治は，国民が身分の差異を乗り越えて上下一致して（「官武一途庶民にいたるまで」，「上下心を一にして」），全く新しいグローバルな"普遍的"価値に立脚した（「旧来の陋習を破り，天地の公道に基づくべし」，「智識を世界に求め」）公議の体制をとること（「広く会議を興し，万機公論に決すべし」）とされたのである。武力によって旧弊を一掃しつつ，創業の理念がここに樹立された。

　このように施政の理念は宣揚された。問題は，そのために具体的にどのような政策を行い，制度を作っていくかということである。何よりも，「国のかたち」を確定しなければならなかった。天皇を元首とする君主制国家となることは明らかだが，これまでのように藩による分割統治を認めた封建制でいくのか，それとも中央集権化された郡県制をとるのか。それが焦眉の課題であった。

　「御誓文」から2カ月後の閏4月，政体書が発せられた（正式な名称は，「政体」）。これは，「御誓文」の趣旨に則って著された日本で初めての近代的憲法文書と呼ばれる。そこには次のように規定されている。

①天下の権力をすべて太政官に帰す。太政官の権力を分けて立法行法〔行政〕司法の三権とする。

②立法官は行法官を兼ねるを得ず。行法官は立法官を兼ねるを得ず。

③各府各藩各県皆貢士を出し，議員とす。議事の制を立てるは輿論公議を執る所以である。

④各府各藩各県その政令を施す。また御誓文を体すべし。

　このようにして立法・行政・司法の三権分立が唱えられ，地方の代表者が議員として立法に参与することも定められた。さらに注目すべきは，地方の統治には府県を創置して，藩とともに三治の制度としたことである（府藩県三治同規）。これにより，旧幕府領を府・県と改め，元将軍家を含む旧大名の領分を藩と呼ぶこととされた。実は，これによって初めて，藩という言葉が行政区画上の概念として公認されたのだった。江戸時代にも藩という呼称はあったが，それは公称ではなかった（むしろ，「領内」と呼ばれた）。このすぐ後に廃藩置県

がなされたことを考えれば，明治維新は藩を作って，壊したということになる。

廃藩置県への道

政体書に立ち返れば，府藩県という地方組織は，何よりも中央の立法府に議員を派出する機関として，また中央から統治を委ねられた代行者として位置づけられた。国家の制度上の機能は同一だが，名称が異なるといういびつな姿である。このまま府藩県の三治制でいくのか，それとも抜本的な地方制度の改革を行うのかが，当然懸案となる。新政府は後者をとった。廃藩置県への道である。

廃藩置県の前段階として，明治2（1869）年6月，版籍奉還がなされた。大名諸侯が，自らにあてがわれていた領地を天皇に返上したのである。領主による領土の自発的放棄による封建制の解体は，世界史的に見て比類のない事態であり，明治維新の謎として海外からも注目されている。

その萌芽は王政復古クーデタの時に認められる。すでに述べたように，これに際して，徳川慶喜に対して，所領の納地が求められた。この時，岩倉具視の脳裏には，この措置をさらに拡大して各藩主が領地と兵隊を差し出すべきであるとの考えが胚胎していた（『復古記』一，256頁）。この当時はまだ荒唐無稽に響いたであろうが，この考えは確かに大きな時勢の潮流となっていく。

実際，自らの領地を天皇に差し出すとの申し出はこの後次々と提起される。姫路藩主酒井忠邦が明治元年11月にそのように建議し，兵庫県知事だった伊藤博文がこれをもとに「国是項目」と題する建議書をとりまとめ，それがいち早い版籍奉還の建議であったことは有名である。そしてこれに続いて，徳島，名古屋，熊本，鳥取といった諸藩からも同様の建議が相次ぐ。そこには次のような経済的・歴史的背景があった。

第1に，中央政府への軍事費の醵出と藩費の増大で逼迫する藩財政の窮状という台所事情である。藩政の運営に四苦八苦する大名の間で，版籍奉還や廃藩の気運は高まっていた。

第2に，そもそも藩というものが，徳川公儀から貸し与えられたものだという歴史的意識である。領主にとって自分の藩は所領である以前に，形式的には徳川将軍家から建てることを認められた「封」であった。そうであるから，大名家のとりつぶしや国替えといったことも行われていたのである。

以上のような経済的ならびに歴史的理由も味方して，天皇親政の中央集権体制の確立は時代の趨勢となっていった。これに加えて，第3の要因が挙げられる。それは政治指導の妙である。廃藩置県の実現には，このような流れに棹差しつつ，それをうまく統御して事の達成にこぎつけた岩倉具視，大久保利通，西郷隆盛，木戸孝允の4名のチームワークが特筆される。彼らの間には廃藩への道筋をめぐって意見の相違もあったが（岩倉・木戸の急進路線 vs. 大久保の穏健路線），小異を捨てて大同につくの精神でタッグを組み，この歴史的偉業を成し遂げたのである。特に大久保と西郷は，血気にはやる廃藩急進論と自らの藩主との間に立ち，時に前者の重しとなり，また最終的には後者を冷徹に切り捨てて，統一国家という理念を実現させた。

　こうして明治4年7月14日，廃藩置県が宣せられる。これによって地方割拠の幕藩体制は完全に刷新され，中央集権化された単一国家という国のかたちが整うのである。

文明国家への道

┃ 岩倉使節団の発遣 ┃

　廃藩置県は以後の日本国家の歩みに次のような効果をもたらした。第1に，執政上の効果である。廃藩置県への一連のプロセスを通じて，岩倉，大久保，西郷，木戸による政権指導体制の権威が確立された。これによって以後の政治はこの4人を中心に展開していくこととなる。

　第2に，「国のかたち」＝国制への影響である。それが，封建制を一掃し，中央集権的な郡県制を布くものだったことは当然だが，他方で，廃藩置県はそれまで進められてきた公議制度の導入に中断をもたらすものでもあった。藩の廃止は，それまで中央の議事機関である公議所やその後続の集議院に各藩から行われていた議員（公議人）の派遣の中止も意味した。ここに幕末の公議輿論の制度的実現を求める動きはスローダウンし，政府の寡頭体制がその意を汲んで施政を行うという体制がとられる。

　第3に，国内の難業が片づいたことにより，指導者の目が国外へと転じたこ

とである。廃藩置県の詔勅が出された日，木戸孝允は日記に「〔ここに〕始て稍〻世界万国と対峙の基定る」と書き記している（『木戸孝允日記』明治4年7月14日条）。次なる課題は，世界中の万国との対峙である，というのである。

　以下では，この第3の世界万国との対峙に向けた維新政府の努力の跡を見ておく。ここでキーワードとなるのは，「文明」である。世界万国との対峙とはすなわち，西洋列強と伍していくための開化政策の促進にほかならない。西洋世界に範をとった社会や風俗の文明開化を推し進め，欧米諸国から認められるような文明国となること，そしてそうなることで西洋列強との条約の改正を達成することが求められた。そのために成立間もない明治政府が挙行した一大イベントが，政府首脳部の欧米への派遣，すなわち岩倉使節団である。

　明治4（1871）年11月12日，横浜港から岩倉具視を大使として，木戸孝允，大久保利通，山口尚芳，伊藤博文の4名を副使とする遣外使節団が出航した。これから彼らは，1年半に及ぶ欧米諸国歴訪の旅に出ることになる。使節団のメンバーは40名を越え，彼らに同行した留学生などを合わせると100名に達するという大がかりな陣容である。廃藩置県も世界史に類例を見ない出来事だったが，岩倉使節団はその規模もさることながら，前述のように政府の大立者がこぞって長期に国外に出て世界を周遊するという点で，これまた世界史上に稀有な事例と形容できる。

　このような無謀とも思われる使節団の派遣は，大隈重信の発案に起因すると説かれるが，何らかのかたちで西洋に使節を派遣すべしとの声はさまざまな方面から湧き上がっていた。岩倉具視は維新前から欧米への使節派遣を説いていたし，大久保や木戸も維新直後からそのことを献策している。また，伊藤は明治3年にアメリカへ財政・金融制度の調査に赴いて帰国後，同様の建議を行っている。近いうちに西洋諸国へ向けて使節を派することは，政府指導者層の共通見解といってよかった。

　使節団派遣の目的は何だったか。以下の3つが挙げられる。①列国への聘問，②明くる年に迫った条約改正交渉の延期願い，③欧米文明の視察，である。だが，これらの背景には，当時の明治政府の特異な文明意識があった。そのことを明示しているのが，派遣に際して使節一行に下された「事由書」という文書である。それによると，条約改正交渉の方針が，「列国公法ニ拠ラサルヘカラス」とされている。列国公法，すなわち万国公法に則って条約改正を成し遂

げようというのである。万国公法とは今日の国際法を指すが，それを越えて，当時は文明の規範という道義的色彩も帯びていた。事由書は，万国公法に従って日本の法制の改革を行い，そのために何をなすべきかを率先して西洋に尋ねて彼らの文明の導入に尽くせば，必ずや条約改正の道が切り開かれるだろうと楽観的に記している。このような西洋文明に対する依存心をもって，使節団の一行は海を渡っていったのだった。

┃ 文明の洗礼 ┃

　一行がまず訪れたのはアメリカである。岩倉使節団というと必ず挙げられる写真がある。彼らが上陸したサンフランシスコで撮影されたもので，大使の岩倉を中心に，彼を取り囲むように木戸，山口，伊藤，大久保の副使たちが写っている（本章とびら写真参照）。岩倉を除いて全員が洋装である。使節団に参加した多くの者にとって，それは洋服とのファースト・コンタクトであった。初めてシャツを着て背広を羽織り，ズボンと靴を履いた経験を面白おかしく伝えるエピソードが多々ある。そのような中，一人岩倉だけは和装を貫いていた。アメリカ上陸直後の記念写真は，和魂洋才という日本の気概を誇示したかのようである。

　ところが，その岩倉も西海岸から東のワシントンへと大陸を横断する過程で，いつしか和装を解き，断髪して洋風の身となっていった。公家の第一人者である岩倉もいまや，数年前まで夷狄と蔑んでいた民族の風俗に染まってしまったのである。アメリカに上陸してから，一行は行く先々で歓待を受けた。レセプションやパーティーに招待される中，きらびやかな西洋の社交の世界に目を奪われ陶酔した。そのような中で岩倉などは一人異なる自らのいでたちに居心地の悪さを感じたのであろう。文明のもてなしによる気の緩みと好奇のまなざしに対する忌避から，彼もまた洋服に袖を通したのである。

　このように，岩倉使節団という小国家は，文明の本拠を旅する中で，それに対峙するどころか骨抜きにされ，飲み込まれようとしていた。それを象徴する事態が，ワシントンでの条約改正交渉に際して起こった。各地での歓待に気をよくした彼らは，ワシントンで一気に条約改正ができるのではないかとの期待を抱いてしまう。

　出発前に使節団に与えられていた使命は，条約改正交渉の延期を要請するこ

とであった。新たに政権の座に就いた維新政府では，まだ条約改正の準備も知識も不足しているため，その延期を願うというのが当初の目的だったのである。しかし，アメリカ各地での歓迎に舞い上がった一行は，アメリカの好意を過信して即時に条約改正を成し遂げられるとの目算を抱いてしまった。そして，アメリカ側から条約改正交渉に必要な天皇からの全権委任状の不備を衝かれるや，伊藤と大久保が委任状を取りに帰国することになる。

　だが，条約改正をそそのかすアメリカのほうには，したたかな打算があった。彼らは，治外法権や税権について一定の譲歩をなしつつ，アメリカ人への内地開放，すなわち自由な日本国内の旅行と商業上の取引の機会をうかがっていた。徳川の結んだ条約体制は，日本の法権や税権を相手国に有利に一部譲渡するものであった一方で，外国人の居住区域を横浜や神戸などの居留地に限定し，行動の自由を制限した。アメリカはその制限を撤廃し，日本との間でもっと自由な通商関係を築きたかったのである。

　その際，日本側にとって大きな問題だったのが，最恵国条項の取り扱いである。諸外国は，日本が条約締結国のいずれか一国との間に有利な取り決めを結んだ場合，その効果は他のすべての条約締結国にも自動的に適用されるものとみなしていた。アメリカだけとの間で内地開放を取り交わしても，それは自動的にその他の条約締結国にも適用されかねなかった。

　このような条約の落とし穴について，使節たちは無知だった。彼らは，伊藤と大久保が戻ってくるまでワシントンに足止めとなっている間に，各国の外交官や日本人留学生からそのことを聞き及び，愕然となった。結局，明治5年6月17日（1872年7月22日），大久保と伊藤が委任状を携えてワシントンに戻ったその日，条約改正交渉の中止が決せられ，従前通り改正交渉の延期願いを行うこととなった。

　ここに使節団は，文明の規範と信じていた万国公法という麗しい看板の奥で展開されるしたたかな政略という現実を突きつけられた。当時の日本人にもそのような認識がなかったわけではない。木戸はかねてより「万国公法は強国が弱国を侵奪するための方便だ」との認識を示していたし，岩倉も万国公法をふりかざす風潮を「洋癖の極み」と警戒していた。

　しかし，王政復古後から廃藩置県に至るまでの統一国家化を順調に成し遂げ，政府の間には開化へ向けての高揚感がみなぎっていた。使節派遣の「事由書」

には，万国公法にシンボライズされる国際社会に参入することも決して夢ではないというこの時期の政府の浮かれぶりが表れているとみなすことができる。そして，実際に文明の本国で圧倒的な国力と繁栄を見せつけられた使節一行は，今度はそこにひれ伏すしかなかった。彼らは，西洋国際社会の規範である万国公法に文明の徳を仮託してすがったのである。しかし今やそのような姿勢は抜本的に改めざるをえなくなる。新しい独立国家の指針を見出すことが，使節団のさらなる旅の課題となった。

▌万国公法の相対化▐

　しかし，アメリカを離れヨーロッパに渡ってからも，彼らの焦慮は深まるばかりだった。イギリスの産業力，フランス・パリの華美な都市文化をまざまざと見せつけられ，一行からは嘆息ばかりが聞こえるようになる。道中，大久保は自らを「木偶の人」と自嘲し，「自分はこんな進んだ世の中には適しない。後はもう引きさがるだけだ」と弱気になり，岩倉も「西洋諸国のことをどんなに研究してみても，とても追いつくことなどできない」と投げやりになっていた。

　このように明治新政府が打った稀有のプロジェクトである岩倉使節団は，一歩間違えば無惨な失敗に終わりかねなかった。そうならなかった理由として，2つのものが挙げられる。第1に表面的な輝きにとどまらない，内面的な文明の秘訣を知り得たことであり，第2に万国公法よりももっと本質的な西洋国際社会の支配原理を学習し，万国公法を相対化できたことである。

　まず第1の理由である。旅の先々で圧倒的な彼我の違いに打ちのめされながら，彼らの中には文明諸国の間に介在する差異を慧眼（けいがん）にも見抜いている者もいた。使節団の半公式的な報告書といわれる久米邦武の『米欧回覧実記』は，その証しである。この本は，訪問した国々のさまざまに異なる地勢や風俗・習慣，民族構成や産業の実況，そして社会制度や政治体制を克明に観察し書き写した第一級の旅行記である。使節の中にも同じような観察に基づき，文明の多様性に思いを至らせる者がいた。伊藤博文はアメリカでの失態の後，時に一行と別行動するなど疎外されたりもしたが，そのような中でも日本の産業化に思いをめぐらしていた。また，伊藤との関係がことのほか悪化した木戸孝允は，アメリカ滞在時から各国の政治制度の取り調べに余念がなかった。

彼らが確信したことは，文明というものは単なる表面的な物質的繁栄ではなく，長い歴史の流れの中から生成してきたものだということである。各国を旅することで，それぞれの国が独自の歴史を背負って，多様な社会や政治のあり方を示し，発展を遂げていることを彼らは知悉した。重要なことはやみくもに文明の成果を追い求めることではなく，それが日本に根づくようにするための着実な努力である。木戸と伊藤は，かつての急進的な改革の立場を改め，漸進主義へと転身して日本型の文明の現れを模索するようになる。

　第2の万国公法の相対化である。この点については，大久保利通の体験が示唆的である。前述のように大久保は列国訪問の過程ですっかり自信を失い，「もう駄目じゃ」と嘆息をもらすありさまだった。そのような彼にとって導きの星となったのが，プロイセン王国主導で統一なったばかりのドイツ帝国であった。実際，日本に帰国する直前に書かれた手紙の中で大久保は，ビスマルクやモルトケというドイツの政治家と軍人に会えたことが今回の旅の唯一の成果だと書き記している。彼は一体，ドイツで何を学んだのか。

　この問いを解く鍵は，プロイセンの宰相ビスマルクが使節団を前にして行った演説にある。それは，鉄血宰相の名をほしいままにしたこの大政治家の国家観・国際政治観をストレートに語ったものとなっている。ビスマルクによれば，国際社会とは表面上はそれぞれの国が慇懃に親睦を図って交際しているが，その奥では弱肉強食の論理が脈打っているものだと説かれる。その中で，万国公法は次のように喝破される。

　　いわゆる万国公法というものは，各国の権利を保障するための規範だとされるが，大国は自国の利益を争奪しようとすると，己に利となれば万国公法を主張し，不利であれば手のひら返して兵力を振りかざすものだ。そこに確たる決まりなどない。小国は決められたルールや原理を顧慮してそれらを守ろうとするが，そうやって国の独立を保とうとしても，過酷な政略を前にして敗れ去ることが往々にしてある。

　現実政治（リアル・ポリティーク）の権化とされるビスマルクの面目躍如とした演説である。続けて彼は，自らの鉄血政策へと論を進めて言う。

　　プロイセンが工業化と軍事力を高めたのは，決して他国を侵略しようとしてではない。各国がお互いの独立と主権を尊重し，対等に外交を行い，安全に領土内で生活ができるようになるためである。ドイツが行った戦争はみな自国の統一と安全のためになされたものであり，英仏のように海外に侵略し植民地を獲得しようとして行

ったものではない。ヨーロッパ諸国の親善というものも，いまだ信頼の置けるものではない。まずは国が独立できるための国力を強めなければならないのである。

このようにビスマルクは，文明と万国公法の本質が勢力の競争と均衡にほかならないことを抉り出し，そのような中で小国が独立を保つには国力の増強を進めるほかに道はないことを教え諭した。ここに万国公法にいたずらに依拠する対外方針は改められ，国内の体制を強固にして国の産業と軍事力を高めることが期される。その思いを胸に，大久保は日本へと帰還するのである。

以上をまとめれば，その後の政治史の展開において，岩倉使節団は次のような意義をもつものだったといえる。第1に，急進的な開化主義を改め，漸進主義を国家の政策遂行の方針としたことである。第2に，富国強兵と殖産興業が国家の最優先の課題として樹立されたことである。国家のエネルギーはそこに傾注され，外政的には対外的な強硬主義を否定した小国路線がとられる。第3に，万国公法から憲法への転換である。万国公法に則った国づくりという指針は退けられ，日本の国情にあった国内の法整備が志向される。その究極的な目標として，憲法の制定が目標とされる。憲法制定については第3章で扱うので，次節では富国強兵の道のりについて見ていこう。

 # 3　富国強兵への道

┃留守政府の国内改革┃

富国強兵とはすでに幕末のころから唱えられていた。それは，排外主義の攘夷運動の熱が冷め，開国という現実を引き受けざるをえなくなった中で，いわば攘夷に代わって出てきたスローガンであった。夷狄を倒すのではなく，圧倒的な力をもつ彼らと伍していくという目的の転換の中で，富国強兵が掲げられるようになった。そして，明治維新以後，それは新生日本の国家的目標として自明視される。

とはいえ，富国と強兵とはよく考えれば必ずしも必然的に結び付くものではない。逆に，相容れない政策課題として緊張関係に立つこともありうる。特にまだ財政的基盤の確立していない新興国家では，そうである。岩倉使節団が外

遊中，その留守をあずかったいわゆる「留守政府」では，この問題が噴出した。留守政府とは，西郷隆盛のほか，井上馨，大隈重信，板垣退助，江藤新平といった有司たちによって構成された暫定政権である。

　留守政府は岩倉らとの間に，使節一行が帰国するまでは重大な改革は控えることを申し合わせていたが，学制を布き国民皆教育を掲げる文部省や徴兵令に基づく国民軍の形成を目標とする陸軍省など，各省において大規模な改革は待ったなしだった。そのことに伴う予算増額の請求は，大蔵省をあずかる井上の緊縮会計との間に軋轢を生んだ。特に大きな問題となったのが，大蔵省と江藤新平率いる司法省との対立である。全国統一の司法制度を急ピッチで整備しようとする司法卿の江藤は，自らの参議辞表を盾に，大蔵省の予算削減に抵抗した。その結果，1873（明治6）年5月，井上は腹心の渋沢栄一とともに大蔵省を辞職し，大蔵省の権限縮小と正院への権力集中という重大な組織改革が行われる。

　このように留守政府の分裂と動揺が現出する中で，征韓論の議が出される。発端は，新政権誕生に基づく新たな外交関係を樹立しようという日本側の申し出が朝鮮に拒絶されたことによる。朝鮮側は，日本の差し出した外交文書に，それまでの「王」ではなく，「皇」の語が記されていたことに不快を示した。それでは，朝鮮は日本の臣下になりかねないからである。

　度重なる国交樹立の提言を無下にされた日本では，朝鮮の無礼に憤り，派兵を主張する声が大きくなる。それを抑え，とりあえず自らが使節として朝鮮に派遣されることを主張したのが，西郷であった。西郷の真意は，朝鮮を征討するための口実を求めたもので，遣韓された自分が同地で殺害されれば，征韓の大義名分が得られるとの覚悟だったといわれる。

　西郷遣韓の命は，8月17日にいったん下された。ただし，重大な決定なので，岩倉が帰国した後，再議するとの条件付きである。西郷ら留守政府側は，これは岩倉ら使節たちへの周知徹底の意味だと理解したが，岩倉側は自分たちの承諾が必要であると主張し，ここに維新政府を二分する激論が闘わされた。西郷は，いったん天皇の名で決められたことを翻すのは，勅命が軽いものとなってしまうとして一歩も譲らなかった。幕末に天皇の命令が状況に応じて二転三転し政局が混迷するさまをまざまざと見てきた西郷は，勅命の不動性こそ国家の大義と安定の根幹と考えていたのであろう。

征韓論政変

だが，海外を見てきた岩倉，木戸，大久保，伊藤には，この時期に海外への派兵や開戦に結び付くような軽挙は許容できなかった。いまはそのような対外進出の蛮勇に手を染める時ではなく，限られた国力を国内の体制整備と経済発展に傾注すべき時なのである。それは，欧米の圧倒的な文明力を見せつけられてきた彼らの共通の実感だった。

結局，政権を二分した征韓論争は，太政大臣の三条実美の病欠後，その代理の座を得た岩倉が大久保らとともにその意思を貫徹し，10月23日に中止が決定される。これを受けて，西郷，板垣，江藤といった征韓派は下野し，西郷は鹿児島に帰郷する。彼らを追い落とした使節団政府が旨としたのは，内治を優先し，殖産興業を促進して富国を具体化することであった。

もっとも，征韓論という対外的武力侵攻は封じ込められたが，この時期の日本が軍事的戦闘と無縁だったわけではない。朝鮮半島への派兵は阻止されたが，翌年の1874年5月に明治政府は台湾出兵を行っている。当初は日本国民としての琉球漁民が台湾島民に殺害されたことに対する報復の派兵のはずだったが，出兵を指揮した西郷従道は台湾領有論を掲げ，事態を複雑にした。

また，朝鮮に対しても，1875年に同国江華島付近に日本軍艦が侵入して交戦となり，日本は同島の砲台を破壊した。そして，翌年に日朝修好条規を結んで，日本が西洋列強に押しつけられた領事裁判権や関税自主権の放棄を朝鮮に及ぼした。

国内に目を転じれば，西郷隆盛ら有力者が下野して政府が分裂したことにより，明治になって武士の身分を失い，それまで受けていた家禄も切り詰められ不満を抱いていた不平士族によるあからさまな反政府運動が展開される。それは，武力蜂起のかたちをとって噴出した。江藤新平を担いで1874年に佐賀の乱が勃発したのを皮切りに，西日本の各地で反乱が起こり，それは1877年の西南戦争の終焉まで続いた。このような内外の戦乱を通じて，明治国家は当初どのような軍事化を図ったのだろうか。

台湾出兵と大久保の渡清

まず台湾出兵である。確かに征韓論を否定した直後に台湾へ派兵したことは

矛盾しているように見受けられる。だが，両者の間には明白な背景上の違いもある。征韓論は，日本側からの一方的な外交関係樹立の要請が拒まれたことに対するいわば面子の問題に端を発していた。これに対して，台湾との間には，その地に漂着した琉球人の大量殺害という具体的被害が発生していた。琉球の日本への帰属を主張していた明治政府にとって，これを不問に付すことは，自国民を保護するという主権国家の存立命題の放棄に等しかったのである。

かくして台湾への派兵が行われたが，その際に清国への通告はなされなかった。台湾は「化外の地」であり，そこの住民の行ったことに清朝政府は責任を負わないというのが清国側の公式見解だったので，日本は台湾を無主の地とみなしてその「征伐」に向かったのである。しかし，いったん出兵がなされると，案の定，清国との間で外交問題となった。独立した主権国家間の形式的平等を建前とする西洋国際法をふりかざす日本と東アジアの伝統的な国際秩序観を譲らない中国との軋轢である。この葛藤はその後も尾を引き，やがて日清戦争をもたらす。

すでに述べたように，征韓論を否定しておきながら台湾には出兵するという明治政府の欺瞞性がしばしば指摘される。だが，この件で清国との事後処理に当たった大久保利通は，一貫して日清両国の開戦を阻止するべく尽力した。北京に乗り込んだ大久保は，開戦にはやる政府内の勢力を懸命に抑え，ついに清国との間の交渉を妥結させ，被害者遺族への慰謝料の支払いに成功する。その額は，大久保と交渉の場にいた側近が，「金額僅少」(明治7年11月2日付岩倉具視宛柳原前光書簡)と認めざるをえないほどのものだったが，大久保は自国民の保護という大義名分を清国政府が認めたことで手を打ったのである。北京から帰国した大久保は，「益進テ内政ヲ整理改良シ国力ヲ養成扶養シ以テ我独立ヲ鞏固ナラシメサルヘカラス」と伊藤博文に語った。対外関係を安定させ，国内の治政の実を上げることこそ，大久保をはじめとする政府指導者の念願であった。

もっとも，そのためには越えるべきハードルがもう一つあった。国内の反乱の鎮圧である。既述のように，征韓論政変は不平士族による武力蜂起の噴出を引き起こし，それは1877年の西南戦争まで続く。

西南戦争——最後の士族反乱

　西南戦争は，1877年1月に政府が鹿児島の武器弾薬庫を県外に移転させようとしたことに端を発する。これと時を同じくして，政府が西郷隆盛暗殺を計画していたとの情報が出回り，西郷を担ぐ勢力の反感は沸点に達した。挙兵した西郷軍は北上し，2月中旬に熊本城を包囲するが，ここで籠城する官軍を追い落とせず，徐々に劣勢に転じ，3月以降は敗退を余儀なくされる。そして，九州を南下して鹿児島に落ちのびていく決死の遁走を経て，9月24日に西郷は鹿児島の城山で自刃し，ここに日本最後の内戦は終結した。

　西南戦争は，さまざまな意味で明治維新の一つの落着点であり，また分水嶺であった。それは何よりも，旧幕藩体制下で支配エリートでありながら維新後零落したかつての武士身分である士族たちと1873年1月に施行された徴兵制度に基づく近代的な国民軍との戦いであった。士族軍は政府軍を「百姓軍」と蔑んだ。実際，徴収された兵はいまだ操練行き届かず，政府軍が西郷軍を撃退するにあたっては，全国から徴募された士族の援軍なくしては無理だったとの指摘がある。その一方で，徴兵された国民軍を核とするとの建前は，われわれこそが正規軍であり，相手は賊軍であるとの士気の違いを生む。西郷軍は初めから反乱軍と位置づけられ，正統性の欠如は明らかだった。異端の烙印を押された者たちの"滅びの美学"こそ，西郷たちを突き動かしていたものだったとも考えられる。

　西南戦争はまた，復古主義に対する開化主義の勝利でもあった。明治維新を成り立たせた思想的要因の一つとして，尊王論を説く国学の国粋主義が挙げられるが，明治維新は同時に，そのような原理主義的ナショナリズムを抑制するものでもあった。日本の進む道はあくまで西洋化による近代化が基調となっていたのである。明治政府によって淘汰された復古主義勢力は，西郷たちの命運に自らを重ね合わせた。

　さらに，この内乱は，武断的な対外強硬論に対して日本国内の近代化に専心すべしとの小日本主義の勝利でもあった。以後，日本は大久保政権のもとで膨張主義的政策は鳴りを潜め，殖産興業をかけ声とする産業化が急ピッチで進んでいく。

　もっとも，西南戦争が日本近代史に与えた精神的傷痕は，思いのほか深いも

のがあった。それは決して癒えることなく，昭和に入ってからぶり返すことになる。国体論の噴出による右傾化の運動と西洋からのアジアの解放を唱えるアジア主義がそれである。そのような思想運動の中で，西郷隆盛のイメージは明治維新の挫折したもう一つの夢として担ぎ上げられる。西南戦争で西郷は敗北したが，その姿は偶像化され，彼に仮託されたもう一つの維新の精神は地下水脈となって日本社会に伏流し，昭和期によみがえるのである。

　もちろんそのようなことをこの時の為政者たちは知る由もない。維新の目標を小日本的近代国民国家の完成に見定めた大久保利通は，西南戦争が戦われている一方で，粛々と本来なされるべき政策，すなわち殖産興業を追求した。

▌殖産興業政策の含意 ▌

　大久保が殖産興業の政見を述べたものとして，1874年に著された「殖産興業に関する建議書」がある。その中で大久保は，佐賀の乱や台湾問題が収束したいま，国民はようやく「泰平を歓楽して各其生業に安堵せん」としているとしたうえで，これまで国の政策は「人民保護の制度」を整えていくことに費やされてきたが，今や「人民保護の実」を上げていかなければならないと説く。「人民保護の実」とは国民の民力の増強であるが，それが日本ではこれまでないがしろにされてきた。これを克服するには，人民の知識を開化し，時代の変化に応じた「有益の業」を営むように仕向けなければならない。大久保の殖産興業政策は，やみくもな上からの産業振興ではなく，民力の発展を土台としていた。

　この点を明示しているものとして，1875年8月に提出された「博物館ノ議」がある。ここで大久保は東京・上野に博物館を建立することによって，単に古今東西の文物を展覧するのみならず，それを通じて知識の伝播が起こり，技術のイノベーションを惹起することを期待している。大久保にとって，博物館とは過去の遺物を収蔵する場ではなく，それを培った先人の知識を伝達し，今に活かすための文明の装置であった。それは，彼が岩倉使節団の旅を通じて感得したことでもあった。久米邦武の『米欧回覧実記』も，かの有名な大英博物館を訪れた後，そこでの知の集積に注目している。「博物館に観れは，其国開化の順序，自ら心目に感触を与ふものなり」。すなわち，博物館とは各国がどのように文明開化を遂げていったかという順序を目に見えるかたちで示してくれ

るものである。国づくりもそうである。そこには，「必す順序あり」。過去の知識を後世に伝えながら，「漸を以て進む」。それが進歩というものだというのが，岩倉使節団が発見した文明の原理だった。大久保が自らの富国政策の傍らで，博物館の議を唱えていたことは，決して2つの相異なる発想に基づいていたのではなく，両者は表裏一体のものとしてあったのである。

この博物館の構想をさらに推し進めたものが，大久保による内国勧業博覧会の提唱である。1877年8月，まだ西南戦争の収束せざる中，東京・上野で第1回の内国勧業博覧会が挙行された。内戦中ということを鑑みて会の延期を求める声もあったが，大久保は断行した。そこには，この文明的催しを戦乱に屈服させてはならないとの強い思いがあった。その企図は，博覧会の報告書に記された「内国勧業博覧会の本旨たる工芸の進歩を助け物産貿易の利源を開かしむるにあり。徒に戯玩の場を設けて遊覧の具となすにあらさるなり」に示されている。それは，遊覧の場ではなく，殖産興業の土台となる「物産貿易の利源を開かしむる」機会なのである。言葉を換えれば，「観覧以て其智を進め，討究以て其識を伸ふ」（大久保利通の開会式祝詞，『大久保利通文書』第8巻：368）場，すなわち文明を開化するための知識を興していくためのものだった。

殖産興業ということは，やみくもな産業化政策だったのではない。少なくとも，それを推進した指導者たちの脳裏には，岩倉使節団を通じて会得した文明の何たるかについての洞察があった。それは，文明とは歴史と経験の積み重ねであり，「漸を以て進む」ことによって達成されるべきものだった。そのためには表面的な華美の移植ではなく，内面的な知識の開発が不可欠とされる。博物館や博覧会は，殖産興業を支えるための知識の蓄積と伝承，そして開化の装置として考えられたものだった。

さらに学びたい人のために

Bookguide ●

久米邦武『特命全権大使 米欧回覧実記』全5巻，岩波文庫，1977-1982年。
　　本文中でふれた岩倉使節団に書記官として随行した歴史家が編纂した詳密な旅行記。当時の欧米文明の実相を冷徹に観察した無二の記録である。現代語訳もあるので（慶應義塾大学出版会，縮訳が角川文庫からも出ている），ぜひ手に取ってみてほしい。

大久保利謙『岩倉具視〔増補版〕』中公新書，1990年。
　　明治維新を主導した指導者のうち，岩倉具視の研究は意外と少ない。本書

は，幕末期の岩倉を論じたものとしていまだに他の追随を許さないが，維新以後が十分に論じられていないのが残念である。それを補完する岩倉論の登場が待たれる。

清沢洌『外政家としての大久保利通』中公文庫，1993 年。

　著者は戦前戦中にリベラリズムの立場を崩さなかったジャーナリスト。本書は戦時中の 1942 年に刊行された。台湾出兵の処理のための北京談判時の大久保の姿を活写し，その政治指導の真髄を後世に伝えようとした名著。

引用・参考文献 ｜　　　　　　　　　　　　　　　　　Ｒｅｆｅｒｅｎｃｅ ●

家近良樹　2017『西郷隆盛——人を相手にせず，天を相手にせよ』ミネルヴァ書房。
大久保利謙　1990『岩倉具視〔増補版〕』中公新書。
小川原正道　2007『西南戦争——西郷隆盛と日本最後の内戦』中公新書。
奥田晴樹　2016『維新と開化』吉川弘文館。
笠原英彦　2005『大久保利通』吉川弘文館。
勝田政治　2015『大政事家 大久保利通——近代日本の設計者』角川ソフィア文庫。
清沢洌　1993『外政家としての大久保利通』中公文庫。
久米邦武　1977-82『特命全権大使 米欧回覧実記』全 5 巻，岩波文庫。
斎藤紅葉　2018『木戸孝允と幕末・維新——急進的集権化と「開化」の時代 1833-1877』京都大学学術出版会。
松尾正人　1986『廃藩置県——近代統一国家への苦悶』中公新書。

第3章

大日本帝国憲法の制定と議会の開設

立憲国家建設プロジェクト

🎧「憲法発布式」（和田英作筆，聖徳記念絵画館蔵）

INTRODUCTION

　明治維新は 1889（明治 22）年の大日本帝国憲法（明治憲法）の成立によって完成するといってもよい。幕末の政治変動を指導したモットーとして，公議輿論が挙げられる。志士と呼ばれる政治的に目覚めた人々が，身分の違いを超えて天下国家のあり方について議論し，言路洞開を唱えて自分たちの声が政治に反映されることを望んだ。そのような公議輿論に立脚した政治体制を求める声が明治維新を導き，国家体制を規定することになる。本章では，幕末期から胎動した立憲制度導入の流れをたどり，明治憲法の制定へ至る政治史的歩みを概観する。

年　月	事　項
明治 1（1868）年 4 月	政体書出される
3 月	五箇条の「御誓文」
明治 2（1869）年 3 月	公議所開設
7 月	公議所廃止され，集議院設置
明治 4（1871）年 7 月	廃藩置県による太政官制改正で左院が設置
1874（明治 7）年 1 月	民撰議院設立の建白書
1875（明治 8）年 1 月	大阪会議
4 月	漸次立憲政体樹立の詔。元老院・大審院・地方官会議設置
1881（明治 14）年 3 月	大隈重信，憲法意見書を提出
7 月	岩倉具視，井上毅に憲法意見書を作成させる
10 月	大隈重信，政府から追放（明治十四年の政変）／北海道開拓使官有物払い下げの中止／国会開設の勅諭
1889（明治 22）年 2 月	大日本帝国憲法の発布

1　公議輿論の追求　　　　▶幕末の立憲制度導入論

┃ 立憲主義との出会い ┃

　本章では 1889（明治 22）年に制定された大日本帝国憲法（以下，明治憲法）の成立に至るまでの立憲国家への歩みを取り扱う。憲法の制定は，明治国家の一大プロジェクトだった。岩倉使節団を経て政府の指導者たちは，文明国として西洋列強に認知され条約改正を成し遂げるには，国力の増強と国内体制の確立が不可欠との認識に達する。憲法を制定し議会を開くことは，文明国に参入するための絶対条件とみなされた。

　しかし，そのような便宜的な理由のみで立憲制度の採用が決せられたわけではない。そこには，幕末のころからの長い議論の積み重ねがあった。本章では，幕末に唱えられていた公議輿論に基づいた政治体制の導入が，明治憲法の制定に結実していくプロセスをたどっていきたい。なお，何をもって立憲制度と呼ぶかという問題があるが，少なくとも 19 世紀においてそれは，①専制権力の否定と②国民の政治参加の保障＝議会制度の設置，を意味していた。以下では，立憲制度と議会制度を等しいものとして論じる。

いわゆる鎖国を行い，西洋文物の厳しい流入統制を布いていた江戸時代であったが，数少ない通商国のオランダや中国を通じて，限定的ながら西洋知識の受容はなされていた。西洋諸国が憲法という国の基本法を戴き，議会というものを設けていることを記した蘭学者の著述も19世紀の前半から現れていた。

　それが実践的な必要性を伴って学習されたのは，やはり嘉永6（1853）年のペリー来航以降である。同じ年，中国で出版された魏源の『海国図志』が日本に輸入された。この書は世界各国の地勢や制度を記したものであるが，中国本国よりも日本で大いに読まれた。佐久間象山，吉田松陰，横井 小楠といった西洋の知識に飢えた人々は，競ってこの書を手に取った。この中のアメリカ合衆国の部分を抄出した書も出版されたりしたが，そこでは大統領制や議会の上下両院の説明もなされている（正木鶏窓『美理哥国総記和解』）。

　だが，この時期，立憲制度について最もまとまった情報と知見を有していたのは，幕府のほうであった。安政3（1856）年に設立された幕府の洋学研修機関である蕃書調所には，優秀な幕臣や藩士が集められ，蘭学にとどまらない広範な洋学が討究され，イギリス，ドイツ，フランスの学術の取り調べにも先鞭が付けられた。組織的かつ体系的な西洋思想の需要という点では，明らかに幕府のほうが一歩も二歩も長じていたのである。

　そのような中，立憲制度の導入を唱える声も蕃書調所の人間によって上げられるようになる。明治に入って帝国大学の総長を務めるなど学界に君臨した哲学者加藤弘之は，蕃書調所でドイツ語文献の調査にあたっていたが，彼の文久元（1861）年の著述『隣草』は，いち早く立憲制度の採用を建策したものとして注目される。

　この著は，清国の現状に仮託して，日本のあるべき国家体制を論じたものである。加藤は，対外的にはアヘン戦争でのイギリスに対する敗北，対内的には太平天国の乱（1851-64年）によって衰亡の危機に瀕している清国を診断し，その原因は「人和」の喪失にあると説く。国の独立にあたって最も重要なのは，心心が一つにまとまっていることであり，それを置き去りにして軍事力だけ増強しても意味がないという。そのために導入すべきとされるのが，立憲政体，すなわち「確乎たる大律」＝憲法の制定と「公会」＝議会の設立である。加藤によれば，世界各国の政治体制は「君主政治」と「官宰政治」に二分され，そのうえで前者はさらに「君主握権」（絶対王政）と「上下分権」（立憲君主制），

後者は「豪族専権」（貴族的寡頭制）と「万民同権」（民主共和制）に分類される。このうち加藤が推奨するのが「上下分権」の立憲君主制であり，公会を開設することによって上下の間の意思を疎通させ，国民的一体性をもたらすべきと主張される。

　加藤はこのように清国再生のための処方箋として立憲政体を論じたわけだが，それがつまるところ自らの属する幕政の改革を提唱するものであったことは見やすい。その内容の急進性を危惧して，この書は当時公刊されず，蕃書調所の中で回し読みされるのみだったらしい。それが外に漏れることはなかった。

　しかし，ここで加藤が抱懐した「人和」のための立憲政体というテーゼは，やがて幕末の政治勢力が広く共有するものとなっていく。第1章でもふれたように，文久2（1862）年4月の島津久光の率兵上京を機に尊王攘夷運動が盛り上がりを見せる。それは，幕府の威信の低下と軌を一にしていた。そのような中，薩摩，長州，土佐などの雄藩からは今後の政治のあり方についての提言が幕府や朝廷に寄せられるが，そこにはしばしば「衆議」や「公論」の語が見られる。それは，幕府や朝廷が独断で政治を動かすのではなく，広く意見を募ったうえでそうするべきとの主張である。例えば，福井藩主だった松平春嶽（慶永）は，西洋の政治体制を引きながら，「天下公共之論を議してこれを用るには，巴力門〔パーラメント＝議会。松平は上院の意味でとっている〕，高門士〔コモンズ＝庶民院・下院〕，則上院下院之挙なくんばあるべから」ずとし，必要ならば百姓町人をもそこに加えるべきと説いている。

　このような上下両院の議会制構想は，このころ盛んに唱えられていた「衆議」や「公論」の理念に立脚して，早くから多くの人々が唱えていた。福井藩では橋本左内や横井小楠によって，すでにこの当時から二院制の議会制度が議論されていたのである。

公議と言路洞開

　では，何のために幕末の志士たちは，「衆議」や「公論」を求めたのであろうか。その根底には，「言路洞開」というこれまた当時盛んに唱えられていたスローガンがあった。広く下々の意見を募り，それが政権の中枢に入っていくための門戸を開くこと，すなわち言論の流通を促すことが謳われた。なぜ言路の洞開が掲げられたのか。その答えとして3つのものが挙げられる。まず第1

に，権力の上に立つ公共性の認識である。慶応元（1865）年に岩倉具視が著した『叢裡鳴虫』の中では，天皇の意思が絶対であり，臣下への諮問は不要とする見解を退け，国家の重要案件は天皇が単独で決めるべきものではないと説かれている。それというのも，「天下は祖宗の天下なり。君臣相共に是非得失を審議して以て宸断〔天皇の判断〕を下すべき」だからである。天皇や将軍といった権力者ですら自由に左右することのできない「天下」という公共的なるものを彼らは信奉していた。

　第2に，人材の登用である。「今日の急務は当路に人材を挙用するに在り」（岩倉具視「済時策」）とのことが盛んにいわれるようになり，有為の人材を各藩から募ることが急務とされる。否，対象は藩士に限られない。前述の松平春嶽の建言にもあるように，広く庶民の意見も聴き，百姓や町人からも政治のあり方について聴取するという考えすら，この時期示されるほどになった。政治的公論の主体として，すべての日本人が対象となってきたことの表れといってよいが，それは同時に，そのような人々までもが身分の違いを超えて政治に携わる可能性を有してきたということでもある。

　第3に，道義性に基づいた政治の探求である。例えば，幕府が主導する第2次長州征伐に際して，十分に反省の意を示した長州藩に対して武力を発動することが，果たして義や理に基づくものなのかということが大いに議論された。大久保利通は，「当節天下の耳目相開候得は無名を以て兵器不可振は顕然明著なる訳に御座候」と述べている。天下の人々の目が光り，その考えに耳を開く世の中では，無名の（＝大義名分のない）政策（ここでは，兵器を用いて長州を攻撃すること）を行うことはできないというわけである。言路の洞開には，権力の作動を白日の下にさらして，その妥当性を問うという意義も込められていた。

　以上のような理由から，言路を洞開し，公議を尽くすことが訴えられた。その流れを受けて，公議を尽くす場としての議会の設置が構想されることになる。坂本龍馬のアイデアとして一般に知られる「船中八策」は大政奉還の指針を示したものとして名高いが，その中には「上下議政局を設け」，「万機宜しく公議に決すべき事」との字句が見られる。ここに明示された議会制度の導入は，前述のように幕末期の政治改革構想を集約したものであり，幕府政治に代わる新しい政治のあり方として不動の地位を占めていく。

　大政奉還の後を受けて発せられた王政復古の大号令では，議会や公議所の語

は見えないが，「言語之道が洞開されるべきこと」や貴賤にかかわらず広く人材を登用することが掲げられた。また，王政復古の建言を画策する中で，大久保利通は明確に，衆議の粋を尽くす議事院の法に依拠して，政治に参与する者は身分の違いにこだわらず，陪臣や草莽（そうもう）の士からも抜擢（ばってき）されるべきと述べ，衆議を尽くす場としての議事院に立脚した政治の仕組みを主張している。議会の設置は，すべての既存の秩序を破壊することを謳（うた）った王政復古のクーデタの中で，新しい政治体制の核となるものとして位置づけられていたのである。そして実際に，王政復古を受けて出された五箇条の「御誓文」では，「広く会議を興し万機公論に決すべし」と記され，会議政体の導入が期されることになる。

　以上のように，幕末の日本は，西洋から仕入れた議会制度の知識を当時の政治のあり方をめぐる自発的な議論の中から醸成されてきた衆議や公論＝公議輿論の理念で満たすことによって，議会制導入への確たる歩みを始めたのである。だが，その歩みが平坦だったわけではない。その最終的実現には，明治の世に代わってからなお20年以上の歳月が必要だった。次に，明治に入ってからの立憲国家化の進展をたどっていこう。

 ## 維新政府の立憲制度論

▌列侯会議から国民代表制へ▐

　既述のように，五箇条の「御誓文」では「広く会議を興し」の語が見られ，議会制の導入がめざされていた。注目すべきは，「御誓文」の原案に当たる由利公正（三岡八郎）と福岡孝弟の起草になる諸侯会盟の誓文では，「列侯会議を興し万機公論に決すへし」とされていたことである。「列侯会議」が単に「会議」と変えられたことには無視しえない含意がある。そこには，既存の藩を単位にして藩主たちの連合体として新国家を構築するか，それとも天皇を君主として戴く統一国家を形作るかという2つの国家構想のせめぎあいがあった。連邦国家か統一的国民国家かの選択肢である。時代の主流となったのは，「列侯会議」が消され，「会議」と言い換えられたことからわかるように，天皇中心の統一国家への道だった。明治日本における議会の開設は，天皇という主権者

としての君主を盛り立て，その下で政治を担っていくための国民代表機関の創設を意味していたのである。

　これは，維新の指導者たちの間で共有されていた考えといってよい。大久保利通による議会制論については先に言及したが，岩倉具視も明治元（1868）年10月に「議事院取調之事」と題する覚書の中で，独自の議会制構想を展開している。岩倉は，将来において明君や賢臣が出ずとも国家が保持されるような盤石な制度の確立を説いている。そのために必要とされるのが，「議事院」である。そこでの「衆議」を経たうえで天皇が政策や立法を裁決する仕組みを定めれば，安定的かつ強靱な国家の体制が内外に示されるであろうことを期待して，議会制度の導入が唱えられている（『岩倉公実記』中）。国家統治の核となり，求心力を与えるものとして議会は観念されたのである。

▌公議所と集議院▐

　前述のように，五箇条の「御誓文」を受けて発せられた政体書では，立法・行政・司法の三権の分立が定められ，議事の制を立てるものとされた。議事に当たる議員の選出を行うのが，府県藩という新たに編制された地方組織であるが，実態は旧体制下の諸藩が主体であった。実際，翌年の明治2年3月に開かれた日本初の議事立法機関である公議所は，各藩から派遣された公議人によって構成された。

　しかし，せっかく開設された公議所であるが，その年の6月の会議を最後に開かれなくなる。旧藩勢力を基盤としていた公議所は，必然的に新政府との間に齟齬を来した。キリスト教や洋服の禁止を求める議や森有礼の提起した廃刀案への反対などにそのことは表れている。

　代わって，明治2年7月の官制改革によって設けられたのが集議院である。そこにおいて議事の制の役割は縮小され，立法機関ではなく，単なる政府の諮問機関でしかなくなる。そして，明治4年7月に廃藩置県が行われたことによって，議員の選出母体としての藩が廃止され，集議院は有名無実化する。その立法諮問機関としての機能は，新たに設立された左院に引き継がれることになるのである。

　このように廃藩置県は，公議輿論体制の制度的確立という観点から見れば，その頓挫であったとみなしうる。しかし，ここでその思想までが潰えたわけで

はない。むしろ，明治政府の指導者たちの間では，より国民代表的な議会制度のあり方の模索が継続していた。

転機となったのは，前章でも言及した岩倉使節団である。西洋文明の実際の姿をつぶさに観察する機会を得た政府指導者たちは，紆余曲折を経ながらも最終的には日本の文明化に確信を抱いて帰国する。ここで注目に値するのが，使節の二大巨頭ともいえる大久保利通と木戸孝允によって，立憲制度の採用についての意見書が相次いで著されていることである。

▌木戸と大久保の憲法意見書 ▌

大久保と木戸は，使節団一行に先駆けて，明治6年5月と7月に相次いで帰国した。留守政府の分裂と対立を聞き，2人は急ぎ日本に戻ったのである。征韓論による政府の分裂という困難に直面しながら，両者は国家再建の方途を思慮していた。2人が期せずして出した方案が，立憲制度の導入に関するものだった。その内容を順に追ってみよう。

まず木戸である。彼は，帰国後ほどなくしていち早く，憲法意見書を朝廷に上奏し，10月には同趣旨のものを一般に公開している。その内容は以下のようなものである。

木戸は，「今日の急務は五條の誓文に基て其條目を加へ政規を増定するに在り」と述べる。五箇条の「御誓文」を拡充して，「政規」＝憲法を定めること，それが国家の喫緊の課題だと木戸は主張する。それというのも，憲法のあり方が国の興亡の鍵を握っているからである。

では，木戸はどのような憲法が日本にふさわしいというのか。一言でいえば，彼が求めるのは，独裁の憲法である。文明のいまだ広く行き渡っているとはいえない現下の日本においては，天皇の英断と政府有司によるその実施によって，国民を徐々に文明の域へと善導していかなければならない，と木戸は説く。彼が国家の急務とするのは，天皇と彼を戴く政府による強力なリーダーシップである。

> 維新の日尚未た浅く智識進昇して人民の会議を設るに至るは自ら多少の歳月を費さゞるを得ず。故に今日に於ては政府の有司万機を論議し　天皇陛下夙に独裁せらるゝは固より言を待たさるなり。

かく述べて，木戸は天皇と有司による専制を是認する。開明派として急進的

な開化政策を主導してきた木戸が，ここにきて「独裁」を称揚している。これは，木戸の180度の転向なのだろうか。

　当の木戸には，岩倉使節団での西洋体験に裏打ちされた彼なりの意図があった。そもそも，「独裁」とはいっても，それは国民の信認に支えられて行われるべきものである。天皇といえど，「豈天下を以て一家の私有とせんや」，と彼は論じる。つまり，「独裁の憲法」とはいえ，憲法というからには，それは君主の専制を保持するためのものではなく，民意を尊重し，国民の団結を促すものでなければならない。民意による為政者の統制こそが，憲法政治の眼目なのである。したがって，独裁の憲法などと述べながらも，木戸の視線の先にあったのは，君民同治の立憲君主制であった。

> 天皇陛下の英断を以て民意を迎へ，国務を條列し，其裁判を課し，以て有司の随意を抑制し，一国の公事に供するに至らは，今日に於ては独裁の憲法と雖とも他日人民の協議起るに至り，同治憲法の根種となり，大に人民幸福の基となる必せり。

　以上のように，国家を担いうる国民の創出をまって，独裁から君民同治へと漸進するというのが，木戸の立憲制化のプランである。そして，このことは，大久保においても共有されたものであった。

　明治6年11月，大久保は政体取調を命じられた伊藤博文に，立憲政体に関する意見書を手交した。木戸の意見書と同様，それは使節団の副使として西洋文明をつぶさに実見してきた大久保がとりまとめた成果報告書といえる。そこでは，欧米諸国の多様な国制のありようという認識から筆が起こされている。世には君主政治から民主政治までさまざまな政治の体制がある。それらはそれぞれに長とするところがあり，どちらが優っていると一概に判断できるものではない。そもそもその国の政治の仕組みとは，その国の文化や国民性といった所与の条件によって自ずから形作られていったものである。したがって，それを改革するとしても，あくまで「土地風俗人情時勢ニ随テ」なされるべきであり，他の国の国制の軽々しい模倣であってはならないのである。

　かくして，問題は日本の環境と政治風土に適った国制の確立ということになる。「今日の要務先つ我か国体を議するより大且つ急なるはなし」，と大久保もまた，国家の基盤を確立することを急務とみなす。そのためにまずなされなければならないこと，それは「定律国法」＝憲法の制定にほかならない。

　このように，憲法の制定という大方針を大久保は木戸と共有する。もっとも，

憲法の内実という点において，一見，両者の間には隔たりが認められる。君主独裁を説く木戸に対して，大久保が唱えるのは君民共治なのである。

> 祖宗の国を建つる豈に斯の民を外にして其政を為んや。民の政を奉する亦豈に斯の君を後にして其国を保たんや。故に定律国法は即はち君民共治の制にして，上み君権を定め，下も民権を限り，至公至正君民得て私すへからす。

木戸の独裁論とは趣を異にして，大久保は君民同治を掲げる。大久保といえば，政略的な権力政治家のイメージが強いが，ここでの彼は，木戸よりも先進的な憲法構想を示しているように聞こえる。

だが，ここではむしろ，両者の憲法論が指し示す同一の方向性に注目するべきだろう。独裁か同治＝共治かにかかわらず，木戸も大久保も「民」の政治的位置づけという点で，大きく異なっていることはない。大久保は意見書の中で，「民を外にして其政を為んや」と述べている。これは木戸においても共有されていた理念である。その独裁憲法論の実体は，民意を実現するための一時的な委任独裁の構想であった。木戸も大久保もその目標とするところは，民の開化を促すための国民の政治的自覚であったといえる。そして，それを実現する工程においても，両者の認識は決して隔たってはいない。

> 妄りに欧州各国君民共治の制に擬す可からす。我か国自から皇統一系の法典あり。亦た人民開明の程度あり。宜しく其得失利弊を審按酌慮して以て法典典章を立定しへし。

万世一系の皇室というわが国の伝統を護持し，そのうえで国民の開化の程度に合わせた憲法を定立するべしと大久保は主張する。天皇を基軸とする国民政治のシステム。木戸と大久保が構想した立憲制度はそのようにまとめることができる。そして，2人ともそれが一足飛びに実現できるとは考えなかった。彼らはともに，「漸進主義の立憲政治論」（伊藤博文談，『大久保利通文書』第5巻：206）を抱懐していたのである。

木戸も大久保も，存命中に立憲制度の成立を目にすることはできなかった。2人の遺志を継ぎ，その実現に漕ぎつけたのが伊藤博文であった。伊藤による立憲国家の完成に論を進める前に，次節では近代日本の立憲化を方向づけたもう一つの運動，自由民権運動の展開について述べておこう。

3 自由民権運動の始まりと高揚

民撰議院設立の建白書

　1873（明治6）年に起こった征韓論政変は，大久保政権の成立という意味でのみ日本政治史の転回点だったのではない。それは，もう一つの重要な政治的帰結をもたらした。自由民権運動の誕生である。

　征韓論に敗れた西郷隆盛や板垣退助らが下野したことにより，在野における反政府勢力が成立した。彼らは，政府を「有司専制」と呼び，対決色を強める。既述のように，西郷を担いだ鹿児島の不平士族たちは，西南戦争という武力による反乱を引き起こした。これに対して，板垣を頭目と仰ぐ勢力によって担われたのが，自由民権運動である。

　自由民権運動誕生の一大画期となるのが，1874年1月の民撰議院設立の建白である。これは，征韓論政変で政府から離れた板垣，後藤象二郎，江藤新平，副島種臣の旧参議が中心となって左院に提出されたものである。現政府をまさに「有司専制」として批判し，「人民の公議輿論を張る」ために速やかに民撰議院を設立するべしと説いている。この建白書を政府は無視したが，それは『日新真事誌』紙上に公表され，広く知られるところとなった。そして，当時の言論界にその是非をめぐる活発な論争が展開されることになった。

　民撰議院設立の建白書は，それまで政府部内に限定されていた議会制度導入論を広く世に解き放つ契機となった。解き放たれた議会政治論は，新聞や雑誌といった新時代のメディアや演説会を通じての人々の新しいつながりを媒介して，政治的な議論空間の拡大をもたらす。ドイツの哲学者ハーバーマスが西洋近代社会の成立期に認めたような市民的公共圏と類似したものが，この時期の日本においても生成したのである。

自由民権運動の興隆と国会開設の勅諭

　このようにして，民撰議院設立の建白は，大規模な国会開設の運動へと展開していく。その駆動力となったのが，政府批判の民権派の政治結社であった。

1874年4月に板垣が中心となって高知で立志社が結成され，それをもとに翌年2月には大阪で全国的な民権団体の愛国社が作られた。

　このような展開に対して，政府も座視しているわけにはいかず，板垣の懐柔に乗り出す。愛国社創設にあわせて，大久保ら政府の主だった者たちが大阪に集結し，木戸や板垣という政府離脱者と政権への復帰に向けた交渉を行った。その結果，立憲政体の樹立を漸進的に進めるという条件で妥協が成立し，木戸と板垣の参議復帰が実現する。いわゆる大阪会議であり，これを受けて1875年4月に「漸次立憲政体樹立の詔」が発せられ，①元老院を設立し立法権を拡充すること，②大審院を設置し司法権を強化すること，③地方官会議を興して民意を汲み取ること，④漸次に立憲政体へと移行すること，が掲げられた。このうち，元老院は議会の上院へ，そして地方官会議は下院へと発展していくことが期待された。将来的な議会制へ向けた制度改革が図られたのであり，まさに漸次に立憲政体を樹立するとの方針である。

　しかし，大阪会議の体制はすぐに頓挫を来した。この年の8月に板垣はまたも下野し，木戸も翌年3月に参議を辞任する。この後，第2章③で述べたように，不平士族による反乱が相次ぎ，それは西郷隆盛を擁しての西南戦争でクライマックスに達する。そのような武力闘争の動きは結局は政府によって鎮圧されたが，そのことは政府批判の運動それ自体の収束を意味するものではなかった。むしろ，言論のかたちをとった政府批判の民権運動はいよいよ高まりを見せ，明治10年代にはそれは国会開設運動となって展開されるのである。

　1878年9月，大阪で愛国社再興大会が開かれた。これを機に，各地に民権派の政治結社が次々に成立する。それらを糾合するかたちで，1880年3月に開催された第4回愛国社大会を機に，国会期成同盟が結成された。政府の有司専制体制への批判から出発した反政府運動は，不平士族の支持を受けて発展し，西南戦争後は言論闘争の道をとることで国会開設運動へと盛り上がっていったのである。そのような中，運動の主体も士族のみならず，旧幕時代に地域の指導者だった豪農や新知識の集中する東京で結成された嚶鳴社や交詢社などに集う都市民権派までそこに合流することとなる。国民的な政治運動の誕生である。この運動の担い手となった知識人や結社は，在野の自由な立場から憲法の私案を草していった。いわゆる「私擬憲法」である。

　このように憲法と国会を求める運動が最高潮に達したのが，1881年であっ

た。この年の7月、政府参議で開拓長官の黒田清隆が、政府が北海道に建設していた工場などの開拓使の官営事業を破格の廉価で黒田と同郷の薩摩人・五代友厚が経営する民間会社に払い下げようとしているとの疑惑が民権派の新聞によって報じられた。

　これをきっかけに、反政府運動は空前の盛り上がりを見せることになる。新聞、雑誌、演説会という新しいメディアを通じて、自由民権派による政府批判が華々しく展開され、それは民衆による喝采（かっさい）をもって迎えられた。この結果、ついに藩閥政府は、10月11日、官有物払い下げの取り消しを決定し、翌日、国会開設の勅諭が発せられ、1890年を期して国会を開設することが天皇の名で公約される。自由民権運動の一大成果である。

自由民権運動の歴史的意義

　自由民権運動には、どのような歴史的意義があったのだろうか。3つのものが挙げられる。第1に、国民的規模での政治的言論空間の創出である。自由民権運動は、それまで政府内の扉の奥で専ら論議され決められてきた政治の事柄を広く社会に解き放つ効果をもたらした。当初は維新によって身分的特権を失い、政府の開化政策に不満を高めていた不平士族が運動の推進母体となっていたが、やがてそれにとどまらず、各地の豪農や都市の新知識人も巻き込み、国民的な政治運動となっていくのである。

　第2に、大衆文化としての意義である。自由民権運動が国民的な広がりを示したことには、それが芸能や大衆の娯楽性と結び付いていたことも無視できない。民権派の運動家たちによる政府批判の演説会は、さしずめ現代のロック・コンサートのような趣もあった。民権運動はのちに政治的に行き詰まりを見せたが、そこから派生した政治小説や演劇（川上音二郎）、演歌といった文芸や演芸の活動は、その後の日本の大衆文化に大きな足跡を残した。

　第3に挙げられるのが、地方振興の側面である。幕末から明治維新にかけて、日本の地方では生活秩序の動揺がもたらされた。廃藩置県を頂点とする地方体制の刷新の中で、地域の人々は新たな秩序のまとまりを模索していた。自由民権運動は、そのような地域秩序の枠組みを新たに付与する機能を担った。実際、多くの民権家は自らの地域に根差し、その振興に尽力した。明治時代は中央集権化が格段に進んだ時代と一般に考えられているが、地方における経済振興が

遂げられた時代とも評価されている。その担い手となったのは，民権運動を各地で指導し，住民を束ねる力量を示して名望家となった地方のリーダーだった。

　自由民権運動の研究は，戦後の明治史研究で長足の進展を見せた分野であるが，そこでの理解の枠組みは，保守反動的な明治藩閥政府に対抗する下からの民主化の試みとしての革命運動という図式があった。しかし，実際の民権運動はここで見てきたように，政治的には開化に反対するそれこそ反動的な一面やアジア侵略的な性格もあったし，また大衆文化への寄与など政治的意義にとどまらない多面的な可能性を秘めていた運動だったといえよう。

4 大日本帝国憲法の成立

┃ 憲法制定前史 ┃

　幕末以来，公議輿論に立脚した政体を樹立し，衆議のための機関（＝議会）を設けることは，国家的な課題であった。明治維新を主導した人々は，そのことを強く意識していた。日本の立憲国家への歩みは，上からの改革として着手された。やがてそれに飽き足らない勢力が政府から離脱し，自由民権運動を興して下からの国会開設運動を展開していく。そのような上下双方向からの立憲化の運動が対抗し相互作用を呼び起こしながら，1889（明治22）年2月11日の明治憲法の発布へと至るのである。本節では，前節でもふれた明治十四年の政変について再論し，そこから明治憲法の成立へと至る経緯を論述する。

　政府の側でなされた憲法編纂の試みは，明治6（1873）年6月に当時設けられていた立法のための議事機関である左院に国憲編纂の任が加えられたことを始まりとする。だが，左院での憲法起草作業は具体化しなかった。それは，岩倉使節団派遣中に敢行された留守政府による急進政策の一つと目され，使節たちの帰国後，待ったがかけられることになる。憲法編纂の任務自体は，1875（明治8）年4月に左院の廃止と同時に設置された元老院に引き継がれる。

　しかし，大久保利通や木戸孝允といった政府の第一人者が，元老院による憲法起草をまともに受け止めていたかは疑わしい。実際に欧米を見聞してきた彼らは，憲法の制定を自らの課題と受け止めていた。前述のように，岩倉使節団

の旅から帰国後，大久保と木戸がともに憲法制定の意見書を呈していることがその証左である。憲法の制定は漸進主義で臨むことについても考えが一致していた両者は，来るべき時が来たら，自らの手で憲法を作る目論見だったであろう。実際，2人から憲法起草の任務を秘かに受け継いでいた伊藤博文は，1880年12月に元老院が憲法草案をとりまとめた時，「我国体人情等には聊も致注意候ものとは不被察候」（12月21日付岩倉具視宛書簡）として，それを否定している。

▌明治十四年の政変▐

　元老院の憲法案が葬り去られたのと前後して，岩倉具視は各参議に憲法意見書を作成し提出することを命じた。順次出てきた意見は，いずれも憲法制定の必要性を認めつつ，まだ時期尚早でじっくり時間をかけて取り組むべきというものだった。しかし，最後に提出された大隈重信の意見書が政府を驚天動地させ，これが明治十四年政変の発火点となる。

　他の参議たちとは異なり，大隈は1883年には議会を開くという急進的な国会開設論を唱えた。さらに同意見書は，「立憲の政は政党の政なり」と掲げ，国会を中心とするイギリス流の議院内閣制を提唱した。大隈はこのような過激な意見書を，岩倉や他の参議には秘匿して，天皇に密奏しようとした。そのような隠密な行動も相まって，大隈の政府内での地位は以後微妙なものとなる。

　これに引き続いて，前述の開拓使官有物払い下げ事件が勃発した。この情報の漏洩元として，大隈に嫌疑の眼が向けられる。政党政治を唱える大隈が，在野の運動家と結託して政府転覆を陰謀していると噂されたのである。そして，10月9日，官有物払い下げの中止が政府内で決せられたのと同時に，大隈一派の政府からの追放も決定される。

　大隈一派の追放をもって幕を閉じた明治十四年の政変は，日本憲法史上の一大転換点となった。これを契機に，憲法の制定に向けて具体的な歩みが始まった。大隈追放直後の10月12日，国会開設の勅諭が下され，1890年を期して国会を開設することが宣明された。内からの大隈意見書，外からの自由民権運動による政府批判の挟撃にあう中，明治政府は天皇の名によって，国会の開設とそれに先立つ憲法の制定を公約したのである。

明治憲法の起草と井上毅の存在

　ここに至って，政府は本腰を入れて憲法制定作業に従事しなければならなくなった。大隈の憲法意見書が政府内で露見した直後の6月，岩倉具視は対抗措置として自らの憲法意見書をとりまとめ，大隈のイギリス流議院内閣制に対して，プロイセンに範をとった君主主義的な憲法構想を提示している。作者は井上毅であり，彼こそのちの憲法の起草も行った明治政府の知恵袋である。実際，明治憲法の成立は，井上の獅子奮迅の活躍なくしては考えられない。

　井上は1887年3月に憲法草案「初稿」を起草している。明治憲法へと至る最初の試案であるが，これはきわめて不完全なスケッチであった。これに引き続いて5月に，井上は甲案・乙案と称される初めてのまとまった草案を伊藤博文に提出した。ここに憲法起草作業は本格化する。この年の夏に伊藤博文は井上の甲案・乙案とお雇い外国人ロェスラーの作った草案を携えて，秘書官の伊東巳代治と金子堅太郎とともに神奈川県金沢八景近くの夏島に籠って検討作業を行った。この結果できあがったのが，夏島草案と呼ばれるものである。

　憲法起草の担当者を自任する井上は，この夏島草案に対して詳細な逐条意見を書き上げ，8月下旬に伊藤に提出した。そこでの井上の批判点のうち注目されるものとして，①天皇は「神聖にして侵すべからず」と規定していることの削除，②議会の権限の尊重（議院自治権と議会による政府の統制権），③内閣が行政権を統一するとの文言の除去，が挙げられる。これらの批判の論拠は，①については道徳上の表現であって，法律の規定にはふさわしくない，②については立憲主義の国際的水準に則るべき，③については天皇の執政権を損ねるというものである。

　10月に入って，今度は東京・高輪の伊藤邸に井上，伊東，金子が集まり，再検討を行った。この結果，「十月草案」と呼ばれる修正案ができる。そこでは，上記の井上の批判①〜③のうち，②と③が取り入れられた。特に③は井上が強くこだわった点で，内閣が行政権を掌握するとなると，内閣の連帯責任が生じ，イギリス流の議院内閣制になりかねないというのが彼の危惧するところだった。井上は，国務大臣の天皇に対する単独責任を唱え，天皇の大臣であることを力説した。内閣という語も，憲法からは消えることになる。その後，翌1888年2月と3月にも若干の修正案が仕上げられ，憲法正文の原案として

上奏される。それはさらに，この年の4月に開設された枢密院で審議され，それを経て1889年2月の憲法の発布へと至るのである。

ところで，この時期に起草されていたのは憲法のみではなかった。憲法と同じく国家の根本法として，皇室典範が起草されていたし（そのため，明治の国家法体制を典憲体制と呼ぶことがある），このほかに憲法発布と同日に，議院法，衆議院議員選挙法，会計法，貴族院令も公布されている。これらは形式的には憲法ではないが，憲法に定められた議会や財政の制度を実際に機能させるために不可欠な法令である。いわば憲法を動かすためのマニュアルともいえるもので，憲法附属法と呼ばれる。そのほかにも，明治十四年の政変から憲法発布までの間には，国家の重要な諸制度が続々と定められていった。この時期は，いわば明治国家の「国のかたち」が作り上げられていく期間だった。憲法は，その「国のかたち」に最後に被せられた帽子ともいえた。この時期の「国のかたち」の造形については，章を改めて論じたい。

1889年2月11日，明治憲法が発布された。それは国民的な祭典となって祝われた。東京では多くの山車や提灯行列が繰り出され，祝い酒がふるまわれて大変な騒ぎであった。東京にいた外国人は，日本国民の祝賀ムードを奇異の目で眺めた。お雇い外国人医師のベルツは，「こっけいなことには，誰も憲法の内容をご存じない」と日記に書き留めている。国民は訳もわからず，政府のいいなりになって，とにかく踊らされていたというわけである。実際，「憲法発布」と聞いて，「絹布の法被」が天皇から下賜されると勘違いした人々もいた。

だが，この東アジアにおける最初の憲法の発布はそのような国民的狂騒としてばかり語られるべきではない。それは同時に，日本が立憲国家として国際社会に船出するというシンボリックな意味合いも帯びていた。この日皇居で催された発布式には，日本駐在の各国からの公使が揃って参列し，この歴史的壮挙に祝意を示した。発布式典に先駆けて，天皇は皇居奥深くの賢所で皇祖皇宗に憲法発布の御告文を奏したが，それが終わるや，直ちに洋風の軍服に着替え，近代的な立憲君主として外国の使節を接遇しながら祭典の場にお披露目した。

そのような情景は，1000年以上の時を遡った天平勝宝4（752）年の奈良東大寺の大仏開眼式を想起させる。そこでも，1万人以上の人々が参列し，日本のみならず中国や朝鮮の祝いの舞楽も演じられ，国際色豊かな祝典が挙行された。それは，仏教を通じた新たな国家体制——鎮護国家——を内外に誇示する

催しであった。今また同じような国家的祭典が演出されたということもできよう。1000 年前の新国家のシンボルは大仏だったが，今度は憲法がそれとなり，日本は立憲国家という新しい装いを伴って，近代の国際環境に本格的に参入していくのである。

さらに学びたい人のために | Bookguide ●

山室信一『法制官僚の時代——国家の設計と知の歴程』木鐸社，1984 年。
　　藩閥政府 vs. 自由民権運動といった安易な図式に落とし込まず，後年に著者が展開する思想連鎖の観点から，明治の知識人がいかに西洋法政思想を受容し，国制を構想したかを躍動的な筆致で描いている。

瀧井一博『文明史のなかの明治憲法——この国のかたちと西洋体験』講談社選書メチエ，2003 年。
　　山室氏の著書が法制官僚という知識青年に着目したのに対して，この拙著では実際に指導的立場にあったステーツマンたる政治家が，いかに西洋文明と相まみえて，それを自らの国家構想に結実させたかを論じた。政治家も知的な存在であることを示そうとした試みである。

大石眞『日本憲法史〔第 2 版〕』有斐閣，2005 年。
　　憲法史の泰斗によるバランスのとれた概説書。憲法のみならずそれを具体的に肉付けする憲法附属法も視野に入れ，実質的憲法秩序の成立と構造を解明している。

引用・参考文献 | Reference ●

稲田雅洋 2009『自由民権運動の系譜——近代日本の言論の力』吉川弘文館。
大石眞 2005『日本憲法史〔第 2 版〕』有斐閣。
尾佐竹猛 2006『維新前後に於ける立憲思想』（尾佐竹猛著作集　第 9 巻）ゆまに書房。
久保田哲 2014『元老院の研究』慶應義塾大学出版会。
瀧井一博 2003『文明史のなかの明治憲法——この国のかたちと西洋体験』講談社選書メチエ。
鳥海靖 1988『日本近代史講義——明治立憲制の形成とその理念』東京大学出版会。
松沢裕作 2016『自由民権運動——「デモクラシー」の夢と挫折』岩波新書。
山室信一 1984『法制官僚の時代——国家の設計と知の歴程』木鐸社。
　＊ Column ❷
北岡伸一 2018『独立自尊——福沢諭吉と明治維新』ちくま学芸文庫。
坂井雄吉 1983『井上毅と明治国家』東京大学出版会。

Column ❷ 福沢諭吉と井上毅

　福沢諭吉（1835-1901 年）と井上毅（1844-95 年）は，明治日本を代表する二大知性である。福沢の名は一般にも広く知られているだろう。彼は明治期啓蒙思想のチャンピオンとして，幾多の著述の執筆や新聞・雑誌の創刊，団体の創設，そして慶応義塾での教育や人材養成に身を捧げ，近代日本の知的インフラの構築に大きく貢献した。他方で，井上毅は知名度は福沢に劣るが，明治政府の知恵袋であり，偉大な「立法者」として学界でかねてから注目を集め，評価されてきた。明治憲法をはじめ数多くの法の制定に彼は関与し，また具体的政策にあたって意見を述べている。

　この両者はまさに対照的な立場と思想の持ち主である。福沢は在野に身を置き，民間の立場から日本の国家や社会のあり方について思索し提言してきた。これに対して，井上は官の人だった。現実にいかに国家の制度を形作るかということに粉骨砕身した。民の立場にとどまり，官に就くことなく，外から政治をコントロールすることは福沢のポリシーだった。もっとも，それは権力一般に対する洞察の所産というよりも，旧幕臣として維新政府に仕えることを潔しとしない個人的な矜恃の念もあった。

　明治維新に対する複雑な思いは，井上も共有していた。熊本の出身である彼は，薩長藩閥に属していたわけではない。本来，政府の中で傍流に位置していた彼は，あえて官の只中に入り，自らの国家の理念を実現するべく尽力した。その理念とは儒教的な徳治であった。井上は独自の保守哲学の持ち主であり，ドイツ流の行政システムの導入を通じて，それを体制化しようとした。この点において井上と福沢は相容れなかった。実際，井上は福沢を忌み嫌い，その影響が政府部内に入ってくるのを阻止しようとした。

　この両者を架橋するような役回りを演じたのが，伊藤博文である。明治十四年の政変を機に伊藤と福沢との間には亀裂が生じた。だが，この 2 人の間にはイギリス流の経験主義や議会主義をめぐって思想的シンパシーがあった。井上が作り上げた明治憲法体制の中に，伊藤は福沢的な議会政治の実践を注入しようとする。そのことに晩年気づいていたからだろうか，死の床で井上は「自分は伊藤によって生涯を誤った」と口にしていたという。

第 **2** 部

近代国家・国際関係の運用と改良

大国化への適合・不適合

PART **2**

第**4**章

国制の構築と条約改正への道

「不平等」条約をどう改正したか

🎧 「条約改正会議」（上野広一筆，聖徳記念絵画館蔵）。

INTRODUCTION

　明治政府の悲願であり，明治時代の一大政治課題だったのが，欧米諸国との「不平等」条約の改正である。本章では，幕末になぜ不平等とされる条約が結ばれたか，その改正のために明治政府はいかなる努力を払ったのか，それに政府外の世論はどのように反応したのかを取り扱う。条約改正のためには，文明国となることが不可欠と考えた明治政府は，西洋流の立憲国家をめざした。ここでは，前章で扱った憲法の制定にとどまらない立憲国家の具体的内実についても論及する。

年　月	事　項
1882（明治 15）年 3 月	伊藤博文，ヨーロッパへ憲法調査に出発
7 月	壬午事変
8 月	朝鮮と済物浦条約締結
1884（明治 17）年 7 月	華族令制定
12 月	甲申事変
1885（明治 18）年 4 月	天津条約
12 月	内閣制度の導入。伊藤博文，初代内閣総理大臣に就任
1886（明治 19）年 5 月	井上馨外相，第 1 回条約改正会議開催
1887（明治 20）年 6 月	井上外相の条約改正案に対し，政府内外で反対強まる
9 月	井上外相辞任
12 月	三大事件建白運動／保安条例公布
1888（明治 21）年 4 月	市制・町村制公布／枢密院設置
11 月	大隈重信外相による条約改正交渉の開始／メキシコと最初の対等条約を結ぶ
1889（明治 22）年 10 月	大隈外相，襲撃され外相辞任。条約改正交渉中止
1890（明治 23）年 5 月	府県制郡制公布
7 月	第 1 回衆議院議員総選挙
11 月	第 1 回帝国議会開会
1891（明治 24）年 5 月	大津事件
1892（明治 25）年 2 月	第 2 回総選挙（品川弥二郎内相による選挙干渉）
1893（明治 26）年 7 月	陸奥宗光外相の条約改正案を閣議決定

1　行政国家と立憲国家

伊藤博文の滞欧憲法調査

　前章では，明治憲法が成立するまでの経緯について記した。しかし，その章でも述べたように，この時期新たに作られたのは，憲法のみではない。明治十四年の政変以降，明治憲法が制定されるまでの約 10 年の期間は，明治国家のオーバーホールの時期といってよい。このときに，それまでの国家の仕組みは再編され，新たな諸制度が付け加えられて，立憲国家という新しい「国のかたち」ができあがった。ここでは，そのような観点からもう一度この時期を振り返ってみよう。

　明治十四年の政変の結果国会開設の勅諭が出され，明治政府も憲法の制定と

国会の開設に本腰を入れなければならなくなる。前述の通り，岩倉具視の命を受けた井上毅が，いち早くドイツ型の君主主義的な憲法制定の指針をとりまとめていた。政府側でも憲法起草の準備は整っていたのであるが，それに入る前に伊藤博文が「憲法取調」と称してヨーロッパに派遣されることとなった。その理由についてはさまざまな事情があるが，1点指摘しておきたいのは，伊藤自身が大隈流の急進的な議会主義の憲法にも井上流の反政党政治的な君主主義の憲法にも満足していなかったことである。伊藤は，いわば立憲制の第3の道を求めて渡欧したのである。

1882年3月から翌年8月に帰国するまでの間，伊藤は憲法調査の旅に出た。伊藤がまず訪れたのは，ドイツ帝国の首都ベルリンである。日本におけるドイツ主義の採用を受けて，その本拠に乗り込んだのであるが，当初調査は難航したことが伝えられている。頼りにしていたベルリン大学の憲法学の泰斗グナイストは多忙のため十分な聞き取り調査に応じられず，伊藤はその弟子でのちにお雇い外国人として来日するモッセからプロイセン憲法の逐条的講義を受けた。その釈義的授業は伊藤の意に沿うものではなく，彼は焦慮の念を深めている。

事態が変わるのは，その年の8月にオーストリア帝国の首都ウィーンを訪問してからである。ここで伊藤は，ウィーン大学の国家学者シュタインと面会し，その教えを乞うた。そこで伊藤は，立憲国家における行政の意義に開眼している。ウィーン滞在時に伊藤は，憲法は大まかなことだけ書いてあれば十分であり，逆にいえば憲法だけ作っても意味はないという趣旨のことを書き記している。

それでは，立憲国家を形作るには，憲法だけではなく何が必要だというのか。伊藤が得た答えは，行政である。伊藤はこの時，「どんなに立派な憲法や議会を作ったとしても，実際の統治がうまくいかないと効果はない。統治をうまくいかせるには，政府の組織行政の準備を確立しなければならない」とも述べている。憲法を制定して議会を開いても，それが機能しなければ意味はない（実際，1876年に日本に先駆けて立憲制度を布いていたオスマン帝国が1年間で議会を閉鎖し，憲法を停止する事態に陥っていた）。議会制導入の前提として，それを支え補完する仕組みが必要視された。それというのも，国民のさまざまな声を吸い上げる議会という場は往々にして混乱することが予想され，そうなった場合に国政が破綻しないようにその支柱となる制度が不可欠だからである。それが行政

であった。伊藤は，立憲国家は行政国家と同義であるとの洞察を得て，日本に帰国することになる。1882年から翌年にかけての伊藤の渡欧は，憲法取調と称されるが，実際にはその歴史的意義は，行政の発見と立憲国家の全体的な構成を把握した国のかたちの調査にあったのである。

▌立憲国家への道──行政の整備▐

帰国後，伊藤は立憲国家の始動に向けた国制全般の改革に着手する。彼がまず行ったのは，宮中改革だった。その背景には，元田永孚や佐佐木高行といった天皇側近の侍補グループによる天皇親政運動があった。天皇による直接統治の主張である。伊藤はこの動きに反対し，自ら宮内卿となって宮中と政府を切り離して宮中の非政治化を推し進める（宮中・府中の別）。

また，1884年7月には華族令が制定された。これにより，公・侯・伯・子・男の五等制からなる爵位が定められ，その位は男系子孫によって世襲されることとされた。皇室の藩屏（守り）としての華族制度の確立である。華族となったのは旧公家層や旧幕時代の将軍家・大名家にとどまらず，明治維新に勲功のあった士族功臣が広く叙爵した。

1885年12月には，それまでの太政官制度が廃され，内閣制度が導入され，あわせて行政機構全般の改革が行われた（官制の大改革）。新たな内閣の初代総理大臣には伊藤が就任した。それまで大臣になれるのは有栖川宮や三条実美，岩倉具視など皇族や旧公家に限られており，伊藤のような政府の実質的リーダーでさえ，出自の問題から大臣になることはできなかった（伊藤はもともと貧農の生まれ）。今後は，国民であれば誰もが大臣の職に就くことが形式上可能となったのである（もっとも，爵位をもたない平民の首相が誕生するには，1918〈大正7〉年の原敬内閣の成立を待たなければならない）。

内閣の地位と権限を定めたのは，「内閣職権」と題する法令である。それは第1条において，首相に内閣のリーダーとしての地位を認め，政治の方針を定めて行政全体を指導する権限を付与した。それが故に，首相は行政各部を監督し，すべての法律・命令に副署する権限を与えられ，「事の軍機に係り参謀本部長より直に上奏するものと雖も，陸軍大臣は其事件を内閣総理大臣に報告すへし」（第6条但書）との規定によって，天皇に直属することが認められていた参謀本部（統帥権の独立）といえども，直接天皇に上奏された統帥事項は首相

に報告すべきと定められていた。

このように，日本の内閣制度は，本来首相の強いリーダーシップを認めた大宰相主義を予定していた。しかし，いざ蓋を開けてみると，首相の他の閣僚に対する統制は十分になされなかった。かくして，内閣制度は 1889（明治 22）年の内閣官制の制定によって根本的に改められ，首相の地位は大宰相から「同輩中の首席」へと変化した。伊藤自身は，1907 年に内閣官制の改正を行うなど，機をうかがっては当初の大宰相主義への回帰を模索した。

内閣制度の成立と時をおかずして，「官紀五章」が出された。それは，各行政組織の構成と権限の画定，官吏選抜のための試験制度の導入，行政のスリム化，官僚規律の厳格化を謳ったもので，これに従って，翌 1886 年 2 月に各省官制通則と各省官制が定められ，国家行政組織の再編がなされた。また，1887年 7 月には文官試験試補及見習規則と官吏服務紀律が制定された。それぞれ，官紀五章にいう官吏選抜試験と官僚規律を実践したものである。近代的な官僚組織を担う人材の形成が緒に就いたのである。

この関連でふれておきたいのは，帝国大学の創設である。同年 3 月，帝国大学という新たな高等教育体制を構築した。その設立を定めた帝国大学令は，第 1 条で「帝国大学は国家の須要に応ずる学術技芸を教授」することを定めており，それは国家行政を担うエリート官僚のリクルートシステムとしても位置づけられていた。

1888 年 4 月には枢密院が設置された。これは「天皇親臨して重要の国務を諮詢する所」として設けられた。天皇主権の実を高めるための諮問機関である。

先に述べたように，伊藤は宮中を政治から区別しようとしていた。しかし，憲法起草の大方針として，天皇は統治権の総攬者であり，主権者である。そのような 2 つの相反する原理を調整するための機関が，枢密院だった。主権者としての天皇は，政治的な意思決定を行う場合には，枢密院の場に出て，そこでの審議を経てなすべきとされた。枢密院は，天皇の政治活動を制度化し秩序づけようとする伊藤の構想の一環といえる。

このように明治憲法制定に先駆けて，狭い意味での憲法のみならず，それを一齣とするより広い意味での国制の確立がめざされ，そのための諸々の制度改革が進行したのである。そのような一連の国家の構造改革に画竜点睛を施したものが，1889 年の明治憲法の発布であり，これによって，立憲国家の体裁が

整うことになる。

天皇の立憲君主化

　以上のように立憲国家の樹立に向けて一連の制度改革が進む中，そのための不可欠のパーツとされたのが，天皇像の確立である。明治憲法制定の中で，天皇はいかなる存在として観念されていたのだろうか。

　この点についてしばしば引き合いに出されるのが，憲法を審議する枢密院会議での伊藤博文の開会の言葉である。伊藤は，「我国に在て機軸とすへきは独り皇室あるのみ」で，「君権を尊重して成るへく之を束縛せさらんこと」と語った。天皇の権力を尊重して，これを束縛しない憲法を作ろうというのである。天皇が憲法の下に立つのではなく，憲法を超越したものとして天皇がある。権力の制約という立憲主義の大原則をわきまえない物言いである。

　だが，他方で，伊藤は次のようにも述べている。「憲法政治を施行するときには其君主権を制限せさるを得す。故に憲法政治と云へは，即ち君主権制限の意義なること明なり」。ここでは，憲法による政治とは，君主権を制限することだといわれている。前言とまさに真逆である。一体，どちらに真意があるのか。

　結論からいえば，伊藤が望んでいたのは，立憲君主としての天皇だった。そのことは憲法施行後の実際の運用が物語っている。天皇は「統治権を総攬」（明治憲法第4条）する存在として国政全般にわたる強大な大権を委ねられた。しかし，天皇が自らの意思だけでそれを行使したことはなかった。例えば，憲法の規定上天皇は，あらゆる「文武官を任免す」（第10条）とされている。だが，首相をすら天皇が独自の判断で任命したことはなかった。首相の選定は，伊藤や山県有朋，井上馨，松方正義といった元老による会議で決められ，天皇はそこで推薦された者に首相の任を下したのである。

　他の大臣についても同様である。憲法では各大臣はそれぞれ単独に天皇を輔弼すると謳われ，明文で首相の内閣統制権は認められていなかった。しかし，各々の大臣の任命は，首相の推薦を待って行われた。天皇は首相の提示した閣僚リストに従って内閣のメンバーを任じていたのであり，実際の組閣は首相が行っていた。衆議院・貴族院の議長，大審院の判事，陸海軍の参謀本部長や軍令部長といったその他の重要なポストについても，天皇は下から上がってくる

推薦を重視した。閣僚人事で意見を述べたことはあったが，それを強要することはなかった。

　国家作用についても同様である。憲法は「天皇は帝国議会の協賛を以て立法権を行ふ」（第5条）と定める。しかし，現実に立法を行ったのはあくまで議会である。議会で可決された法律案に天皇が拒否権を行使したことなどなかった。事は行政権においても司法権においても，また軍事に関しても同じである。天皇は名目上，国家の統治権をすべて掌中にしていたが，それを自らの意思や判断で運用することはなく，補助機関である内閣，議会，裁判所，軍部に委ねていたのである。

　では，「君権を尊重して成るへく之を束縛」しないという憲法制定の際の指針は何を意味していたのか。ここで伊藤ら起草者が直接にめざしたのは，主権の不可分性ということであった。「君権」とあるが，真に念頭にあったのは国家主権だった。その担い手が天皇であったが，その行使は「憲法の条規に依り之を行ふ」（第4条）とされた。天皇は国家権力を統合する象徴だったといってよい。また，天皇は国民統合の象徴でもあった。憲法に引き続いて1890年10月に教育勅語が渙発されたが，これによって教育の場を通じて天皇の臣民を作る作業が本格化する。各学校に天皇の御真影も配られていき，勅語を唱えるという身体行為と天皇の視覚化によって，天皇の臣民としての国民が形成されていく。天皇は国民を作り出すメディアであり，そのようなものとして全権性が謳われた。

　実際の政治の場で，天皇はどのように行動したのか。これまで述べてきたように，天皇が自らの意思で主体的に通常の政治過程に参与することは想定されていなかったが，政治が混迷し国家的な危機の状態になると，中立的な調停者として，また対外的な主権者としてふるまった。初期議会において政府と議会多数派の民党が対立し予算の成立が危ぶまれた時や，いわゆる大津事件（1891年）で来日中のロシア皇太子が日本の警察官に襲撃され負傷した時などである。前者では天皇は政府と民党の双方に対して，互いに譲歩することを呼びかけ，後者ではロシアの戦艦に乗り込んで皇太子を見舞うなどして積極的に皇室外交を行った。統治権の総攬者たる天皇には，国家的な危機の際に秩序を回復するという機能があったのである。

　そのような危機の意識が常態化し，天皇権力が融解して明治憲法体制の機能

不全が始まるのが，昭和期に入ってからである。この点は後述に委ねよう。

2　立憲国家と議会政治

明治憲法下の議会制度

　明治憲法によって開設された帝国議会は，見せかけの議会制度といわれることがある。伊藤博文が編纂した明治憲法の解説書である『憲法義解』は，「議会は立法に参する者にして〔天皇と〕主権を分つ者に非ず」とし，帝国議会は「法を議するの権ありて法を定むるの権なし」と記している。このような考え方に立脚して憲法は，帝国議会は立法に「協賛」すると規定している（第37条）。当初，草案の段階では「協賛」ではなく，「承認」の語が採られていたが，それは天皇に対して不当であるということで最終的に「協賛」の語が編み出された。このように，明治憲法の建前は，議会は立法権の担い手ではなく，あくまで天皇が行う立法に参与するというものだった。

　そのような観点から，憲法は議会の権限を制約するさまざまな規定を設けている。その最たるものは予算に関するもので，第67条は天皇の大権にかかわる事項や法律によって定められた事項について，議会の予算議定権に制限を加えている。それによれば，これらの事項について，議会は単独では費目の削除や削減をすることができないとされた。また，第71条によれば，予算が成立しなかった場合，政府は前年度の予算を執行することができるとされた。

　以上のような憲法の規定は，確かに国民の代表者が政府の活動をチェックしコントロールするという立憲主義の原則を骨抜きにするものと映じる。だが，そこには，議会政治という歴史的実験を前にした憲法起草者たちの苦心の跡も指摘できる。憲法調査の際，伊藤博文はドイツ皇帝や学識者から，議会に予算の審議権を与えることを思いとどまるよう勧告されている。また，実際の起草過程においても，お雇い外国人の法律家からそのように助言された。それらは日本人を見下しての言だったとばかりはいえない。当時ドイツをはじめヨーロッパ各国では，議会によって予算案が承認されず国政が混乱するという事態がまま見られた。それが故に，彼らは日本人が議会を開くことに懐疑の念を示し

たのである。すでに述べたように，オスマン帝国が憲法を発布して議会制度を布いたものの，1年で停止に追い込まれたことも記憶に新しかった。

　しかし，伊藤は議会制の導入にためらいを見せなかった。幕末から希求された公議体制の延長に，それは位置していたし，議会制をうまく機能させるための制度的保障についても開眼していた。議会制度をはめ込むための外枠をしっかり作り，その中で議会政治を軌道に乗せることが期された。そのために，もう一つの防御線が張られた。それが，前述のような審議項目の限定である。政府と議会が対立して予算が成立しなかった場合でも，最低限の国家運営ができるようにあらかじめ制度設計がなされたのである。

　明治政府の予感は的中した。憲法の施行を受けて始まった帝国議会では，藩閥政府と野党勢力とが対立し，予算案をめぐって激しい攻防がなされた。では，そのような中で，政府は前年度の予算で切り抜けようとしたのだろうか。既定の歳出の執行だけで満足したのだろうか。最初の帝国議会の実際の経緯を見ておく必要がある。

▌議会政治の発足──第1回帝国議会

　1890（明治23）年7月1日，初めての衆議院議員選挙（総選挙）が行われた。日本の歴史で初めて，国民が直接，政治家を投票で選び，国民の代表として政治に参加させることが実現したのである。有権者は約45万人。当時の日本の人口の1.5%に満たなかった。これは，憲法発布と同時に公布された衆議院議員選挙法が選挙権資格者を直接国税15円以上の納税者に限っていたからである。このために，かなりの大地主でなければ選挙権は与えられなかった。

　しかしこのことを指して，発足当初の日本の立憲制度や議会制度の後進性を指摘するのは早計である。第1に，当時このような制限選挙は世界的に見て決してめずらしくなかった。議会政治の母国であるイギリスですら，1832年の第1次選挙法改正によって，ようやく総人口の3%に当たる国民が有権者となったに過ぎない。

　第2に，限られた有権者だったとはいえ，彼らは決して政府にとって都合のよい候補者を選出したのではない。むしろ自由民権運動の流れを汲む政府批判派のいわゆる民党勢力が議員の過半数を占めた。憲法制定前からいわゆる大同団結運動によって反政府勢力の糾合がめざされていたが，第1回総選挙の結果

を受けて，板垣退助を戴く旧自由党（1884 年にいったん解党）の勢力が再結集し，1890 年 9 月 15 日，立憲自由党が結成された。しかし，民権運動のもう一人の雄である大隈重信率いる立憲改進党は，自由党主導での民党合同には参加せず，野党勢力は二分化された。このうち自由党から立憲政友会が派生し，改進党は憲政会（のちに民政党）の母体となり，大正から昭和前期にかけての二大政党制が形作られる。

　民党勢力が過半数を制したことにより，第 1 回の帝国議会は波乱の幕開けとなることが予想された。1890 年 11 月 29 日，ついに東アジアで初めてとなる国民代表を伴った議会が開会の日を迎えた。12 月 6 日，首相の山県有朋は衆議院に臨み，自らの施政方針を議員の前で明らかにした。議会での首相の所信表明演説は憲法や法律で定められていたことではないが，今日にまで続く立憲政治の伝統として慣習化している。

　山県のこの時の演説は，「主権線・利益線」の語で有名である。すなわち，山県は日本の独立を維持するためには，単に日本の領土（主権線）を守るだけではなく，それと密接な関係がある近隣地域（利益線）をも守護しなければならないと説いた。そのために，この議会にかける予算案では，巨額の軍事費を計上したことを説明した。

　これを受けて，衆議院で政府提出の予算案の審議がなされたが，農村の大地主の利害を代表する議員たちは歳出を削減し，地租を軽減することを掲げていた。いわゆる民力休養論である。それに基づく査定の結果，官吏の俸給などの行政諸費を中心に，政府原案の 11％ もの減額が提示された。軍事費の削減は最小限にとどまっていたことには注意する必要がある。

　民党側の主張は，行政をスリム化したうえで富国強兵政策を推進するというものだったが，このように大幅な予算の削減は政府側の容れられるところではなかった。しかし，栄えある最初の議会を失敗させてはならないとの思いから，内閣は妥協を模索した。民党とのパイプ役を期待されて入閣した陸奥宗光農商務相の働きかけもあって，自由党の土佐派が最終的に予算案の成立に協力した（「土佐派の裏切り」）。実際に成立した予算は，衆議院の当初の査定案ほどではなかったが，政府原案からはかなりの減額だった。それは政府と民党の妥協の産物だったのである。

　このようにして，第 1 回の帝国議会は何とか閉会した。それは，東アジアで

最初の議会の成り行きを世界が注視しているとの意識のもとで，藩閥政府と民党勢力が最終的に歩み寄ったからであった。

▌初期議会の混迷 ▌

　第1回帝国議会を乗り切った山県は，その1カ月後に首相を辞任した。その後を継いだのは，松方正義である。松方首相は組閣直後の1891年5月11日，来日中のロシア皇太子ニコライが警備中の巡査に切りつけられて負傷するという一大事件に見舞われた（大津事件）。この不祥事は明治天皇および皇后によるニコライならびに父であるロシア皇帝への見舞いや陳謝などの積極的な皇室外交もあって落着したが，伊藤や山県，井上馨など有力な藩閥政治家の入閣をみないこの内閣の前途多難を暗示した。

　実際，松方内閣の迎えた第2回帝国議会は混乱した。相変わらず民党による野党勢力が衆議院の過半数を占める中，またも政府原案からの大幅削減が査定された。それは軍艦の建造費にも及び，憤慨した樺山資紀海相が衆議院本会議で「今日国の此安寧を保ち，……安全を保ったと云ふことは，誰の功であるか」と薩長藩閥政府を公然と正当化した演説を行い（蛮勇演説），政府と議会の対立は高まった。結局，1891年12月25日，政府は衆議院を解散した。

　このようにして，早くも2回目の総選挙が行われることになったわけだが，懸念されたのは選挙をしてもまた同じ議員らが選出されることである。そうなっては再び衆議院の解散が繰り返されることになるであろう。明治天皇がこのことを特に憂慮したこともあって，品川弥二郎内相は民党候補者に圧力を加える大がかりな選挙干渉を行った。しかし，それでも民党勢力は政府系の与党勢力を上回り，品川は責任をとって内相を辞任した。その後も松方は首相としての統率力を欠き，第3回帝国議会を何とか乗り切った後，辞任する。後任は伊藤博文の再登板であった。伊藤は山県有朋，黒田清隆，井上馨といった有力政治家を入閣させ，第2次伊藤内閣は「元勲内閣」と呼ばれた。

　1892（明治25）年11月29日開会された第4回帝国議会では，またも予算案をめぐって激しい攻防が展開された。伊藤首相は数日前に乗っていた人力車の事故で負傷し療養を余儀なくされ，井上馨が代行していたが，首班を欠いた内閣に対して，衆議院は再び軍艦建造費の削除を突きつけた。年が明けて首相に復帰した伊藤が画策したのは，天皇の詔勅による事態の打開である。伊藤の意

を受けて天皇は，1893年2月10日，各大臣や貴衆両院議長らを宮中に招き，いわゆる「和協の詔勅」を下した。それは，対立する議会と政府の双方に妥協と譲歩を呼びかけるものだった。これによって，官吏俸給の一部が割かれて建艦費に充てられたほか，天皇も自らの内廷費の一部を下賜して軍艦建造費に充填した。三方一両損の大岡裁きがなされ，この年の予算は成立したのである。

このようにして，立憲政治の危機は天皇の権威を動員することによって何とか解消された。このことも明治憲法の似非立憲主義を表すものとされることがある。だが，立憲制度に基づく通常の政治過程が機能しなくなった時，憲法秩序をいかに回復するかという問題は，憲法保障という憲法学上のトピックである。この時，明治天皇は憲法を保障する制度的存在としてふるまったと指摘できる。当時政府内には，天皇がより積極的なリーダーシップを発揮して政治に介入することを要請する声もあった。だが，伊藤博文はあくまで政府と議会の利害を調整する受動的な調停者としての役割を天皇に求めたのであった。この時の天皇の行動は，抑制的な立憲君主としてのそれだったといえる。

 # 文明国と条約改正

▌幕末の条約体制▐

日本が憲法を作り，議会を開こうとしたことは，世界（欧米）から文明国として認知してもらいたかったからである。なぜ文明国なのか。それは，当時の日本が西洋諸国と結んでいた「不平等」条約を改正するためには，文明国であることが必要だと考えられていたからである。よく知られているように，幕末の日本は西洋列国に治外法権を認め，関税自主権を放棄した不平等条約を結んだとされる。そしてこの条約を改正することが，明治日本の外交上の一大課題であったと語られる。この条約改正の取り組みを概観するために，時計の針を戻して幕末の条約締結から説き起こそう。

嘉永7（1854）年3月にアメリカと日米和親条約を結んだことにより，日本は開国へと大きな一歩を踏み出した。そして，通商関係を求める諸外国の攻勢に抗えず，安政5（1858-59）年にアメリカ，オランダ，ロシア，イギリス，フ

ランスと相次いで修好通商条約を結ぶ。安政の五カ国条約である。万延元（1860-61）年には，ポルトガル（6月）とプロイセン（12月）とも条約を締結し，ここに幕末の条約体制が成立した。

　安政の条約は幕府が天皇の勅許を得ずに取り結んだため，その破約が尊皇攘夷運動の一つの目標となった。ここで注意しなければならないのは，当初条約の改正（破棄）が唱えられたのは，諸外国との条約が不平等だからというのではなく，そもそもそれら条約が天皇の認可を受けておらず正統性を欠いているとみなされたからである。条約の内容面から見れば，確かに関税自主権の放棄（協定関税制度）や片務的最恵国待遇といった問題点はあるが，総体的に見て必ずしも不平等といえるものではなく，むしろ幕府の側としてはその交渉成果を誇るべき理由もあった。

　第1に，条約締結国を限定したことである。この意味で，幕末の日本の開国はあくまで部分的な開国にとどまった。これは，貿易相手国を制限しなかった隣国の清国との大きな違いである。

　第2に，確かに外国人には治外法権が認められ，彼らが日本国内で行った犯罪はその国の領事がその国の法律で裁くことになっていた。しかし，このいわゆる領事裁判制度は，元来はイスラム教国がキリスト教徒に与えた恩恵に由来しており，日本側もそのような意味で，この特権を認めたのである。

　第3に，治外法権の見返りとして，外国人の行動の自由は厳しく制約された。彼らは横浜，神戸といった居留地にいわば閉じ込められた。この点も清国との大きな違いであり，そこでは西洋人にも自由な国内移動と通商の自由を認められていた。それが故に，諸外国のほうも日本との条約を不服として改正を求める側面があった。

┃条約の「不平等」さ┃

　以上のように，幕末に江戸幕府が結んだ条約を外圧に屈服した不平等条約ととらえることは一面的である。だが，明治に入って，それが不平等条約と意識されるようになったことにも確かな背景がある。成立時には必ずしも不平等とは意識されなかった条約体制であるが，それが実地に運用されていく中でさまざまな不当さが際立っていったのである。

　それはまず第1に，居留地内の行政権が日本から収奪されていったことであ

る。そもそも日本の条約体制の構図は，外国人は居留地に押し込められ，その代わりに治外法権が認められるというものであった。しかも，その治外法権とは居留地という場所に認められたのではなく，個々の外国人という人に対して認められたものだった。彼らが被告として裁判に訴えられた場合に，日本人（日本の法律や慣習によって）ではなく，外国人領事が外国の法に則って裁くというのが本来の取り決めだったのである。しかし，居留地の実際の生活の中で，日本側は有効な行政を布くことができず，日本の行政規則が適用されなくなるなど日本の法秩序が及ばない植民地のような様相を呈してきた。人という点にとどまるはずだった治外法権が，一定の領域という面にまで広がりつつあったのである。

　第2に，力関係に伴う問題である。既述のように治外法権とは，そもそもは文明の原理を異にするキリスト教徒に対して，自国の法での裁判を認めるというイスラム教国の恩恵であった。その当時は勢力の強くない西洋の商人に与えられた特権だったが，今や西洋諸国は列強となって東アジアの地まで押し寄せてきたのである。オスマン帝国のもとで細々と暮らす昔日のキリスト教徒と圧倒的な技術力と経済力で日本の生活に深甚な影響を与える西洋資本主義とを同列に扱うのは無理がある。有名な1886（明治19）年のノルマントン号事件に対する世論の激昂はその表れといえる。イギリスの貨物船ノルマントン号が紀伊半島沖で沈没した事故で，イギリス人の船長をはじめ西洋人の乗組員はみな助かったが，日本人の乗客は全員死亡した。しかし，当初提訴された海難審判ではイギリス人による領事裁判で船長は無罪となった（最終的には刑事裁判で禁錮3カ月の有罪）。日本の領土内にかかわらず日本の法律が適用されないという片務的治外法権の不当さを象徴する事件である。

　そして第3に，協定関税制度である。日本に関税を自由に設定する権利は認められず，相手国と協定して設定された。しかも，ある一国に対して有利な税額が決められると，それは自動的に他の条約国にも適用されるという条項が通商条約には盛り込まれていた（片務的最恵国待遇）。最初の日米修好通商条約では，20％という比較的高い輸入税率が認められていたが，慶応2年5月（1866年6月）の改税約書によって5％に引き下げられた。圧倒的な西洋資本主義を前にいわば自由貿易を強いられたかたちで，後進国日本の財政や経済に大きな影を落とすことになる。関税自主権の奪還は，重要な財源として必要視された。

このような事情から，明治に入ると幕末の通商条約は不平等なものとして朝野を問わず意識され，その改正は国民的な悲願となったのである。では，そのためにはどうしたらよいのか。明治国家のとった方策は，西洋に認知される文明国となることだった。上述の立憲国家化はまさにその一環だったが，文明国への歩みという観点から条約改正交渉をたどっておこう。

┃ 条約改正へ向けて ┃

条約改正への第一歩として，明治4（1871）年に発遣された岩倉使節団が挙げられる。このときの交渉は実を結ばず，その代わりに条約改正を達成するには文明国とならなければならないということを指導者層は体得した（→**2**章）。

まさにそのことを意識して，条約改正交渉を文明化と結び付けて展開したのが，井上馨だった。1879（明治12）年に外務卿に就任した井上のもとで，改正交渉は大きく進展する。1880年代はこれまで本書で扱ってきたように，立憲国家の形成期として特徴づけられるが，他方でこの時期は「鹿鳴館時代」とも称される。鹿鳴館での西洋風社交パーティーに象徴されるようないささか表面的な欧風化が政府主導で推進された。条約改正交渉を文明化政策とリンクさせて成功に導こうとする井上外交の姿がある。

井上は1882年1月に，東京にて各国公使をメンバーとする条約改正予備会議を開いた。ここで井上は，内地開放と引き換えに領事裁判撤廃をもちかけ，賛同を得る。そして，1886年5月，あらためて条約改正会議が招集され協議が行われ，日本の法権回復に合意が見られた。

しかし，この条約改正案は政府内外の大きな抵抗にあう。改正案には，西洋法に立脚した法典の編纂とそれの諸外国への事前通知，そして外国人がかかわる訴訟への外国人裁判官の任用が盛り込まれていた。この点をとらえて，政府内ではお雇い法律顧問のボワソナードが反対意見を述べ，西洋視察から帰ってきた農商務相の谷干城も外務省主導の改正交渉は公議輿論に悖るとして抗議の辞職をした。このような政府内の軋轢は，民間の条約改正反対運動を大いに刺激した。

結局井上は1887年7月に条約改正会議の無期限延期を各国に通告せざるをえず，外相も辞任した。その後を継いだ大隈重信は，精力的に各国に働きかけ，条約改正に大きく前進したかに見えたが，それがやはり西洋主義法典の編纂や

外国人判事の大審院への登用を含んでいたため，政府内外の反発を受け，1889
年10月18日，大隈は右翼結社・玄洋社の青年のテロを受けて重傷を負い，外
相を辞任した。

　このように政府内外からの根強い抵抗はあったが，条約を改正し，日本の法
権を回復する（その見返りに外国人に内地を開放する）との日本と諸外国との間の
合意が覆ることはなかった。大隈の後を継いだ青木周蔵，陸奥宗光外相のもと
でも粘り強く諸外国との交渉と国内政治の調整（内地雑居反対論や条約励行論を
掲げる対外硬運動との対決と自由党との提携）が進められ，ついに1894年7月，
イギリスとの間に日英通商航海条約が締結され，領事裁判は撤廃された。その
後，類似の条約が各国との間に結ばれ，1899年に新条約が実施された。自主
関税権を奪還するには1911年を待たなければならなかったが，ここに日本は
領土主権を完全回復したのである。

さらに学びたい人のために　｜　　　　　　　　　　　　　　**Bookguide** ●

坂野潤治『明治憲法体制の確立——富国強兵と民力休養』東京大学出版会，
1971年。
　　　明治憲法体制の中に，予算審議をめぐって議会と政府の対立と妥協が構造
　　的に不可欠であったことを抉り出し，日本独自の議会政治の展開を予示した。
　　その後の日本政治史研究のあり方を決定づけた古典的業績。
伊藤之雄『立憲国家の確立と伊藤博文——内政と外交　一八八九〜一八九八』
吉川弘文館，1999年。
　　　初期議会期の政治過程を克明に再構成した実証的労作。坂野氏の構造論的
　　アプローチに対して，制度を動かす人物の姿に力点が置かれている。
五百旗頭薫『条約改正史——法権回復への展望とナショナリズム』有斐閣，
2010年。
　　　条約改正交渉の中での行政権の回復という重要な論点を明らかにした。大
　　隈外相期までで本論が終わっているので，その後の展開を論じた続編の完成
　　が待たれる。

引用・参考文献　｜　　　　　　　　　　　　　　　　　　　**Reference** ●

五百旗頭薫　2010『条約改正史——法権回復への展望とナショナリズム』有斐閣。
伊藤之雄　1999『立憲国家の確立と伊藤博文——内政と外交　一八八九〜一八九八』吉川弘

　文館。

伊藤之雄 2006『明治天皇——むら雲を吹く秋風にはれそめて』ミネルヴァ書房。

坂本一登 2012『伊藤博文と明治国家形成——「宮中」の制度化と立憲制の導入』講談社
　学術文庫。

瀧井一博 2010『伊藤博文——知の政治家』中公新書。

坂野潤治 1971『明治憲法体制の確立——富国強兵と民力休養』東京大学出版会。

御厨貴 2007『明治国家をつくる——地方経営と首都計画』藤原書店。

5

第 **5** 章

日清戦争と国民・政党

初の対外戦争の意味

🎧 第3次伊藤博文内閣と第1次大隈重信内閣の主要閣僚が描かれた「時事絵
葉書」（画像提供：ジャパンアーカイブズ）。

INTRODUCTION

　いったいなぜ，日本と清国は戦争に至ったのか。初めての対外戦争は何をも
たらしたのだろうか。一般に「日清・日露戦争」とまとめて称されることの多
い2つの対外戦争は，実際のところ大きく異なる実態と意味をもつ。本章で
見るように日清戦争は，政治，思想，外交の面において日本の近代化に決定的
な変化を与えるものであった。とりわけ，それは「国民」意識を創出させ，植
民地帝国としての第一歩を踏み出させ，戦争による発展を肯定的にとらえる潮
流を生んだことにある。以下，内政と外交の連関から見ていく。

年　月	事　項
1894（明治 27）年 3 月	朝鮮で東学党の蜂起が始まる（甲午農民戦争）
6 月	朝鮮に出兵。清国に通告
7 月	日英通商航海条約調印。領事裁判権の撤廃，関税率引き上げ
8 月	清国に宣戦布告。日清戦争
9 月	大本営を広島に移動
1895（明治 28）年 4 月	日清講和条約（下関条約）調印。三国干渉起こる
10 月	閔妃殺害事件
1806（明治 29）年 4 月	板垣退助（自由党），内相に就任
6 月	山県・ロバノフ協定
8 月	第 2 次松方正義内閣発足。大隈重信ら進歩党員が大量に入閣，就官
1897（明治 30）年 10 月	進歩党との提携断絶
1898（明治 31）年 1 月	第 3 次伊藤博文内閣発足。地租増徴問題で議会紛糾
6 月	衆議院解散。第 1 次大隈重信内閣発足。政党人が大量に入閣，就官
8 月	第 6 回総選挙で憲政党の同士討ち
9 月	清で戊戌の政変
11 月	大隈内閣瓦解。第 2 次山県有朋内閣発足
1899（明治 32）年 3 月	文官任用令改正。政党人の就官が困難に
1900（明治 33）年 3 月	衆議院議員選挙法改正・治安警察法公布
5 月	軍部大臣現役武官制制定
6 月	清国に派兵（北清事変）
9 月	立憲政友会発足
10 月	第 4 次伊藤博文内閣発足

1　開戦への道　　▶▶「中華」の克服をめざして

▌朝鮮半島情勢▐

　1894（明治 27）年に勃発した日清戦争は，近代日本が初めて臨んだ対外戦争である。この戦争は脱亜入欧の文明化路線を邁進していた日本にとって必然だったともいえるし，また日本が（西洋）文明国として認知されるきっかけともなった。

　日清間の懸案は，朝鮮をどう扱うかにあった。それまでの東アジア的国際秩序観と決別して西洋国際法社会に参集することをめざした日本は，中国を中心とする華夷秩序を排し，各国が競い合う世界像を求めた。そうした機会の平等

を文明の原理とみなした日本は，主権の不分明な地域に，時には武力を用いて攻勢をかけた。台湾出兵や琉球処分がその初期の例である。

　朝鮮もまたその主権性が不分明であった。だが，台湾や琉球に比べて中国との歴史的紐帯が深い朝鮮には日本も慎重に対応した。その好例が 1873 年の征韓論である（→第 **2** 章 ③）。新国家樹立を伝える「天皇」からの外交文書を，中国の皇帝のみが名乗ることのできる「皇」の字を用いていることを理由に朝鮮が受け取りを拒否したことで，日本国内には朝鮮出兵の議論が生じた。しかし，出兵がなされれば清国と開戦につながるおそれがある。これを憂慮した大久保利通らが征韓派を抑えた。国内における政治対立を深刻化させてでも，最悪の事態を回避するという決定であった。

　清が朝鮮を自らの属国とみなす一方で，日本は朝鮮が独立国として清やロシアの勢力拡大に対する緩衝地帯となることを望んだ。国力の差を活かして朝鮮に影響力を及ぼす計画を立てた日本は，1875 年 9 月，ソウル近くの江華島に軍艦を派遣して朝鮮を挑発，これを突破口として日朝修好条規を締結し，領事裁判権を認めさせた。かつて自らが結ばされた不平等条約を他国に押し付けたかたちであるが，朝鮮の側では，従来，釜山の倭館で行われてきた慣習を制度化したものと受け止めていた。

　この条約の第 1 条で「朝鮮国は自主の邦」と定めることで，日本は朝鮮を清の影響から切り離した独立国と位置づけた。しかし，そのような変更は日朝間のみで決められるものではない。1882 年 7 月に朝鮮国王高宗の父，大院君がクーデタを起こすと（壬午事変）すぐにこれを鎮静化するなど，清は朝鮮に強い影響力を及ぼし続けた。

　1884 年 12 月には，親日派の開化論者である金玉均らがクーデタを起こした（甲申事変）。このときも清は，ベトナム問題をめぐってフランスと戦争中であったにもかかわらず，断固介入してクーデタを鎮圧した。

　日本政府内では，この内乱による賠償請求問題を機に朝鮮の国際的地位を明確にすべきとする意見があったが，清との交渉のため同国へ派遣された伊藤博文は，現時点で清との間に紛争が生じるのは得策ではないとして，朝鮮の所属問題を棚上げにした。翌年 1 月，伊藤は清国全権の李鴻章との間で天津条約を結び，今後両国が朝鮮に出兵せざるをえない場合は互いに事前通知を行うこと（行文知照）を定め，将来の紛争を防ごうとした。

国内の政治状況

　国内政治はどうだったか。議会では民党勢力が政府予算案の削減を要求し，選挙では政府が干渉するなど，帝国議会の船出は順風満帆ではなかった。しかし，議会と政府は対峙を続けるばかりでなく，歩み寄りも見せた。

　民党の最大勢力である自由党と政府の間には，国家の運営をめぐって大きな方向性の違いがあったわけではない。初期議会の焦点であった海軍力の増強（軍艦建造）と民力休養（地租軽減）で見れば，両者は軍事力増強については見解を共有し，財政においては政府も緊縮財政の方針をとっていた。折り合う余地は十分にあった（伊藤 1999）。

　自由党土佐派とパイプをもつ陸奥宗光や，自由党を責任政党へ脱皮させようとしていた星亨らによって，自由党と政府の連携も醸成されていた。のちに立憲政友会を結成する伊藤博文も，第2議会の解散後に自ら政党を創設する意思を天皇などに伝えていた。この時は周囲の反対によって止められたが，藩閥政府の中にも早くから議会政治への本格的な移行をめざす流れがすでにあった。

　他方，こうした動きに反対する勢力も政府と議会双方にあった。帝国議会開設前にヨーロッパを視察した山県有朋は議会政治の行く末を危惧し，衆議院の解散が続けば憲法を停止することもやむをえないと考えていた。政党を危険視する山県の周囲には，同じように議会勢力の台頭を危ぶむ官僚や軍人などが集まり，議会政治と対抗するいわゆる山県系官僚閥が形成されていく。

　議会では，条約改正問題を契機として改進党と自由党の一部が政府批判を強めていた。第4議会を和協の詔勅で乗り切った後，第2次伊藤内閣は陸奥宗光外相を中心に条約改正交渉を推し進めた。改正へと大きな進展が見られる中，新条約案に含まれていた内地雑居が問題視される。それは領事裁判の撤廃を機に日本全土で外国人が自由に通交できるようにするというものであったが，いまだ外国人に馴染まない者も多く，反対の声が上がった。改進党などの野党は，これまでのように居留地に外国人をとどめるよう主張して政府と対立し，彼らを中心として「対外硬」の旗のもとに反政府勢力が結集された。

　1893年11月に召集された第5議会は，対外硬派と伊藤内閣との対決の場となった。議会開会早々に星亨衆議院議長の不信任案が可決され，混乱の末，星は自由党を除名される。星という重要なパートナーを失った伊藤内閣は対外硬

1895.3.9
田庄台
奉天
1894.12.13
海城
1894.11.6
金州
旅順
1894.11.21
劉公島
1895.2.12
威海衛
1895.3.9
北京
天津
渤海
山東半島
青島
清
黄海
南京
上海
福州
尖閣諸島
澎湖諸島
1895.3.23
台北
1895.6.7
台南
1895.10.21
元山
平壌
1894.9.16
黄海海戦
1894.9.17
仁川
漢城
成歓 1894.7.29
牙山
豊島沖海戦
1894.7.25
釜山
対馬
済州島
下関
広島
中城湾
朝鮮
日本
東シナ海
太平洋
日本海

←── 日本軍の進路　　数字は占領年月日

［出所］大谷 2014：2 をもとに作成。

派との対立を解消できず，二度の停会をはさみながら，12月30日に衆議院解散に踏み切った。しかし，翌年3月1日に行われた臨時総選挙では対外硬派が衆議院で多数派となり，5月に開会された第6議会でも条約改正案をめぐる政府と野党との激しい対立は継続した。

　6月2日，伊藤首相は再び衆議院を解散する。国内政治が袋小路に陥る中，朝鮮半島で発生した大きな動乱が日清開戦への道を拓くことになる。

日清開戦

　衆議院が解散された同日，政府は朝鮮半島への派兵を決定する。東学党と称

する農民反乱が拡大しており，清国がこれを鎮圧すべく出兵を決め，天津条約に基づいて通知を送ってきていた。これを受け，日本も遅れまじと出兵したのである。

　もっとも，政府の意思は一枚岩ではなかった。開戦に積極的な陸奥外相に対して，伊藤首相は消極的であり，朝鮮への派兵も清国からの通知があるまで抑えていた。限界まで清との協調を試みていたのである。その背景には，清国を排除して朝鮮への積極的進出を意図する陸奥と，朝鮮の内政改革を重視してその中立国化をめざす伊藤との政策的相違があった。

　このような政府内の状況に決着をつけたのは国内世論であった。対外硬派は，以前から伊藤の外交姿勢を軟弱と非難し，出兵直後から開戦支持を訴えていった。鎮圧後も，国内世論に鑑みて早期の撤兵には踏み切れず，清国軍とのにらみ合いが続いた。

　7月20日，日本政府は清に対して撤兵を求める最後通牒を発する。この時においても伊藤は「清国ト最早絶交ノ意ナルヤ」との天皇の下問に対して，「戦ヲ開カス。何［ぞ］交際ヲ断ツノ意アランヤ」と奉答していた。しかし，その3日後には日本軍が朝鮮王宮を占拠して自ら朝鮮政府の改革に乗り出そうとし，25日には豊島沖で日清両海軍の艦隊が交戦を開始した。8月1日，ついに両国は宣戦布告し，日清戦争が始まった。

戦争指導体制の形成

▍国民統合の契機として▍

　日清戦争は，近代日本にとって初めての本格的対外戦争であり，転機となった。第1に日本に生まれ暮らす「客分」に過ぎなかった人々を，市民意識をもつ「国民」に変えるものであった（牧原 1998）。それはいくつかの「参加」を通じて，人々が政治への主体性を獲得する過程でもあった。

　一つ目は兵役である。初めての本格的な対外戦争となった日清戦争では，健常な若者からは兵役志願が相次いだ。これには議会において対外硬派が盛んに活動を続け，開戦の意義を全国で説いて回った世論形成の効果でもあった。ま

して相手は清である。明の滅亡により中華は失われ，それに対抗するために国学が生まれた思想的経緯からすれば，人々にとって，日清戦争はまさに前近代の世界を超克する戦争と映った。

歴史のある小学校や神社では，校庭の片隅に巨大な顕彰碑や慰霊碑を目にすることができるだろう。それらは日清戦争を契機に作られたものであった。この戦争に参加することは誇りであり，その犠牲者は地域の英雄として厚く遇されたのである。

高齢や健康問題のため兵役に出られない者はどうしたか。その絶好の方途となったのが戦費の調達であった。8月14日，政府は朝鮮事件費に関する財政上緊急処分（勅令）を公布し，16日には軍事公債条例を公布した。募債の成否に不安を感じた政府は財閥経営陣に協力を求める一方で，全国の府県知事に対して管内への周知徹底，勧誘を指示した。5000万円を上限としたこの公債に，全国から実に7700万円あまりが拠金された。

それだけではない。兵役に出られない者たちからは軍資寄付の申し出が相次いだ。この戦争への「参加」を通じて，人々は国家に「参加」し，「国民」へとその政治意識を変化させていった。連戦連勝の知らせは，国民意識を増幅させた。11月20日に旅順口が陥落すると，慶応義塾の学生たちがカンテラ行列を行い，戦勝を祝った。浅草座をはじめとする劇場では戦争劇が流行し，軍歌が口ずさまれるようになった。

こうして国民意識が醸成され，それが戦争支持に向かったことは，国内政治にも変化をもたらした。もっとも，解散から3カ月後の9月1日に第4回臨時総選挙が実施されるが，わずか半年での再選挙では議席構成に大きな変化は生じていない。

変化したのは議事運営である。10月15日，選挙の結果を受けて第7臨時議会が広島に建設された臨時帝国議会議事堂で始まった。前月に明治天皇の意向によって大本営が広島へと進められていたためである。国会の120年以上の歴史の中で，東京を離れて議事が行われたのはこの時だけだった。

戦地に近い広島に場所を移して行われた議会は，わずか4日間の会議のうちに1億5000万円という，一般会計予算の倍近い巨額の臨時軍事費予算と公債募集案を満場一致で可決した。初期議会における政府と民党の対立は戦争という非常時に回収され，政官民を横断した挙国一致の戦時体制ができあがったの

である。

　緒戦からの連戦連勝とそれを伝えるメディアの報道は，この挙国一致ムードを煽っていった（大谷 2014）。9月15日に始まった平壌総攻撃は翌日には占領に至り，続く17日には黄海海戦で海軍も大勝を収め，日本こそアジアの覇者という自己認識が高まっていく。それは長く中華文明の中にあった日本人にとって，その呪縛から解放される意味合いをもつものでもあった。

　年末に招集された第8議会も戦争継続を支持し，臨時軍事費としての追加予算案1億円は全会一致で承認され，翌年度予算案も大きな紛糾もなくわずかに減額されただけで成立した。初期議会の混乱は，遠い昔のようであった。

　対外硬派とは一線を画するかたちで，自由党が政府支持を続け，戦後を見通した議論を始めていたことは注目される。とりわけ産業振興策に関心をもっていた栗原亮一らが行った製鉄所設立の建議は象徴的であった。製鉄所の確保は喫緊の課題であり，11月には釜石にある旧工部省の高炉を改修して急場を凌ぐ状況であった。日清戦争後，対外硬派とは一線を画する政党として，自由党は本格的な変化を見せていく（前田 2016）。

国軍統合の契機として

　もう一つの統合は統帥をめぐる問題である。初めての国家間戦争の運営は，この後の戦争遂行のありようを大きく規定するものとなった。

　開戦の決定は内閣に参謀総長（有栖川宮）と参謀本部次長（川上操六）を列席させて行われた。6月5日に参謀本部内に設置された大本営は，宣戦布告後の8月5日，宮中に移された。天皇を中心に統合的な戦争遂行のかたちが明示されたのである。翌月，大本営が広島へと進められたことは前述した通りである。

　皇族が参謀総長を務めていることも，この天皇を中心とした戦争遂行という組織立てを強く印象づけることとなった。もちろん，有栖川宮は戊辰戦争における征討大総督であり，別格の地位にある。しかし，だからこそ，陸主海従となりがちな大本営において，有栖川宮が天皇の代理として陸海両軍の調停を促す必要があった。

　この皇族長官の機能は，翌年1月に有栖川宮が没したのちも小松宮が継承することで維持された。3月には小松宮参謀総長が征討大総督に任命され，名実ともに全軍の指揮権を付与されている。明治初期以来，皇族を軍人として育成

してきた意義が国軍の統合機能として発揮されることとなったのである。

戦後東アジア関係の構築に向けて

いかにして国家間戦争を終わらせるか。明治政府の対応は周到であった。それは、この戦争が、東アジア、とりわけ朝鮮半島の安定化という明確な目標をもっていたからである。それはもちろん、日本から見た「安定化」であった。

戦況がほぼ確定した11月4日、清側から英米独仏露の公使に対日休戦の斡旋が依頼された。その条件は朝鮮の独立と賠償金の支払いであった。日本の当初の目的は達せられるという見込みのもと出された条件である。

しかし、日本側はこれを受けなかった。すでに伊藤首相と陸奥外相の間で講和条件を可能な限り有利なものとする合意が形成されており、朝鮮半島を完全に日本の影響下に置くために、大鳥圭介に代えて外交に熟達した井上馨内相を公使として送り込んでいた。

この目論見は講和交渉の中で明らかになる。アメリカ公使が日本側に講和条件を提示すると、日本側は即座に反応し、朝鮮に対して20カ条にわたる内政改革を求めたのだ。清の撤収姿勢を背景に、朝鮮そのものに変化を迫ったのである。

1月17日、清軍は反撃に転じたうえで2月1日に広島で講和交渉に臨んだが、日本は清側の全権委任状に不備があるとして交渉を中断した。交渉が停滞するうちに12日には北洋艦隊が降伏し、3月はじめには牛門、営口が相次いで日本の手に落ちた。日本側の思惑通りの展開といっていいだろう。清側はあらためて李鴻章を全権に任命した。李全権の狙撃という事件を経て3月末に休戦、4月17日に講和条約を調印して事態は終結する。

日清戦争は近代日本の大きな転換点となった。当時まで根深く残っていた中華的な世界観から脱却し、近代化した日本という自我を獲得する過程となった。それだけに日清戦争中、日本のメディアは清朝の、中国人の「野蛮性」をしばしば強調した。それが「西洋化」する前の自分たちの姿に近いものであったことが、かえって嫌悪感と優越感を呼んだのかもしれない。

もっとも、日本は中華そのものに勝利したわけではない。戦闘の相手は清のごく一部に過ぎない。しかし、人々の中では「中国に勝利した」という記憶となり、長年にわたる中華世界への憧憬を裏返すように負の感情を生んでいった。

すべてが思い通りに進んだように見える日清戦争も，実際には綱渡りの連続であった。とりわけ，外交は幾度も困難な局面に際会していた。最たるものは同時に進行していた条約改正交渉である。日本が清国に勝利して東アジアにおいて大きな影響力をもつことは，列国をして条約改正に向かわせ，日本の要求を実現するために有利な要素となったのは事実だろう。しかし，それは同時に日本に対する警戒心を抱かせることでもあった。

　その思いを最も強くもっていたのはロシアである。折しも皇帝ニコライ2世は前年末に即位したばかりであり，対日要求交渉に率先して臨んだ。

 ## 3 　国外における戦後体制と植民地

▌下関条約と三国干渉▐

　1895（明治28）年4月17日に結ばれた下関条約は5つの内容をもっていた。第1に清による朝鮮国の独立承認，第2に陸軍が求めた遼東半島と，海軍が求めた台湾，澎湖諸島の割譲，第3に賠償金2億両（日本円にして約3億円。一般会計予算の約3.3倍）の支払い，第4に新たに沙市，重慶，蘇州，杭州の開港，第5に清と西洋列強との間に結ばれたと同等の通商条約の締結である。

　列強もこの講和に強い関心を寄せていた。4港の開港は最恵国待遇を通じて列強にも利益をもたらすものであり，列強の講和への支持を取り付けようとするものであった。1906年には片務的な治外法権制度と協定税率主義をとる日清通商航海条約が結ばれ，日本は列強の一員として清との関係を有利に進めていく。

　ところが，下関条約調印から6日後，ロシア，フランス，ドイツの3国は日本に遼東半島の放棄を要求した。遼東半島領有は北京を脅かし，朝鮮の独立を名目化させるため，極東の永遠の平和の上から好ましくないというのが理由であった。いわゆる三国干渉である。

　3国の事情はそれぞれであった。ロシアの蔵相ウィッテは，日本が遼東半島を手に入れて将来極東の大国となればロシア領が脅かされ，それに対抗するための軍事費が財政を圧迫すると懸念した。もし日本が従わなければ軍事的に屈

服させ，還付によって清に恩を売ることまで視野に入れていた。

　露仏同盟を結ぶフランスは，同盟の効果を発揮させるために，ロシアが極東に深入りすることに賛成ではなかったが，干渉への参加を拒んでロシアとの関係が軋（きし）むことを恐れた。他方，ロシアと対立を繰り返してきたドイツにとっては露仏同盟が潜在的な脅威であり，ロシアの極東への介入は国益に適うものであった。ロシアを軸に，三者の思惑はそれぞれであった。

　日本政府はすぐさま広島の大本営で御前会議を開き，三国干渉への対応をひとまず列国会議に委ねることにした。この時期のヨーロッパ外交は会議外交によっていたからだ。しかし，この案には病気療養中の陸奥外相と外務省の外国人顧問であるデニソンが，問題の国際化はさらなる干渉を引き起こすおそれがあるとして強く反対し，政府は還付に転じた。この結果，下関条約を批准したうえで，あらためて遼東半島還付条約が結ばれることとなった。日本は還付の代償として，さらに3000万両（約4500万円）を得た。

　三国干渉は戦勝に沸く国民世論に冷や水を浴びせかけた。まず驚愕と恐怖が広がり，受諾ののちは激しい怒りが示された。陸奥は自著の中で「戦争に於ける勝利は外交に於て失敗せり」との声が満ちたと記している（陸奥 2015）。陸奥は，遼東半島の領有は列強の干渉を招くおそれがあると見ながら，世論の趨勢に押されて突き進んでしまったと反省する。「余は当時何人を以て此局に当らしむるも亦決して他策なかりしを信ぜむと欲す」という弁明はナショナリズムと外交の関係を表す言葉として今日もよく知られている。

┃ 台湾領有と朝鮮半島情勢 ┃

　日清戦争が日本の勝利に帰した要因には，軍事力の差に加えて，近代化による動員力の差があった。日本は獲得した賠償金を資本に産業の近代化を進め，1897年の貨幣法で金本位制を導入した。また，1901年には海軍の念願であった官営八幡製鉄所が運用を開始した。産業構造の変化は企業家の勃興を呼ぶ。それは1897年の営業税国税化と相まって企業家の政治に対する発言力の増加につながり，政治構造にも大きく影響を与えていく。

　産業の近代化に加えて，台湾を領有したことにより日本が本格的な植民地帝国への道を歩みだした。下関条約締結の翌年，日本は台湾占領を実行するために派兵し（日台戦争ともよばれる），風土病とゲリラ活動に苦しみながらも，統

治機構を構築していく。

　まず問題となったのは，初めての植民地にどのように法律を施行していくかということであった。政府は新設した台湾総督に対し，法律の効力を有する律令を発する権限を与えることとした。この年の法律第63号であったことから，「六三法」と呼ばれる。当初3年間の時限立法であり，その間に統治機構の確立を図るものであったが，その後，延長を続ける。六三法体制に対しては，行政府である総督府に立法権を与えることは憲法に抵触するのではないかという論争が国内からも巻き起こった。加えて初期の台湾統治は，原住民との信頼関係の欠落から，芝山巌事件に象徴されるような行き違いも生じるなど，困難を極めた。

　台湾領有から3年後の1898年，政府は日清戦争に功績のあった児玉源太郎を台湾総督とし，そのもとに後藤新平を民政局長（のち，民政長官）に置き，民政に重点を置いた統治に転じた。後藤は日清戦争時の防疫に手腕を発揮した医系官僚であり，軍の支援を得て植民地統治に能力を発揮していく。後藤は土匪招降策と警察制度の整備によって治安の確立を図る一方で開発にも力を注ぎ，1899年には台湾銀行を設立，縦貫鉄道の敷設，基隆港の整備，土地調査事業を実施したほか，阿片，樟脳，食塩の三大専売制度を作り，砂糖，米，茶などの産業育成を進めた。

　独立を認めさせた朝鮮との関係はより深刻な課題であった。朝鮮は1897年に国名を大韓帝国と改めた。帝国を名乗ることは清朝との宗属関係の終焉を意味し，名実ともに独立を果たした。親日的で独立した朝鮮の誕生をめざしていた日本にとって望ましい結果と思われるが，そうではない。戦後，朝鮮との関係は順調ではなかった。

　井上馨駐韓公使による内政改革は文明の強制ともいうべき稚拙さであり，朝鮮はこれに反発してロシアに接近した。その焦りから，三浦梧楼駐韓公使が閔妃を殺害し大院君を擁立する事件が起こり（乙未事変），朝鮮政府はますますロシアに依存して国王がロシア公使館に長期滞在して庇護を受ける事態となった。

　このため，日本政府は満州をロシアの勢力圏として認める代わりに朝鮮半島での日本の影響力への承認を求め，山県・ロバノフ協定（1896年），西・ローゼン協定（1898年）と朝鮮半島をめぐる一連の日露合意を重ねていった。

　しかし，その間，ロシアは清国と15年間の対日軍事同盟である露清秘密同

盟条約を結び，日本によるロシア，清朝，そして朝鮮に対する一切の侵略に対し両国が相互に援助することが約束された。そして，ロシアは80年後の無償譲渡と35年後に買い戻しを可能とすることを条件に，北満州経由でウラジオストックまで伸びる東清鉄道の敷設権を獲得し，ロシア軍の鉄道付属地駐留も認められた。

▌日清戦争後の国民像と東アジア情勢——北清事変と東亜の憲兵 ▌

　国民意識の誕生を受けて，政府は教育勅語の改定の検討を始めた。その任に当たったのは，病気の陸奥外相に代わって臨時代理，兼任外相を務めた西園寺公望であった。日清戦争の勝利は大和魂に起因するとして尚武の精神が賞賛される中，西園寺は「外ヲ卑ミ内ニ誇ルノ陋習」を助長し，人生の模範を「衰世逆境ノ士」に求め，「危激ノ言行」にならう態度を改めようとした。彼がめざしたのは「大国寛容ノ気象」をもち，学術技芸を磨いて富強の根底を培い，「文明列国」に伍して「列国ノ臣民ガ欣仰愛慕スルノ国民」となることであった。

　そうした中で西園寺が危惧したもう一つのことは，政治家に外交への理解が不足していることであった。西園寺は，「国家興敗ノ係ル所」で「国民の情感」を揺り動かす外交について政治家の理解が乏しいことを憂慮し，「所謂外交なるものゝ何事なるか」を知らせるため外交史書の翻訳を進めた。教育勅語の改定は実現しなかったが，日清戦争での大きな教訓は残ったのである。

　敗北した清に列強が相次いで進出したことで，日本が望んだ「極東における平和」は実現せず，情勢はかえって不安定なものとなった。ドイツが膠州湾（青島）を租借して山東半島に鉄道を敷設し，不凍港の獲得をめざすロシアが旅順と大連を租借して東清鉄道南部支線（ハルビン－旅大）を敷設した。これによりロシアは遼東半島を事実上手中にした。三国干渉の当事者が遼東半島を手中に入れたことが，日本国民を強く憤慨させたことはいうまでもない。

　ヨーロッパの東アジア進出はこれにとどまらない。フランスは仏印（フランス領インドシナ）から雲南への鉄道敷設権を獲得し，周辺地域の第三国への不割譲を承認させた。イギリスは揚子江沿岸地域の第三国への不割譲を承認させたうえに，九竜に加えて直前まで日本が占領していた威海衛を租借しロシアに対抗する姿勢を明示した。

これに対して日本は台湾の対岸に当たる福建省の不割譲を承認させ，勢力範囲とするにとどまった。1898年の米西戦争に勝利してフィリピンやグアムを獲得したアメリカには中国情勢に介入する余力はなかったが，将来の市場を目して，ヘイ国務長官が門戸開放宣言を発し，列強の勢力範囲における商業上の平等，機会均等を求めた。

　こうして主権の蚕食を受けた清では，1899年，「扶清滅洋」を掲げる義和団事件が起こる。事態を収拾できない清国政府が，翌1900年，彼らを利用するかたちで列強に宣戦布告した（北清事変）。日本を含む列強は8カ国連合軍を組織してこれに対抗する。

　ヨーロッパでも情勢が緊迫しつつあったことから連合軍の主力となった日本軍は，列強の疑心を招かぬよう国際法に忠実で自制的な行動に努めた。鍵を握ったのはアメリカである。中国情勢のさらなる悪化を懸念したアメリカは，同年，先の機会均等に加えて中国の領土的・行政的保全の尊重を提起し，門戸開放の含意を広げた。1901年，清は各国と講和し，北京議定書の締結によって各国は賠償金と駐兵権を得た。

　ここに至って清国政府は「新政」を謳って立憲君主制への歩みを始め，多くの留学生が日本に渡る。西洋近代文明の速習を求めたためであったが，日本国民の中にも彼らの支持者が育まれていった。こうして変化する清をはさみ，日英米対ロシアという図式ができていく。

 日清戦後経営とその紛糾　　　　　▶政党の台頭と提携

┃ 戦勝の帰結──財政膨張と政党の台頭 ┃

　日清戦争の勝利により，近代日本は東アジアにおける安全と市場を確保したかのように見られたが，三国干渉とロシアの東進により，むしろ脅威はさらに大きなものとなった。全力疾走をした後に，さらなる緊張が続いた。

　国内における大きな変化は，人々が政治に関心をもち，さまざまな手段で政治参加を始めたことである。国民意識が醸成されたといってもいいだろう。この時期に普通選挙運動が萌芽を見せることは，日清戦争における戦勝の象徴的

な帰結の一つといえるだろう。

国民は戦勝に伴う生活の向上を当然のものとして求める。しかし，公債によって戦費を賄ったことで財政は逼迫していた。この矛盾をどう解くのか。高まる国民意識と政治参加への意欲にどう向き合うのか。日露戦争までの10年は，その解法を模索する期間でもあった。

まず政権に接近したのは自由党（110議席）である。遼東半島を失った責任を追及する対外硬派に対して，自由党は責任を問わず，通常議会の開会を前にして伊藤内閣との提携を宣言した（伊藤 1999）。

政党との提携には藩閥政府内の反発が予想された。このため，伊藤は天皇に辞意を表明して瀬戸際作戦に出て，他の元勲に判断を迫った。政党を嫌いであっても他に妙手をもたない山県ら反対派は，これを受け容れるしかなかった。

自由党の側にも不協和音はあったが，伊藤の辞意表明が功を奏し，彼らをして政権与党への道を歩ませた。こうして自由党の支持を得て伊藤内閣は戦後議会を乗り切っていく。対外硬派によって結成された進歩党などは開会直後に内閣弾劾上奏案を提出し，これが否決されると合同して進歩党（99名）を結成して結束を示した。しかし，国民協会（32議席）が懐柔されたことで戦線は崩壊し，前年の倍に当たるおよそ2億円の予算案がほとんど修正されることなく成立した。戦勝により全く異なる政治状況が現出したのである。

当然にして自由党は見返りを求める。彼らが求めたのは選挙と地方経営を掌る内務省であった。1896年4月，自由党総裁の板垣が内相に，同党の三崎亀之助が県治局長に就任する。もっとも，この段階では官吏服務規律が不偏不党を求めていたことから，党籍を脱しての入閣，就官であった。

通常議会の閉会後，6月には山県・ロバノフ協定が調印されて満州地域の安定が確保され，7月には日清通商航海条約が調印され，領事裁判権や最恵国待遇などがもたらされた。内閣は盤石かに見えた。

終焉は突然訪れた。井上馨が松方を蔵相に，大隈を外相とする挙国一致内閣案を提示し，大隈の入閣に板垣が反対したことで閣内は混乱し，8月28日，伊藤が辞職するに至った。とはいえ，伊藤内閣は4年にわたる異例の長期政権となっており，ここが引きどころでもあった。

政界の構造変化——藩閥と政党の連携と対立

　後継としてまず名前が挙がった山県は固辞した。政党との提携関係なくしては政権運営の見込みが立たなくなっていたからである。山県でなければ，候補は松方しかない。政党では自由党に拮抗する進歩党が勢力拡張をめざして松方に接触していた。大隈と松方は財政運営をめぐって通じる部分も多く，三菱を率いる岩崎弥之助らの周旋によって結ばれた。ここに藩閥対民党という構図は，日清戦争を経て，伊藤－板垣自由党 対 松方－大隈進歩党という図式に再編された。それだけに，鍵を握るのは山県系の官僚と岩崎ら財界であった（五百旗頭 2003）。

　このようにして誕生した第 2 次松方内閣に対し，進歩党はさまざまな要求を突きつける。まずは内閣発足に際して条件を出し，言論・出版の自由や人材登用の門戸拡大，財政均衡を政綱として提示させた。国民に人気のある大隈が，政党の要望を掲げて政治を変革していくイメージが与えられ，この内閣はかつてない人気を得て船出した。野党となった自由党からは脱党者が相次ぎ，進歩党が第一党となった。

　その効果は 12 月に召集された第 10 議会で発揮される。予算が無事に成立すると同時に，新聞紙条例が改正され，政府による発行停止の権限が削除された。もっとも，これは松方内閣の意向ではない。金本位制の採用，輸出を軸とした産業保護策，そして軍備拡張と，財政均衡の前提の中でも公債などを織り込みつつ，支持母体である財界の意向を汲んだ積極政策がとられていった。

　改革は進む。大隈は自らを委員長とする臨時政務調査会を設置させて行政改革に乗り出し，1897 年春，議会終了を待って，産業振興を担う農商務省には次官，局長に 3 名の政党員を，外務省通商局長には自らの側近である高田早苗を充てた。地方長官にも 10 名の衆議院議員が任命された。地方名望家と啓蒙思想家を中心とする自由党と異なり，大隈周辺の人材は，明治十四年の政変までは中央官僚であった。彼らは自らの経験と矜恃をもって改革に臨んでいったのである。もっともその「経験」は，憲法制定以前のものであったのだが。

　秋に入り，翌年度予算案の編成が始まると内閣に暗雲が立ち込める。推し進めてきた積極政策の財源として，松方が地租増徴に態度を転じたためである。進歩党はすでに政府に深く入り込み，地租増徴の必要性は理解していた。しか

し，民党の一角であり，地租軽減を主張することで地方名望家の支持を得ている進歩党がこれを首肯することはできない。ましてや前回選挙は 1894 年 9 月に行われており，任期満了までもう 1 年もない。次の総選挙を考えれば，松方の方針転換に乗ることはできない。そうした状況を背景に党は政権への圧力を強める。

　大隈は伊藤首班の挙国一致内閣構想を打ち出して事態の打開を試みるも，伊藤は動かなかった。10 月 31 日，進歩党は提携を断絶し，翌月，大隈も内閣を去ることとなった。第 11 通常議会に際し，大隈進歩党の支持を欠いた松方内閣は自由党に頼ろうとしたものの果たせず，年末に解散し，総辞職を余儀なくされた。松方には元勲優遇の詔勅が発せられた。

▌激動の 1898 年——財政膨張と政党の台頭▐

　組閣の大命を受けたのは伊藤であった。年が明けて 1898 年 1 月に組閣すると，翌月から伊藤は自由党との提携交渉を始めた。自由党は政府の好意的中立を背景に，3 月に行われた第 5 回総選挙で第一党の座を回復する（自由 98，進歩 91，国民 26）。

　しかし，ここでも財政拡大と政党の姿勢がぶつかることとなる。財政担当の元勲である井上が板垣の入閣に反対した。彼を閣内に迎えては地租増徴が不可能になると考えたためであった。両者の関係は断絶したまま，特別議会が開会される。民党は地租増徴に反対して合同する動きを見せて，政府と政党の対立は再び先鋭化した（坂野 1971）。

　ここで伊藤は奇策に打って出る。地租増徴案を衆議院に提出し，政党がこれに反対すれば解散総辞職を行う。そのうえで次期政権を民党を率いる大隈と板垣に託すというのである。山県らの反対を振り切り，伊藤はこれを押し通した。

　6 月 10 日，地租増徴案は衆議院本会議で否決され，解散となった。伊藤内閣は総辞職し，22 日，自由党と進歩党が合同し憲政党が発足する。議席占有率は 8 割を超え，のちの翼賛政治会をも凌駕する，近代日本で最大の政党が誕生した。

　28 日，明治天皇の了承を半ば強引に取り付けた伊藤は，進歩党の大隈，自由党の板垣との会談に臨み，政権運営のノウハウを 2 人に託した。日清戦争以来，彼らが積み上げてきた協力関係が可能にした政権交代であった。かくして

6月30日，日本初の政党内閣として第1次大隈内閣（隈板内閣）が発足した。8割の議席を背景とし，陸海以外の大臣をすべて与党・憲政党から選んだ内閣の誕生に，山県は「藩閥政府の落城」と嘆息した。

　政党の側からすれば初の政権であり，積年の宿願を果たす時であった。内閣は一挙に改革を進めるために，板垣を委員長とする臨時政務調査会を組織し，松隈内閣の際の蓄積のうえに議論を始めた。世論も弊政の打破を期待した。

　しかし，この内閣はわずか4カ月で瓦解する。与党・憲政党は合同したばかりであり，その共通目標は「地租増徴阻止」であった。より現実に即していえば，解散総選挙に際して地租増徴への賛否を争点とすることを避けることが目的であった。自由党は伊藤内閣において，進歩党は松方内閣において政権与党を経験したことで，歳入増加の必要は理解していた。しかし，自分たちだけがそれを掲げれば敵対する政党に敗れる。それを回避する策であった。

　伊藤が望んだ最高のシナリオは，隈板内閣による歳入増加であった。自らが責任ある地位に置かれれば，減税だけを唱えるわけにはいかない。その期待に応えるかのように，自由党の領袖である松田正久を大臣に迎えた大蔵省は，地租増徴を避ける代わりに大規模な間接税増税を実現した。合同の目的の一つは達成されたといってよいだろう。

　問題は選挙である。解散による総選挙は8月10日。合同から50日，内閣発足から40日で選挙を実施しなければならない。選挙は中央ではなく各地方で行われる。中央で党が合同しても，地方では10年に及ぶ議席争奪の歴史がある。当然，候補者調整は難航し，急ごしらえの大与党は地方から崩れていった。

　中央でも混乱が生じていた。政権獲得に沸く党員たちがこぞって猟官運動を始めたのである。民間からの人材登用は大隈の理念でもあり，彼のもとには大小さまざまな売り込みが行われた。その結果，隈板内閣は次官，局長から知事，府県部長まで50人を超える政党人を就官させた（清水 2007）。それらの多くは政党内閣を嫌って辞職した藩閥官僚のポストであり，藩閥政府の「落城」を象徴する人事であった。

　もっとも，大隈らは当該分野に対する知識・経験を有する人材を慎重に選び，猟官との誹りを受けないよう努めた。しかし，猟官運動はとどまることを知らず，あまりの激しさに，当初は内閣を支持した新聞各紙も諦念を示すほどになった。

こうして分裂の時が訪れる。直接の契機は改革をめぐる方針の違いであった。かつて政府にあり，政策志向の強い進歩党系と，理念志向が強く地方への党勢拡大に意欲を燃やす自由党系は，改革の場となる臨時政務調査会でことごとく対立した。中でも板垣とその周辺は，政権が長くないことを見越して，官僚との関係構築に意を用いた。警視庁廃止への反対は，その最たるものである。

その結果，11月に入り，議会開会を目前にして隈板内閣は崩壊し，満を持して山県が2度目となる内閣を組織した。原敬・政友会内閣が初の「本格的」政党内閣と称されるのに対して，隈板内閣は意欲こそ高かったものの議会を担うことも予算を成立させることもなく崩壊し，初の「本格的ではない」政党内閣として歴史に名を残すことになったのである。巨大与党・憲政党も分裂し，追い出されるかたちとなった進歩党系は憲政本党を名乗った。

┃ 政官共同体制の樹立 ── 横断型政党という解 ┃

第2次山県内閣は「次官内閣」と呼ばれた。第2次伊藤内閣が有力藩閥政治家を網羅して「元勲内閣」と呼ばれたのとは対照的に，山県系の官僚を揃えたのである。それはこの内閣が山県のもとに統率されていることに加えて，実務に通じた内閣であることを意味していた。

とはいえ，彼らも政党との関係なくして立憲政治の運営ができないことはすでに理解していた。隈板内閣時代に政党との交渉を重ねた桂太郎陸相を窓口に，藩閥に再接近していた憲政党（旧自由党系）との提携を模索し，与党慣れした憲政党を取り込むことに成功した。

第2次山県内閣は憲政党との関係を背景に2年越しの議論を重ね，1900年3月，衆議院議員選挙法の改正を実現する。有権者たる納税条件を直接国税15円から10円に緩和し，従来の小選挙区制を廃して市部独立区と郡部大選挙区とした。これは，主として財界をはじめとする都市商工業者に有利な改正であるとされ，小政党が議席を確保し多党化することから，政府が政党を操縦しやすくなると理解されてきた。

では，なぜ政党側はこれを了承したのか。実は大選挙区制は政党が主張し続けてきたものであった。郡を単位とする小選挙区制では，地方名望家の発言力が強くなり，候補者選定も政綱も彼らの意向に沿ったものとならざるをえない。それに対して，府県全域を対象とする大選挙区制となれば，各地域の有力者た

ちの発言力は相対的に小さなものとなり，党中央から地方支部への統制が可能になる。それは政党にとっても，政党との交渉を必須とする藩閥政治家にとっても望ましい状況であった。

　もっとも，両者の関係はきわめて不安定であった。1年目の予算案が通過した直後の3月28日，政府は文官任用令を改正し，従来は自由任用であった次官，局長，知事などの勅任官を資格任用とした。隈板内閣のような猟官を不可能とするためである。憲政党は激しく抗議したが，翌年に至ってようやく政治任用職として官房長の新設を勝ち取るのが精一杯であった。しかしそれは次官（総務長官）―局長―課長というラインとは隔離された伴食に過ぎず，事務系統への政党の経路は塞がれた。

　官房長の設置で政党に譲歩すると，すぐに山県内閣は軍部大臣を現役の中将と大将に限るよう陸軍省と海軍省の官制改定を行った。再び政党内閣となった際に陸海軍の人事を守るための改定であった。

　もっとも，山県が想定したのは憲政党内閣の再来ではない。憲政党が政権を握り，藩閥に批判的な軍人が軍部大臣に就任したとしても軍部を掌握できるはずもなかった。彼らが警戒したのは伊藤を首班とする政党内閣の現出であった。

　1899年4月，伊藤は政党政治の必要性を訴え，全国遊説を始めた。山県内閣が選挙法改正を終えると（1900年3月），憲政党は次の内閣を見据えて動き始め，伊藤に急接近する。伊藤はこれを活用し，党首就任ではなく，自らの新党に憲政党を吸収するというかたちをとる作戦に出た。こうして1900年9月，立憲政友会が成立する。創立委員には渡辺国武をはじめとする伊藤系官僚と憲政党の領袖が並び，政官を横断する集団が誕生した。それは党名が表すように，政綱をともにする政党というよりは，政権の安定運営を企図する「会」，アソシエーションであった。

　立憲政友会の成立を見て，山県は辞表を提出し，伊藤に後継首班を受けるよう打診する。すでに選挙法改正は実現し，それと均衡をとる治安警察法も成立した。行政と軍事に政党が容喙できないよう制度的な手当も行い，義和団の蜂起に伴う北京での軍事衝突も終息に向かいつつあった。あとは，伊藤の手腕を試せばよい。軍人らしい「引き際」であった。

　藩閥と政党の対立は，日清戦争という挙国一致の機会を経て，伊藤―自由党と松方―進歩党という2つの提携路線に変容し，初の政党内閣を経て，政官横

断の政治集団の誕生へと再編された。こののちの 12 年は政党と官僚が相互に牽制し，協力しながら国政に当たる構図が展開されることとなる。

さらに学びたい人のために　Bookguide ●

前田亮介『全国政治の始動――帝国議会開設後の明治国家』東京大学出版会，2016 年。

　　帝国議会の開設によって生じた全国規模の利害調整に着目し，議会の内外に中央―地方関係の政治空間が広がっていく過程を政党政治への道として描き出している。

牧原憲夫『客分と国民のあいだ――近代民衆の政治意識』吉川弘文館，1998 年。

　　明治維新以来，国家の統一に苦戦してきた日本が，対外戦争を契機に団結し，主体的に国家に参加する「国民」が誕生したことを明らかにする。より社会の文脈に即した研究方法を知ることができる。

陸奥宗光『蹇蹇録』中公クラシックス，2015 年。

　　日清戦争において，外交のみならず内政にも意を用いた当事者による記録。現実政治を理解するテキストとしても知られる。『日本の名著』版（1973 年），岩波文庫版（1983 年）もあり，時代による比較も興味深い。

引用・参考文献　Reference ●

五百旗頭薫 2003『大隈重信と政党政治――複数政党制の起源 明治十四年―大正三年』東京大学出版会。

伊藤之雄 1999『立憲国家の確立と伊藤博文――内政と外交 一八八九〜一八九八』吉川弘文館。

大谷正 2014『日清戦争――近代日本初の対外戦争の実像』中公新書。

清水唯一朗 2007『政党と官僚の近代――日本における立憲統治構造の相克』藤原書店。

坂野潤治 1971『明治憲法体制の確立――富国強兵と民力休養』東京大学出版会。

前田亮介 2016『全国政治の始動――帝国議会開設後の明治国家』東京大学出版会。

牧原憲夫 1998『客分と国民のあいだ――近代民衆の政治意識』吉川弘文館。

陸奥宗光 2015『蹇蹇録』中公クラシックス（底本は 1893 年）。

村瀬信一 2011『明治立憲制と内閣』吉川弘文館。

*Column ❸

佐々木隆 2013『メディアと権力』（日本の近代 14）中公文庫。

佐藤卓己 2008『輿論と世論――日本的民意の系譜学』新潮選書。

玉井清編 2017『「写真週報」とその時代』上・下，慶應義塾大学出版会。

Column ❸　政治とメディア——デモクラシーの鑑

　政治が担う多元的な利害調整を考える時，情報を伝え，課題を定め，議論の場となるメディアの機能は欠かせない。日本でも近代化の過程で多様なメディアが現れ，1872（明治 5）年に『東京日日新聞』（現，『毎日新聞』），74 年に『読売新聞』，77 年に『中外物価新報』（現，『日本経済新聞』），79 年に『朝日新聞』と，現在に続く大手新聞が続々と創刊された。

　メディアが普及する第 1 段階は自由民権運動であった。政治運動が全国化する中で，国のあり方を考え議論する材料として新聞が用いられた。各地に設けられた新聞縦覧所が新聞を読み，議論をする場となった。民党各派は各地で新聞を発行し，地方ごとに多彩な議論が展開される。

　第 2 段階はやはり戦争であった。日清戦争，日露戦争という国運を賭けた戦争を前に，人々は戦況報道を求めて新聞を買い求めた。大手新聞は戦地に特派員を派遣して速報に努め，地方新聞はこれらの記事を転載して普及に努めた。

　第 3 段階は大正デモクラシーである。新聞は課題の設定だけでなく，世論を先導する役割を果たした。1912（大正元）年末から 13 年にかけての第 1 次護憲運動は『時事新報』とその周辺に集まった政治家が主導したものであり，1924 年の第 2 次護憲運動は『東京朝日新聞』をはじめとする東京の新聞社が共同で特権内閣批判のキャンペーンを張った結果であった。番記者が現れるのもこのころからである。

　第一次世界大戦後からは，雑誌の普及も著しくなった。『太陽』『中央公論』『文芸春秋』などの総合雑誌が新聞より長い記事で時事問題への理解を深めさせ，『改造』『雄弁』といったオピニオン誌がこれに続いた。雑誌では誌上での投書や意見交換が行われることも多く，今日の SNS（ソーシャル・ネットワーキング・サービス）に似た，国民の生の声を伝える役割も果たした。

　メディアの普及は，時にその力を極大化させる。昭和期に入り，メディアの商業化が著しくなると，過当競争とセンセーショナリズムが席巻していく。閉塞する社会状況，国際環境を反映するように威勢のいい強硬論が人気となり，メディアは積極的に戦争協力への道を歩んでいった。全国に多く存在した地方紙も，用紙不足を理由に 1 県 1 紙にほぼ統一された。太平洋戦争中には政府発表を伝えるシステムとして記者クラブの原型が生まれ，昭和初期に流行したグラフ雑誌も戦争宣伝に染まっていった。

　戦後，戦争の反省からメディアは多様化の兆しを見せたが，地方においてはテレビと新聞の寡占が生まれるなど，戦前からの経路依存的な問題は，現在まで続いている。

第**6**章

日露戦争と韓国併合

中華世界から列強世界へ

🎧 日比谷公園の門前で投石する群衆
（『東京騒擾画報』〈1905 年〉東京都立図書館蔵）

INTRODUCTION

　日清戦争が「中華」世界からの脱出だったとすれば，日露戦争は「列強」社会への参入であった。その代償は大きく，結果として得られた東アジアの安定もきわめて不確実なものであった。国民はその負担に見合う政治参加を求め，政党もこれに応じて勢力を拡大させていく。独立不羈をめざした明治時代の総決算として，デモクラシーと国際協調を基調とする大正時代の序曲として，日露戦争は近代日本の画期となった。

年　月	事　項
1900（明治33）年 9 月	立憲政友会発足。10 月，第 4 次伊藤博文内閣発足
1901（明治34）年 6 月	第 1 次桂太郎内閣発足
1902（明治35）年 1 月	日英同盟調印。第 7 回総選挙（大選挙区）
1903（明治36）年 3 月	第 8 回総選挙で政友会が勝利。12 月，衆議院解散
1904（明治37）年 2 月	日露戦争始まる。日韓議定書調印
8 月	第 1 次日韓協約調印
1905（明治38）年 7 月	桂・タフト覚書成立。第 2 次日英同盟協約調印
9 月	日露講和条約調印。日比谷焼き討ち事件起こり，各地に拡大
11 月	第 2 次日韓協約調印
1906（明治39）年 1 月	第 1 次西園寺公望内閣成立
3 月	鉄道国有法公布。初代韓国統監に伊藤博文が就任
1907（明治40）年 2 月	公式令公布
7 月	第 3 次日韓協約調印。第 1 次日露協約調印
1908（明治41）年 3 月	西園寺内閣改造。貴族院から閣僚を得る
5 月	第 10 回総選挙。政友会初の絶対多数を獲得
7 月	第 2 次桂太郎内閣成立
10 月	戊辰詔書公布
1909（明治42）年 1 月	政府・政友会の妥協（情意統合）。桂園体制の確立
10 月	伊藤博文前韓国統監，ハルビンで暗殺される
1910（明治43）年 7 月	第 2 次日露協約調印
8 月	日韓併合
1911（明治44）年 2 月	日米新通商航海条約調印。関税自主権の回復
10 月	辛亥革命始まる

1 避けられた戦争か

▌伊藤ー政友会内閣と山県ー貴族院▐

　1900（明治33）年10月19日，伊藤ー政友会は，発足からわずか 1 カ月で政権の重責を担うこととなった。もっとも，山県有朋首相は春から辞意を明らかにしながらも北清事変に対応するためにその職にとどまっていた。政友会の組織が整わないうちに政権を伊藤に預けるやり方には，政党内閣に対する奇襲戦法だとして鋭い批判が向けられたが，山県からすればここが限界であった。

　政府，財界，政党を包括する横断型政党への期待は高かった。しかし，それは同時に伊藤をもってしても統御の難しいものであった（村瀬 2011）。寄合所

帯の構成は内閣の顔ぶれにも反映され，内務，大蔵，司法，法制局には伊藤系官僚，文部，農商務，逓信には憲政党の領袖が就いた。実質的には伊藤を頂点に戴いた政官連立内閣である。

両者の対立を惹起する火種が財政にあることは，初期議会以来の歴史に照らしても明らかであった。とりわけ蔵相に就いた渡辺国武は，当初，井上馨を蔵相に迎えようとする伊藤の動きを猛烈に批判し，ついには宮内官僚であった兄を通じて天皇から伊藤に自分を推薦させた経緯があり，内閣のアキレス腱となっていた。

12 月に召集された第 15 議会の主たる争点は，北清事変にかかわる戦費の調達にあった（伏見 2013）。伊藤―政友会は間接税増税と行財政整理，公債発行で乗り切る方針をとり，対外硬派であった憲政本党の賛成も得て，翌 1901 年 2 月 19 日に衆議院を通過させた。

壁は貴族院にあった。議会開設以来，貴族院は政権に対して是々非々の姿勢をとり党派化を避ける美風をもっていたが，伊藤―政友会内閣に対して反対する組織化が進んだ。

転機となったのは日清戦争と隈板内閣である。戦功によって多くの爵位が与えられ，互選である伯爵，子爵，男爵議員の選挙が苛烈となった。加えて，隈板内閣の成立に際して辞職した高級官僚たちが勅選議員として政治的に延命し，政策の専門性を武器に貴族院の主導権を握った。彼らが山県の意思を忖度して政党内閣と対峙する。

衆議院では国民協会が解散し，一部が政友会に合流したため，彼ら「官僚系」が主導権を握る可能性は潰えていた。それだけに貴族院を防御壁とする戦略に力が入る。その結果，貴族院の特別委員会は増税案をわずか 1 回の審議で否決した（伊藤 2000）。

伊藤は山県に調停を依頼するも，奏功しなかった。閣内では，非選出勢力である貴族院が選出勢力である衆議院と同等の権限を有することは立憲政治の流れにそぐわないとして貴族院改革の必要性が議論されるが，それが進む前に，対立は天皇の勅語によって対立を回避されることとなった。憲法政治の行き詰まりは，三度，天皇の差配によって救われたのである。憲政運営に横たわるガバナンスの構造的問題は，天皇個人への強い依存によって先送りされた。

4 月，辛くも予算を通過させた伊藤内閣であったが，その後，わずか 1 カ月

で内閣総辞職を余儀なくされる。就任時から火種であった渡辺蔵相が突如として公債発行反対に転じて譲らず，他の閣僚と激しく対立した。伊藤も事態を収拾できない。

渡辺がなぜそのような転換をしたのかは理解し難い。予算審議に際して募債を提案した蔵相が，予算成立後に非募債に転じるのは理屈が通らない。他の閣僚が辞表を出した際に，自らは天皇の意向によって大臣に就任しているから共に辞表を出すわけにはいかないと抗っていることに鑑みれば，天皇の意向を背景に自らを中心とした政局を望んでいたのであろうか。いずれにせよ，その行為は倒閣運動と変わらない。5月2日，伊藤首相は辞表を捧呈した。渡辺は政友会から離脱する。

後継人事は再び混乱した。まず選ばれたのは政友会から支持を得られる井上馨であった。井上は財界から渋沢栄一を蔵相に迎える経済内閣構想を夢見たが，肝心の渋沢が入閣を固辞した。加えて，同郷の後輩である桂太郎にも陸相としての入閣を拒まれ，大命拝辞に追い込まれる。かねてから山県後継を狙う桂にとって，元勲に適任者がいなくなったこの際こそが好機であった。

▌政治家としての桂太郎——軍事，外交，財政▐

かくして3週間あまりが過ぎた5月26日，ようやく桂太郎に組閣の大命が下った。首班の責めを負いたくない元勲たちがたらい回しを続ける中，桂は井上を引きずり下ろして自ら政権を取りにいった。

桂には政治家として生きていく理由があった。若き日には戊辰戦争で包囲され，長じては連戦連勝の日清戦争の中で敗北した。長州・陸軍閥出身でありながら，軍人としての功績は乏しかった。

それにもかかわらず首班候補となるまで上り詰めたのは，彼が陸軍軍人としてではなく，陸軍官僚，陸軍政治家として政党勢力の伸張と対峙してきたからである（小林 2006）。陸軍次官・陸相として隈板内閣や第2次山県内閣で政党と渡り合い，陸軍予算を成立させてきた。政党が台頭する中，元勲たちが火中の栗を拾いたがらないのを見た桂が世代交代を要求したことは，政治家として自立した自信と自負の表れであった。

桂内閣の初政は外交面で順調な滑り出しを見せた。9月に北清事変の処理として北京議定書が締結されて華北への駐兵権を得ると，政府はイギリスとの同

盟交渉を開始した。渡欧してロシアとの協議を進める伊藤の意見を退ける一方で，対露交渉の進捗をちらつかせながら対英交渉を有利に進め，翌 1902 年 1 月に調印に漕ぎつけた（千葉 2008）。「栄光ある孤立」を標榜する世界帝国であるイギリスにとって初めての同盟国となったことで，日本国内は沸き返った。政友会も順調な桂政権に協力し，予算はきわめて順調に成立した。

衆議院議員も，桂内閣のもとで議会開設以来はじめて 4 年の任期を満了した。大選挙区で争われることとなった第 7 回総選挙（1902 年 8 月）では，桂と提携した政友会が過半数を占めた（政友会 190，憲政本党 95，帝国党 17，他 77）。日英同盟協約を成立させて安全保障上の問題を克服し，議会多数派との関係は良好である。桂内閣は長期政権となる要素を積み上げていった。

政治家としての桂は，ここでもう一つの顔を見せるようになる。それは財政家としてのものであった（伏見 2013）。陸軍予算を担う中で，彼は財政全般への理解を深め，軍事と外交に加えて財政を自らの領域とした。

伊藤の退場と政府議会対立の激化

総選挙が終わり，通常議会が近づいた 1902 年 11 月，桂は伊藤を訪ねて地租増徴延長に了解を求めた。地租増徴は 5 年の時限措置となっており，その通りになれば 1903 年度から大幅な歳入減が不可避だった。海軍を中心とした対ロシア軍拡，国内における鉄道敷設の需要を考えれば，ここでの歳入減は避けたい。政治家である伊藤であれば理解してくれるだろうという期待が桂にあった。

しかし，伊藤は次期政権獲得に意欲を示し，延長を支持しなかった。それどころか，第 4 次伊藤内閣で外相を務めた加藤高明の周旋で憲政本党の大隈重信と会談し，共同歩調をとって桂内閣と対峙する姿勢に転じた。12 月，政友会と憲政本党はいずれも地租増徴に反対し，海軍建設費は経費節減によって捻出すべきという方針を決議して第 17 議会に臨む。召集からわずか 10 日後，衆議院は委員会で地租増徴を否決したため停会し，再開後，地租増徴案の採決直前に解散となった。4 年の任期満了の後，わずか 4 カ月での解散である。桂内閣と政党が鋭く対立したまま年は暮れた。

もっとも，解散をしても大選挙区制のもとでは政党の乱立に拍車をかけるだけである。多党化した場合，個別に交渉をすればかえって政府が譲歩を迫られるおそれもある。年が明けて 1903 年 1 月，桂は地租増徴の継続中止に方針を

改め，秘密裏に伊藤の了承を得る。

　3月，伊藤と桂の妥協は伏せられたまま，総選挙が行われた（政友175，本党85，帝国17，その他44，無所属55）。与党でなくなった政友会は過半数を割り，無所属議員が大量に当選する事態となった。

　伊藤から政友会に，桂から貴族院に，予算をめぐる桂―伊藤の妥協が伝えられたのは特別国会の直前，4月下旬のことであった。政友会では，選挙での退潮からくる不満も手伝って，猛烈な伊藤批判が吹き出した。5月に入り，原敬，松田正久ら総務により桂との提携があらためて結ばれるが，それに不満をもつ尾崎行雄，片岡謙吉，林有造ら有力者が相次いで脱党した。

　議会の場でなく，水面下での交渉によって物事が進むさまは元老政治そのものであった。こうした高等政治に対する世論の批判は強く，それを感じ取った政友会は再び内閣攻撃に転じる。憲政本党は教科書疑獄事件を材料に文相の辞任を要求し，政友会もこれに乗じた。政友会の力を削ごうという山県の提案により，伊藤は枢密院議長に祭り上げられて政友会の総裁を辞する。侯爵の西園寺公望が後を継いだが，格落ちの観は否めなかった。

　しかし，伊藤が抜けたことで，政友会は統御が利きにくくなり，桂にとってかえって厄介な存在となる。12月，通常議会開会を前に，政友会の松田・原，憲政本党の犬養・大石が両党提携で合意し，政府は衆議院の大半を敵に回すこととなった。そして10日，開院式において，議事の中立を担うはずの河野広中議長が自ら内閣弾劾の勅語奉答文を提出し，これが可決されるという前代未聞の事態が起こった。

　不安定となったのは国内政治だけではない。対ロシア関係も予断を許さない状況となっていた。1904年6月には御前会議で満韓問題に関する協定案が決定され，対ロシア有事に向けた準備が本格的に始まる。

　窮地に陥った桂は，弾劾決議の翌日，三度衆議院を解散する。東京では小村寿太郎外相とローゼン駐日ロシア公使の間で協議が続けられていたが，状況は好ましくなかった。ロシアとの緊張が度合いを強める中，内閣を投げ出すこともできない。それは開戦までの間，桂が国内政治に割く余力をもたないことも意味した。

2 総力戦体制の原型

▍戦争完遂と挙国一致 ▍

　内政の混乱を脇目に，政府はロシアとの開戦に向けた準備を着実に進めていた。1903（明治36）年12月28日には陸海両軍の指揮命令を確実にするために，戦時大本営条例を改正して参謀総長と軍令部長を同等とした。海軍は連合艦隊を編制してロシア艦隊との対決に備えた。

　年が明けても小村外相とローゼン公使との交渉は捗らず，1904年2月6日，政府は満を持してロシアに国交断絶を通告した。10日に宣戦が布告され，11日には宮中に大本営が設置された。日露戦争の開戦である。日露戦争はその後に続く総力戦体制の萌芽として，近年，「第ゼロ次世界大戦」とも称される（横手 2005）。

　翌月1日，内閣弾劾の奉答によって解散されていた衆議院議員の総選挙が行われた。ロシアとの戦争という非常事態の中，争点の見えない選挙で政友会は133まで議席を落とした。憲政本党は90と下げ止まったが，残る156議席が二大政党以外で占められる多党化の状況となった。

　桂内閣は，戦時における挙国一致を強調することで，この不安定な議会を乗り切っていく。3月18日に第20議会を召集すると，わずか2週間弱で臨時軍事費支弁に関する法律，非常時特別税法を可決，公布した。とりわけ後者は戦時における国民の重度な経済的負担を求めるもので，国民の理解を得るために講和条約締結の翌年末までの時限立法とされたが，実際には廃止規定が削除され1913年まで続く「悪法」となるものであった。すでに政府は高橋是清をロンドンに派遣して外債の募集にも着手しており，政官民による挙国一致の戦争完遂体制が確立された。

　緒戦は順調であった。5月末には大連を陥落させ，内閣は韓国を保護国化することを閣議決定するなど，早期に戦争が終結するかと期待された。しかし，それは画餅であった。日本－韓国－満州の航海安全を確保するためには旅順にあるロシア極東艦隊を消滅させなければならない。この旅順攻略は実に半年に

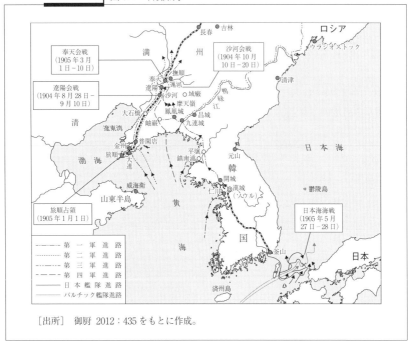

CHART | 図6.1 日露戦争

奉天会戦
(1905年3月
1日-10日)

遼陽会戦
(1904年8月28日-
9月10日)

沙河会戦
(1904年10月
10日-20日)

旅順占領
(1905年1月1日)

日本海海戦
(1905年5月
27日-28日)

------- 第 一 軍 進 路
------- 第 二 軍 進 路
------- 第 三 軍 進 路
------- 第 四 軍 進 路
――― 日 本 艦 隊 進 路
――― バルチック艦隊進路

吉林　長春　ロシア　ウラジオストック　満州　撫順　奉天　遼陽　沙河　城廠　鴨緑江　摩天嶺　鳳凰城　昌城　九連城　清津　大石橋　軸巌　蓋東湾　清　金州　普蘭店　旅順　大連　平壌　鎮南浦　元山　韓　開城　仁川　漢城（ソウル）　威海衛　山東半島　渤海　黄海　日本海　鬱陵島　国　釜山　日本　済州島

[出所]　御厨 2012：435 をもとに作成。

わたり，5万人近い死傷者を出す凄惨なものとなる。

　ロシア陸軍の増派により，満州でも大規模な戦闘が続いた。遼陽では2万3000人余，沙河では2万人余，年が明けて1905年3月の奉天会戦では日本側だけで7万人余の死傷者が出た。奉天会戦ののち，山県参謀総長は戦争継続の困難をまとめ，閣議に諮った。政府はすでに1月，アメリカのセオドア・ローズベルト大統領に講和の仲介を依頼していたが，国力の状況に鑑みて講和条件を整理し，5月，日本海海戦での勝利を背景に再度仲介を依頼した。

　困難な状況に直面しているのはロシアの側も同じであった。長引く戦争と好ましくない戦果によって，国民の政府に対する不満は鬱積しており，1月にはサンクトペテルブルクで民衆デモに警官が発砲し大混乱を招き（血の日曜日事件），これを契機に帝国打倒をめざす第1次革命が進行していた。中でも帝政にその責任を求める動きが密かに組織化されていた。日本の側もこの点に着目し，明石元二郎らによる工作活動が展開される。かくして，双方に戦争継続の意義は薄れていた。6月，講和会議が始まる。

アメリカにとって，東アジアにおける自らの影響力を確保するうえで重要な仲介である。会場を東海岸のポーツマス海軍造船所に指定し，日本側全権の小村外相，ロシア側のウィッテ元蔵相を招き入れた。韓国と満州の取り扱いについては早々に合意が成り，日本は朝鮮半島における排他的地位を確立し，ロシアの利権である遼東半島（旅順・大連）の租借と東清鉄道の南半分を継承し，満州からは日露が同時に撤兵することになった。

　日本国民は連戦連勝の報道に沸き，もはや日本軍が戦争継続不能な状態にあるとは知る由もなかった（片山 2009）。20万人の死傷者，20億円の戦費という，日清戦争とは比較にならない犠牲に相応しい多額の賠償金が期待されていた。

　他方，ロシアのウィッテも厳しい立場にあった。皇帝ニコライ2世から賠償金も領土も渡さないよう厳命があったためである。有利な条件で交渉を妥結しなければ，国内の革命状況も加速する。引くことのできない両者の交渉は丸1カ月続いたのち，ようやく妥結した。賠償金は支払わない代わりに，日本の韓国に対する諸権利を容認させ，満州の安定も図る。領土は唯一ニコライが認めた南樺太を割譲する。日本の優位を確認できる結果ではあった。

　しかし，都合のよい情報だけを知らされていた国民の不満は爆発する。すでに日本国内では戦費20億円に対して賠償金30億円といった言説が紙上に溢れていた。期待に冷や水を浴びせられた国民は，批判の矛先を桂内閣に向ける。9月5日の調印当日には東京・日比谷で焼き討ち事件が起こり，暴動は全国に広がった。

　この結果を予想していた桂は，調印に先んじて政友会の原と交渉し，講和後の政権禅譲を約束する。桂率いる官僚・貴族院の非選出勢力と，西園寺・原・松田がまとめる選出勢力・政友会の提携が，この後の内政の行方を握っていた。

┃ 元老たちの世代交代 ┃

　明けて1906年1月7日，第1次西園寺内閣が発足した。政友会を与党とするこの内閣は，若き日に言論の自由を主張した西園寺が首班となったこともあり，政党内閣の誕生として世論の歓迎を受けた。

　しかし，その内実は世評とはかなり違うものであった（清水 2007）。閣僚の顔ぶれを見ると，大蔵，外務，農商務，文部，通信，内閣書記官長，法制局長官も官僚出身者が並び，中でも農商務，通信，内閣書記官長は桂系で抑えられ

た。政友会からの入閣は内務と法務の2ポストにとどまった。陸相には寺内正毅，海相には斎藤実が就任した。表向きは政党内閣とされたこの内閣は，実質的には桂・政友会・薩摩による挙国一致型の連立内閣であった。

とりわけ，産婆役を務めた桂は西園寺内閣に積極的に協力する姿勢を示した（伊藤 2000）。桂にとってこの政権譲渡は桂たちへの世代交代が不可逆的であると確定するものであり，桂は伊藤と井上のみの承諾で進め，他の元老はパスするリスクをとって進めた。もっとも，世代交代に不満をもちかねない山県には，その子・伊三郎を逓相に据える配慮を怠らなかった。桂－西園寺ラインでの政権交代を確実にすることで，ポスト元老時代の主導権を握ろうという目論見である（小林 2006）。

加えて，桂は8月には政権禅譲を約束していたにもかかわらず，実際には12月末の議会召集直前まで政権の座に座り続けた。このことにより，西園寺内閣は自ら予算案を作る時間を失い，初年度は桂内閣が策定した予算案をそのまま引き継ぐこととなった。桂は予算を用いて西園寺内閣に縛りをかけたのである。協力を超えた，実質的な介入であった。ポスト山県世代のうち，桂への対抗意識を抱く寺内正毅は，自ら副総理格を自任してこの内閣を支えた。非政党側の構造も複雑であった。

桂による間接的な支配のもと，政権は奇妙な様相を呈する。通常の政策こそ閣内で決定できるものの，財政や外交といった国策レベルになると，意思決定は内閣を超え，政府と元老の間に桂を介して進められた。政党の側からかかわることができるのは西園寺，松田，原といった閣内にポストをもつ領袖のみである。元老政治の延長となる高等政治であり，ガバナンスとして機能しても民主的ではない。与党内の不満は募る。

不満は閣僚となった領袖にもあった。元老との交渉を要した結果，彼らの意向を政策や予算編成に組み入れざるをえない一方で，原内相による郡制廃止案のような重要法案が貴族院によって葬り去られた（三谷 1995）。桂は自分たちに都合のよい場合は政府に要求し，自分たちに不利な場合は影響下にある別勢力を動かして排除する。こうしたことが不誠実な対応と映った。

状況が変化を始めたのは，政権が安定し，長期政権となってきた1908年春のことである。阪谷芳郎蔵相と山県逓相が鉄道建設改良経費をめぐる対立から辞任したため，内閣改造の必要が生じた。西園寺らはこれを機に桂からの脱却

を図る。

　まず貴族院の切り崩しに手が着けられた。政友会が衆議院を基盤とする政党であり，明治憲法の下では貴衆両院が対等である以上，貴族院に友党を見つけることは政党政治実現の条件であった。

　彼らは貴族院木曜会の領袖・千家尊福に目を付けた。千家は長く東京府知事の任にあり，原内相の下で東京市電問題の処理に活躍するなど政友会に近く，所属していた貴族院の会派・研究会が山県の支配を受け始めると，それに反発し，離脱して木曜会を結成していた。有能であり，政友会に協力的な千家を大臣として遇すれば木曜会を貴族院における橋頭堡とすることができる。

　政友会と木曜会の接近は，貴族院の勢力地図を大きく変えた。貴族院の最大会派である研究会が動揺を見せ，領袖である堀田正養が原に接近する。堀田はもう一人の領袖である三島弥太郎（薩摩）の了承を得て，研究会も西園寺内閣の与党となることを伝えた。

　衆議院で圧倒的多数を誇る政友会が，貴族院においても研究会，木曜会という二大会派の支持を受けた。議会政治において彼らを止められるものはない。1908年度予算は無修正で可決された。政友会創立の目途であった立法と行政の円満な運営は，ここに構築されたかに見えた。

　もっとも，蔵相人事は難航していた。さすがの彼らも財政に関して全く元老の支持を得ずに人選を進めることには躊躇し，伊藤や井上といった政友会に近い元老に対して彼らに近い財政家を推薦してくれるよう打診した。しかし，首尾よくいかず，政友会は松田法相を蔵相に移し，新法相に千家，逓相に堀田を充てた。松田はかつて隈板内閣で間接税増税に尽力して大蔵官僚との関係もよく，悪い人選ではない。

　しかし，その人事をめぐる混乱は政権の命運が長くないことを予想させた。伊藤や井上は西園寺内閣が長期政権化する中で自信をつけたことを多としながらも，彼らが自主性をもって動き始めて財政にまで手を伸ばせば，そこを自らの領域と考える桂との関係は破綻すると見越していたのだろう。そう考えると，彼らが近しい財政家を政権に送り込まなかったことも頷ける。

　かくして改造はなった。桂に近かった内閣書記官長も更迭され，西園寺改造内閣は政友会員，親政友，西園寺系でほぼ満された。新聞各紙は，本格的な政党内閣への脱皮，責任政権の現出とその変化を歓迎し，期待した。

実質的な政党内閣の登場は，行政機構にも変化を及ぼす。中央官僚の試験任用制度が導入されて 20 年が経ち，官界の人材はほとんどは縁故採用の藩閥出身者から大学を卒業した学士官僚に入れ替わり，局長級以下は彼らで満たされていた。彼らから見ると，各省上層部に居座る藩閥出身官僚たちは縁故で採用され，専門性も薄く，自らの経験だけから判断し，新進の気風に欠けていた。加えて学士官僚たちは自由民権運動に参加した地方名士の子弟が多く，帝国大学でもイギリス流の議院内閣制，政党政治を理想的な政治形態として学んできていた。彼らは政党政治の実現に向けたサポーターとなっていく。立憲政治は第 2 ステージに入り始めていた。

　しかし，こうした変化は，世代交代を自らのイニシアティブのもとで進めようとする桂にとっては受け入れ難い。彼の秩序観は「貴族院は我物なり，衆議院は西園寺のもの」として，両院の均衡によって憲政を運用するものであった。これが大きく崩れた。加えて，自らの領域ととらえる財政に，政友会の領袖である松田が乗り出してきたことは決定打となった。

　松田の蔵相就任を受けて，桂はこれまでの内閣後見の立場を捨てて政権再交代への動きを始めた。これに伊藤，井上馨が同意を与え，1908 年 7 月，第 1 次西園寺内閣は総辞職することとなった。

　1908 年 5 月に行われた第 10 回総選挙で政友会は過半数を確保しており，衆議院から見た彼らの世界観からすれば，いよいよこれからという時である。総辞職は寝耳に水であり，直前まで原や松田にさえ知らされてはいなかった。政友会員の結束は一挙に不安定となり，原も西園寺への不満を隠さなかった。

　しかし，元老を中心とする政治空間に属する西園寺からすれば，政権の去就は桂や諸元老との関係の上にあり，それを維持することが伊藤から政友会を引き受けた自らの役割であった。すでに西園寺は年頭に明治天皇に辞表を出しており，予算成立，内閣改造，総選挙を睨みながら政権の着地点を模索していたのであろう。

　やや異なる認識を示したのは伊藤である。西園寺は堀田の入閣に積極的な同意を示さなかったが，伊藤はこの人事を「妙なり」として称賛した。貴衆両院の縦断は伊藤の悲願であり，政友会樹立の本願でもあった。桂との関係維持を重視する西園寺とは異なる，統治構造の設計者としての伊藤の目線を見てとれる。

こののち，原は頻繁に伊藤のもとを訪れるようになった。両者はさかんに憲政のあり方を論じ，伊藤は明治十四年の政変以来の苦労を語り，大久保・三条・岩倉・伊藤・西園寺という系譜を示した。原は自らがその後に立つことを強く意識したことであろう。こうして統治構造の設計者としての伊藤の「憲政」は，西園寺内閣での経験を経て原に伝承された。直後の 1909 年 10 月，伊藤はハルビンで暗殺され，波瀾に富んだ生涯を終えることとなる。

西園寺内閣のあとを継いだのは桂であった。議会が存在感を増す中でもはや桂と西園寺以外に政権を担える者はなかった。しかし，民主主義に向けた潮流は桂の地位をも危うくさせていく。

┃ 桂園体制──安定の中の変化 ┃

2 度目の組閣を果たした桂が直面したのは，日露戦争後の議会政治と市民社会の成長であった。組閣直後こそ特定の政党に依らない「一視同仁」主義を標榜したものの，現実には衆議院で過半数を握る政友会に譲歩を続けざるをえなかった。予算はもちろん，大逆事件（1910 年 5 月）による社会不安への対応や韓国併合（1910 年 8 月）といった重要課題のすべてに政友会の協力を仰がなければならなかった。その結果，1911 年 1 月，両者は「情意相投合し協同一致して以て憲政の美果を収むる」ための提携関係を宣言する。いわゆる「情意投合」宣言であり，それは桂と西園寺・政友会を軸に政権が動く桂園体制の完成を示すものであった。

情意投合の先に政友会が求めていたのは，政権復帰であることはいうまでもない。1911 年 8 月には桂からの禅譲を受けて第 2 次西園寺内閣が成立した。

この内閣は第 1 次とは大きく異なる。西園寺と原は，政権獲得が確実となった 6 月には，従前のように桂に相談することはやめ，桂から閣員についての要求が出される前に組閣の方針を定めた。閣内一致，政友会主導による責任内閣の樹立をめざしたのである。その結果，桂の推薦をことごとく退けて，政友会とそれに近い官僚を閣僚に配した内閣が誕生した。

この方針は高等官僚にも適用された。すでに桂から西園寺，西園寺から桂と政権が交代する中で，各省の次官は更迭されることが恒例となっていた。政治的安定が生まれたことで政権が長期化していたことに加え，互いに相手の政権で重用された高官を用い続けることを嫌ったのである。桂園体制は政治的安定

を生み出したとはいえ，それは桂・官僚系と西園寺・政友会の対立構造の中での安定であった。

　他方，前述したように学士官僚には政党政治の実現を望む者が多くあった。彼らのうち，政友会政権で重用された者は，官界に身を置きつつも親政友会の色合いを強めていく。日露戦争後，戦功によって爵位が乱発され，貴族院議員となる可能性が狭まっていたこともあり，彼らは政党に参加して自らの政治的活路を開くことを考え始めていた。西園寺内閣は彼らの支持をつなぎ止めるためにも，実力内閣としての実績を残す必要があった。

　こうして西園寺内閣が取り組んだのが，懸案となっていた行政改革である。1912年度予算案が年末に閣議決定されると，内閣は西園寺を総裁，原を委員長とする臨時制度整理局を設置して整理案の策定を意欲的に着手した。そこには，かつて桂の支えによって何とか政権を運営していた脆弱政権の面影はなく，むしろ，桂や山県の牙城さえ切り崩していこうとする自信がみなぎっていた。

日露戦後体制

▌1907年の憲法改革——指導者の世代交代と政党台頭の中で▐

　日露戦争の勝利は，独立の維持という幕末以来の課題を達成した画期的出来事であった。近代日本には常に列強の植民地とされることへの警戒があり，それへの対処として，封建制を解体し，政治的分裂を克服しながら近代化と富国強兵を進め，多様性の一統（E pluribus unum）に努めてきた。その中で清とロシアという2つの帝国に勝利できたことは，第1に国民的基礎に立った効率的な近代国家建設に成功したことを立証した。第2に1905（明治38）年12月に駐英公使館が大使館に昇格され，1911年の関税自主権完全回復によって不平等条約が改正されたように，対等な列強の一員となった。そして第3に，日本はその過程を通して大陸に支配権をもつ植民地帝国となった。

　それは国際情勢とは逆の流れでもあった。世界史的に帝国の時代が終わりを迎える時期に大陸帝国として歩み始め，力による急激な現状変更がもたらす外

の反発と内の慢心と向き合う必要が生じていた。陸軍は日露戦争を総括して「勝って兜の緒を締めよ」と報告書を結んでいる。国民の意識も大きく変化していく。日比谷焼き打ち事件で垣間見えたむき出しのナショナリズムとどう向き合っていくかは、日露戦後経営における大きな課題となった。

日露戦争を通した国内の変化はまず社会に表れた。日露戦争後の政治的・社会的変化は第二次世界大戦後に「大正デモクラシー」と呼ばれるようになる。国家目標が達成されたことで、多様な価値観が許容されるようになり、国家よりも個人を重視する自由主義が強まった。小学校の就学率は95%を超え、『中央公論』や『キング』などの文芸雑誌の刊行が相次ぎ、モダン・ボーイやモダン・ガールなどに象徴される大衆文化が興った。

経済面では産業組合運動が強化されて農村経済の振興と組織化が図られた。鉄道網が張り巡らされることで物流は活性化した。軍部では、大量の復員兵士の社会復帰を支援するため、在郷軍人会の組織強化が進められた。これには陸軍省軍事課長であった田中義一が尽力し、のちに彼が政界に進出する際の基盤となる。

社会が変化し、政治の担い手が変化する中で、憲法も見直しを迫られる（瀧井 2010）。特に検討されたのは皇室の役割と政権ガバナンス、そして地方制度であった。すでに伊藤は1899年に宮中に設置された帝室制度調査局で皇室制度の調査立案を進めてきたが、それらの改革は1907年に皇室典範増補として公布された。それは皇室を国家の機関として位置づけるものであった。

同時に、1886年に制定された公文式が公式令に改められた。これはすべての勅令・法律に首相の署名を求めて首相権限を拡大するものであり、1885年の内閣職権時の大宰相主義への回帰であった。ただし、内閣中心の責任政治に危機感を抱いた山県有朋らが統帥権独立という憲法制定前からの制度を守ることを主張し、統帥事項は除外させた（軍令第1号）。

地方制度改革の重点は、その活性化にあった。日露戦争後、さらなる教育の充実が唱えられたことから小学校の義務教育年限が4年から6年に延長されていた。教育費は基本的に地方公共団体の負担であり、義務教育年限の延長は地方の負担増を意味した。他方、地租改正に際して村請制が廃止されたことを契機に農村にも資本主義の浸透が始まっていた。この負担増と資本主義化は、戦後増税と相まって地方を疲弊させていた。

これに対して政府は 1908 年に戊申詔書を発布して国民に道徳的な生活と努力を求め，生活改善の手段として 1909 年から内務省を中心に地方改良運動が進められた。それは地方官の能力向上を目的とした研修や，生産性向上のための農事改良講習，さらにはより普遍的な普通教育，青年教育を実施するものであった。1911 年には市制・町村制の全面的な改正が行われ，市長の権限が強化され，市議は等級選挙による 3 年ごとの半数改選から 4 年ごとの全面改選となった。以後 30 年にわたって地方自治が漸進的に進められていく。

戦後の対列強関係──満州問題協議会と現状維持の隊列

　日露戦後の外交課題はロシアの復讐戦に備えること，朝鮮半島での排他的影響力を確立すること，そして軍事的台頭を果たした日本の現状に国際的承認を得ることであった。日英同盟は日露戦争中にイギリスの求めにより攻守同盟に改訂され（第 2 次日英同盟），アメリカとは講和会議の直前に桂・タフト覚書が交わされた。講和を斡旋（あっせん）したセオドア・ローズベルト大統領はノーベル平和賞を受賞し，アメリカは長い孤立主義の時代の中で国際国家へと成長を始めた。ロシアとも 1907 年 7 月に第 1 次日露協約が，フランスとは日仏協商が結ばれた。これはドイツ帝国の成長というヨーロッパの新たな状況とも呼応するものであった。日本は多国間同盟協商体制の中で安定的な地位を築き上げた。

　しかし，こうした外交上の実績とは裏腹に，英米では日本に対する不信感が募っていた。アメリカの鉄道王ハリマンは南満州鉄道の共同開発を申し入れ桂首相と覚書を作成していたが，小村外相の反対で破棄された。また，南満州の日本軍は日露間の約定を無視して軍政を継続したことで，英米から野心ありとして強い批判を招いていた。

　こうした状況をとらえて，イェール大学で教鞭を執っていた朝河貫一（あさかわかんいち）は『日本の禍機』（1909 年）を出版し，日本に「反省力ある愛国心」を求めた。朝河は 1904 年に英語で『日露紛争』を出版し，黄禍論が唱えられる中，領土的野心の逞（たくま）しいロシア帝国ではなく門戸開放政策を支持する日本が勝利することの文明史的意味を説いていた。ところが日露戦争後，日本は「清帝国の独立および領土保全」と「列国民の機会均等」という 2 原則に背きつつあり，「戦前世界が露国に対して有したる悪感は，今や変じて日本に対する悪感となり，当時日本に対したる同情は，今や転じて支那に対する同情となりたり」と，アメリ

カにおける対日感情の変化を説き，警告した。

　実際，アメリカ内では競争者としての日本イメージが流布しつつあった。中国人移民排斥に続いて 1906 年から日本人移民排斥問題が断続的に起こったことはその表象である。これに対し日本は 1908 年に移民を自主的に制限する日米紳士協定を結び，世界周航中の米国艦隊（ホワイト・フリート）を迎え入れて両国民の感情を好転させ，高平・ルート協定で外交関係の安定に努める努力を見せた。

　日本国内では，英米との協調を重視する伊藤―西園寺らと大陸における安定を求める陸軍が論争を展開していた。日露再戦の舞台と想定される満州地域に勢力を扶植しておきたい軍部の意向は強く，1906 年 5 月に韓国統監を務める伊藤の呼びかけで，満州問題に関する協議会が開催された。

　反駁する児玉源太郎参謀総長に伊藤は，「今日では官吏はもちろん商人なども しきりに満州経営を説くけれども，満州は決してわが国の属地ではない。純然たる清国領土の一部である」と「根本的」な「誤解」を責め議論を方向づけると，すかさず西園寺首相が山県を含む元老・大臣一致の決議とした。この決定により，8 月に関東総督府が関東都督府に再編され，軍政が廃止された。加えて，11 月には台湾統治で成果をあげた後藤新平を総裁に南満州鉄道株式会社（満鉄）が設立され，民生の向上が期待された。

　1907 年には帝国国防方針が策定される。山県の上奏を機に明治天皇が参謀総長と軍令部長に命じたもので，ロシア，アメリカ，フランスを想定敵国に，陸軍は平時 25 個師団，戦時 50 個師団，海軍は八八艦隊を基幹に 50 万トンの整備を打ち上げた。統帥部は純軍事的な計画として立案し，明治天皇は完成したものを西園寺首相に内示した。1930 年代以降に見られる統帥の独走を思わせる事態であるが，西園寺は計画の実現は財政次第という立場を維持した。したがって陸海軍は政府や議会，ひいては国民の理解を得る必要に迫られる。

　注目すべきは想定敵国にアメリカが入っていることだろう。アメリカではタフト政権が樹立され，ドル外交を東アジアでも展開していた。これに対し，日本は満州権益を守るためにロシアと接近し，1910 年，南北満州双方の権益を日露で保障する第 2 次日露協商を結ぶ。こうして日米の友好関係は，競争と協力の交錯を経て，普通の 2 国間関係に帰着した。

韓国併合と辛亥革命──東アジアの動乱

　韓国は東アジアの変動に飲み込まれていく。日露戦争が始まると1904年2月の日韓議定書で国土の軍事利用を認めさせられ，8月には日本人の財政顧問と外国人の外交顧問を受け入れ，重要外交案件は日本と協議することを約した第1次日韓協約を結んだ。さらに1905年11月の第2次日韓協約によって財政権・外交権を日本がもつに至る。新設の韓国統監府には伊藤博文が初代統監として着任した。伊藤は，この流れを韓国が各国の争奪戦に巻き込まれないようにするためのやむをえない措置であり，両国の親睦と韓国の富強を図ると述べている（瀧井 2011）。

　大韓帝国側にとってみれば易々と受け入れられる論理ではない。彼らは国際社会に訴えることに活路を見出し，1907年6月，韓国皇帝はハーグ万国平和会議に日本を訴える密使を派遣した（ハーグ密使事件）。しかし，日本に外交権を接収された韓国の主張は取り上げられず，かえって7月の第3次日韓協約によって日本に内政権まで把握された。軍隊は解散させられ，義兵運動が巻き起こる。同年末，伊藤は皇太子・李垠を日本に留学させた。

　1909年9月，小村外相は清国と「満州五案件に関する日清条約」を結び，清韓間で領土問題があった間島地域を，韓国の外交権をもつ日本が清国領と確認した。間島は朝鮮民族が多く暮らす土地であり，のちに朝鮮独立運動の根拠地となっていく。

　政府はここで韓国を併合する方針を固めた。両国の親睦と韓国の富強を図ると述べてきた伊藤は併合に否定的であったが，最終的に政府の意向を容れた。伊藤は統監を辞して次の展開を模索していたが，その矢先にハルビンで暗殺された。有力な反対者がいなくなった韓国併合は急速に進み，翌1910年8月，列強の承認を背景に大韓帝国は日本に併合された。

　日本は主権線・利益線の観点から親日的で独立した朝鮮を安全保障上の利益としてきたが，自ら再びその独立を奪い，さらには国境を接する満州問題を生み出す結果となった。主権域を擁護するために周辺に安全地帯を築こうとする利益線論は，利益線地域に影響力が浸透することで主権拡大論を引き起こす。主権線・利益線論は，永遠に拡張していく危険性を孕むものであった。こうして韓国統監府は朝鮮総督府となり，陸軍の寺内正毅を初代総督とする軍政が敷

かれる。

　変化の波は清にも訪れた。韓国併合の翌 1911 年，辛亥革命が始まる。1905 年には各種の革命団体を統合するかたちで中国同盟会が東京で設立され，準備が進められていた。武昌での蜂起を契機に革命運動が全国に拡大し，1912 年 1 月には孫文が南京で臨時大総統に就任してアジア初の共和国となる中華民国が誕生した。アメリカは姉妹共和国の誕生を歓迎してその支援に動き始めたが，国内勢力が拮抗する中で，2 月には北洋軍閥の袁世凱が清を倒して，中華民国の大総統に収まった。

　清との協調を重視してきた第 2 次西園寺内閣は，突然の事態に立憲君主制の樹立を期待しつつもイギリスと協調して静観した。日本国内には辛亥革命に伴う混乱に乗じて権益を拡大すべきという世論や，革命を支援すべきとする政党勢力が強く，政府の慎重な姿勢は強い批判を呼んだ。

　清朝崩壊後の混乱は続き，軍閥割拠と呼ばれる不安定な状況に陥っていく。こうした混乱の中，ロシアの勢力圏であった外蒙古が独立をめざし，日本でも大陸浪人と参謀本部が清朝の皇族・粛親王を擁する満蒙独立運動に荷担したが，アメリカの通報を受けた西園寺内閣がこれを抑えた。7 月には東西内蒙古の勢力圏を相互に保障する第 3 次日露協商が結ばれている。

　かくして中国の状況が安定せず，韓国でも反日運動が起きるなど，東アジア情勢は再び混迷しつつあった。そうした中，日本の不羈独立と東アジアの安定をめざしてきた天皇が崩御し，明治という時代が終わり，大正という新しい時代のもと，近代日本は大きく変わろうとしていく。

さらに学びたい人のために　　　　　　　　　　　　　　　　Bookguide ●

　三谷太一郎『増補　日本政党政治の形成──原敬の政治指導の展開』東京大学出版会，1995 年。

　　　立憲政友会が政権政党となる過程を，原敬を中心とする政党政治家の政治指導と利益誘導の観点から明らかにする。同氏による「政党内閣期の条件」（中村隆英・伊藤隆編『近代日本研究入門〔新装版〕』東京大学出版会，2012 年）と合わせ，必読書。

　伏見岳人『近代日本の予算政治──桂太郎の政治指導と政党内閣の確立過程』東京大学出版会，2013 年。

　　　上記の三谷書が政友会に焦点を当てるのに対して，桂太郎の政治指導に軸

を置きながら，政党との関係構築を描き出す。政治と財政という根源的な問題を描き出すことで，政府−議会−政党の関係を明快に解いている。

千葉功『旧外交の形成——日本外交 一九〇〇〜一九一九』勁草書房，2008 年。
　　第一次世界大戦以前における日本外交の形成を，制度，組織，人事を踏まえながら丹念に論じる。満韓交換論，多国間同盟協商体制など，国際的な文脈の中で日本外交を理解する視座を与えてくれる。

引用・参考文献　　　　　　　　　　　　　　　　　　　　R e f e r e n c e ●

朝河貫一 1987『日本の禍機』講談社学術文庫（初版は 1909 年）。

伊藤之雄 2000『立憲国家と日露戦争——外交と内政 一八九八〜一九〇五』木鐸社。

猪木正道 1995『軍国日本の興亡——日清戦争から日中戦争へ』中公新書。

片山慶隆 2009『日露戦争と新聞——「世界の中の日本」をどう論じたか』講談社選書メチエ。

小林道彦 2006『桂太郎——予が生命は政治である』ミネルヴァ書房。

清水唯一朗 2007『政党と官僚の近代——日本における立憲統治構造の相克』藤原書店。

瀧井一博 2010『伊藤博文——知の政治家』中公新書。

———編 2011『伊藤博文演説集』講談社学術文庫。

千葉功 2008『旧外交の形成——日本外交 一九〇〇〜一九一九』勁草書房。

伏見岳人 2013『近代日本の予算政治——桂太郎の政治指導と政党内閣の確立過程』東京大学出版会。

御厨貴 2012『明治国家の完成 1890〜1905』（日本の近代 3）中公文庫。

三谷太一郎 1995『増補 日本政党政治の形成——原敬の政治指導の展開』東京大学出版会。

村瀬信一 2011『明治立憲制と内閣』吉川弘文館。

横手慎二 2005『日露戦争史——20 世紀最初の大国間戦争』中公新書。

大正デモクラシーと第一次世界大戦

2つの秩序変動

🎧「滑稽時局世界地図」『欧州大戦乱画報〔其十六〕』尚美堂
画店，1914 年（プリンストン大学東アジア図書館蔵）。

INTRODUCTION

　日清戦争（1894年），日露戦争（1904年），第一次世界大戦（1914年）と，
近代日本は奇しくも10年に一度，大きな対外戦争を戦ってきた。中でも第一
次世界大戦は，国内においては大正デモクラシーと，国外においては共産主義
革命の現出と国際協調という名の新外交への転換と相互に刺激し合いながら進
んだ。

　この秩序変動の中で，日本は対華二十一カ条要求という外交史上に残る大き
な失敗をすることとなる。しかし，それはデモクラシーがもたらした陥穽でも
あった。不可逆的なデモクラシーと国際協調にどう対応するか。転機が訪れよ
うとしていた。

第7章関連年表

年　月	事　項
1911（明治44）年11月	第2次西園寺公望内閣成立
1912（明治45）年 2月	清朝滅亡。3月，袁世凱が臨時大総統に就任
7月	明治天皇崩御。嘉仁親王即位
12月	上原勇作陸相，単独辞任。第3次桂太郎内閣立。第1次護憲運動起こる。
1913（大正 2）年 2月	第1次山本権兵衛内閣成立
6月	軍部大臣現役武官制廃止。8月，文官任用令改正
1914（大正 3）年 1月	シーメンス事件発覚
4月	第2次大隈重信内閣成立
7月	第一次世界大戦始まる
8月	日本，ドイツに宣戦布告
1915（大正 4）年 1月	対華二十一カ条の要求を提出
3月	第12回総選挙。大隈内閣与党が圧勝を収める
8月	選挙干渉問題に伴う内閣改造
11月	大正天皇即位礼，京都御所で挙行
1916（大正 5）年 1月	吉野作造「憲政の本義を説いて其有終の美を済すの途を論ず」
7月	第4次日露協約調印。軍事同盟の要素を含む
10月	寺内正毅内閣成立。立憲同志会など合同して憲政会が発足
1917（大正 6）年 1月	西原借款始まる
10月	ロシアで十月革命起こる
1918（大正 7）年 8月	政府，シベリア出兵を宣言。各地で米騒動起こる

1　大 正 政 変　　　▶政党政治への序曲

｜憲政擁護運動の勃発｜

　日露戦争を乗り越えて以来，憲政史上稀に見る政治的安定を創出してきた桂園体制であったが，1912（明治45）年末に明治の終わりとともに終焉を迎えることとなる。両者の協調がここに至って崩れたのである。

　争点は陸軍の二個師団増設要求であった。陸軍からすれば，新領土となった朝鮮半島を守備するための師団増設は必須である。他方，西園寺・政友会内閣からすれば，行財政整理による政府支出の削減を第一に掲げて同年5月の第11回総選挙に大勝利を収めており（全381議席中211議席），国民の支持を受けて歳出削減を進めていた。

鍵は内大臣となっていた桂の去就にあった。西園寺首相と山県の交渉が剣呑となったのは11月初め，明治天皇の崩御からわずか4カ月の諒闇中のことであった。ここで大きな政治的対立を起こすことは望ましくない。新天皇を補佐する立場からも，桂による調停が期待された。

　しかし，桂はこれを好機ととらえた。桂は政友会に対抗するために自ら政党を率いることを考えていた。ならばここで政友会に塩を送る必要はない。11月末，上原勇作陸相は閣議に二個師団増設案を提出し，西園寺内閣はこれを否決した。上原は責任をとって辞職し，西園寺内閣は陸相の後任を得られず総辞職に追い込まれた。

　行政整理内閣として国民の支持を集めた西園寺内閣が陸軍によって崩壊に追い込まれたという構図である。憲政の進歩を阻む行為として陸軍は国民の怨府となった。いや，周辺に安全保障上の脅威が減少した状況は，軍部の発言力を削る好機であった。西園寺は元老会議の留任要求を拒み，松方，山本，平田東助が相次いで後継を辞する事態となった。そして，これに拍車をかけるように商工業者，新聞記者，弁護士などが師団増設反対，官僚政治の根絶，憲政擁護を訴えて運動を始める。

　年末の通常議会まで，もう日がない。火中の栗を拾ったのは桂であった。難局ではあるが，ここで再び政友会に政権が戻っては元も子もない。寺内や平田など山県側近が出てきては，桂側の勢力が分散されてしまう。まして自らは新天皇を輔弼する立場にあり，天皇の意思を拒むことはできない。苦渋の，しかし可能性を見出した選択であった。

　年が明けて1913（大正2）年1月，桂は後藤新平を幕僚として新党「立憲統一党」の組織を発表し，立憲国民党のおよそ半数を引き抜くことに成功する。その中には島田三郎や河野広中といった自由民権運動以来の著名な代議士も含まれていた。隈板内閣の失敗以来，長く政権から遠ざかっていた大隈系が，非政友連合の名の下に政権に奔った結果であった。2月，新党は党名を「立憲同志会」と改めた。志を同じくするということを強調する必要があったことが窺われる。

　しかし，そうした桂の動きは「閥族打破」「官僚政治根絶」を主張する勢力を勢いづかせた。政友会の尾崎行雄は，衆議院本会議における内閣不信任案の演説において，内大臣として宮中に入った桂が再び政権を握るのは宮中・府中

の別を犯すものであるとして，「玉座を以て胸壁と為し，詔勅を以て弾丸に代へて政敵を倒さんとするもの」と痛烈に批判した。もっとも，それは政友会の創立者たる伊藤博文が多用した手段であり，桂は伊藤のやり方に倣ったまでであった。

　ここに至り，桂は再び天皇に頼る。天皇から西園寺に紛糾解決を命じさせることで事態の収拾を図ったのである。しかし西園寺はこれを拒み，違勅の責任をとるとして逼塞する。状況は群衆が帝国議会を包囲するに至り，善後策を失った桂は組閣からわずか３カ月で総辞職することとなった。「閥族打破」を主張する政党勢力とそれを後押しする民衆の力によって政権を倒したことは，政党政治の実現に向けた大きな一歩ととらえられた。一連の動きが憲政擁護運動（のち，第１次護憲運動）と称されるゆえんである。

　もっとも，そのまますぐに政党政治が実現したわけではない。桂が退き，西園寺が逼塞する中で政党政治を実現させるなら，政友会の領袖である原敬か松田正久が首班となる。しかし，陸軍の師団増設要求が取り下げられたわけではなく，暴動もやまず，政界は混乱していた。こうした状況の中での政権運営は容易ではない。

　この状況下で突出してきたのは薩摩出身の海軍大将，山本権兵衛であった。山本は新帝に迷惑をかけるべきではないとして桂に辞職を迫り，その勢いを駆って政友会本部に乗り込み，組閣への協力を求めた。薩摩は第２次松方内閣以来15年近く政権から遠ざかり，長州に大きく水をあけられていた。一方で政友会と薩摩の関係は良好であり，牧野伸顕をはじめ薩摩出身者が西園寺内閣に親近していた。山本は伊藤と親しく，海相として比類ないガバナンス能力を発揮して日清・日露戦争を乗り切った実績も自負もあった。薩摩―海軍ラインで桂に比肩するのは山本しかない。

　政友会にとっても，首班候補が見つからない状況を脱し，政権与党となることができる。両者の思惑は一致した。２月20日，政友会を与党として第１次山本内閣が発足する。事実上の薩摩―政友会連立政権であった。

　この政友会の動きは，「閥族打破」を訴えてきた護憲運動勢力から強い非難を浴びることとなり，尾崎行雄らが政友会を離れることとなる。そうした離反を織り込んででも政権与党に復帰したいというのが，桂園体制を経験した政友会の意思であった。

┃政界再編──政党対官僚から政党対政党へ┃

　政友会は，組閣にあたって，首相，外相，軍部大臣以外の閣僚をすべて政友会に入党させるよう山本に求め，閣僚はその条件のもと入閣した。これにより高橋是清蔵相（日本銀行，農商務省出身），山本達雄農商務相（日本銀行，勧銀），奥田義人文相（法制局）が政友会員となった。内相となった原，法相の松田，逓相の元田肇と合わせて，10の閣僚ポストの過半数を政友会が占めることとなったわけである。閣議は政友会主導で進むこととなった。

　山本内閣は，護憲運動前に政友会内閣が進めていた行政整理路線を引き継ぎ，これを実現するとともに，軍部大臣現役武官制を廃止した。上原勇作陸相の帷幄上奏，辞職問題のように，内閣の命運を軍部に握られることを避ける方策であり，本格的な政党内閣の樹立に向けた布石とみることができる。護憲運動によって国民の怨府となった陸軍は軍部大臣現役武官制の廃止に強く抵抗することができず，海軍は艦隊増強を目論んで政権の意向に従った。

　ついで，文官任用令を改正して各省次官，警視総監，各省勅任参事官などの任用資格を撤廃する。これによって，次官などの高級官僚は実質的に政治任用職となった。これは官僚の人生設計を大きく変える3つ目の波となった。第1波は桂による新党結成であった。その基盤が河野ら国民党の脱党組であったことはすでに述べたが，新党の核となったのは当初は後藤新平ら，ついで加藤高明，若槻礼次郎，浜口雄幸ら，のちに憲政会を率いる官僚たちが参加した。

　第2波の，山本内閣の3大臣入党はこれに追い打ちをかけた。桂園体制までは，官僚は局長，次官と順当に出世すれば，いずれ大臣になることができた。しかし，桂新党への有力官僚の参加，山本内閣での大臣入党によって，もはや政党に入らなければ大臣となることはできないと認識させられることになった。

　そして第3波の文官任用令改正である。次官などの任用資格を撤廃したということは，すなわち，これらの職位は政権の意思によって自由に任命できる政治任用職となったということである。これは官僚からすれば，政党に入らなければ大臣どころか次官にもなれないことを意味した。

　元来，帝国大学で学びイギリス流の議会政治を憲政の到達点と理解していた学士官僚たちは，藩閥官僚とは異なり，政党政治に親近感を抱いていた。専門知識に乏しい藩閥官僚への反発と相まって，彼らはこの機に一挙に政党に参加

していくこととなる。文官任用令が改正された8月，床次竹二郎鉄道院総裁，水野錬太郎内務次官，橋本圭三郎農商務次官，犬塚勝太郎逓信次官，小山温司法次官，岡喜七郎警保局長らが相次いで政友会に入党した（清水 2007）。

　ここに，桂園時代における政党対官僚という構図は終わりを告げ，官僚層を吸収した2つの政党，政友会と同志会が対峙する構造が現出した。指導的地位にあった官僚たちが大挙して政党になだれを打って集まったことで，後輩たちもそれに続いていく。受け皿となる2つの政党の成立と同時に，官僚の政党化と系統化が起こったのである（升味 2011）。

　彼らは両党の政策立案を主体的に指導していくこととなる。学士官僚たちの多くは，地方名望家の次男，三男であった。彼らは自由民権運動とも，地方政治ともきわめて近い環境の中で育てられた。藩閥政府のもとで行政官でありながら政治を行ってきた彼らは，政党政治の到来を前に，官僚出身の政党人へと変貌を遂げたのである。政友会と同志会の二大政党は，従前からの政党政治家と，ここで加入した官僚出身政治家が共存するかたちに生まれ変わった。国民と結び付き，政策立案能力のある政党が2つ誕生したのである。

非政党勢力の奮闘——陸軍，海軍，貴族院

　行政改革の実施，軍部大臣現役武官制の撤廃，そして文官任用令の改正と，憲政擁護運動の余勢を駆った山本内閣の治績は目を瞠るものがあった。それにもかかわらず，政友会領袖たちは政権離脱を模索するようになる。

　その原因は年末に開会される通常議会にあった。陸軍は師団増設かそれに代わる要求をしてくることが予想されたが，軍部大臣現役武官制の撤廃に賛成した木越安綱陸相は，その直後に辞任していた。後任に抜擢された楠瀬幸彦陸相は，木越ほどの影響力はもっていない（森 2010）。海軍は斎藤実海相が山本首相と結び，艦隊増設に向けて着実に準備を重ねていた。それらを認めれば，護憲運動勢力からの政友会批判は猛烈なものとなる。加えて，貴族院が虎視眈々と通常議会での論戦を待ち構えていた。政策に通じる官僚出身者を多く抱える貴族院は，政友会にとって破り難い鬼門であった（内藤 2005）。

　こうした政友会幹部の動きを察知して引き留めたのは，ほかでもない山本首相であった。山本からすれば，予算審議でこそ政友会の力が必要なのである。改革の美果だけ持ち逃げされてはたまらない。

政友会においても一般党員では利益誘導を求めて与党への残留を希望する者が主流であった。彼らの声を抑えることができるのは，実務派の原ではなく人情派の松田であったが，松田は体調を崩し，法相を辞職しており，党内をまとめられる状況にはなかった。その結果，政友会は与党のまま通常議会に臨むこととなった。

　明けて 1914（大正 3）年 1 月，衆議院では多くの脱党者を出した国民党が巻き返しを図り，減税と選挙権拡張を訴えて政権と全面対決の姿勢をとった。貴族院では海軍増強案を軸に論陣が張られた。そこに海軍装備品をめぐる贈収賄疑惑が浮上する。いわゆるシーメンス事件である。議会は紛糾し，関係者が拘束，収監されるに及ぶと，帝国議会は 1 年前のように群衆に包囲された。予算審議は両院協議会までもつれ込んだ末に不成立となり，3 月，山本内閣は総辞職する。

　このことは，政友会に「閥族と結んだ」憲政の敵という大きな傷を残す一方で，護憲運動後の混乱を収拾し，政党政治の実現に向けた制度準備を行ったという実績も与えることとなった。この両面性は「初の本格的政党内閣」と称される原敬内閣発足への布石となっていく。

 ## 政党政治と戦争指導の模索

▎非政友——多元的内閣の成立 ▎

　誰がこの混乱を収拾することができるのか。元老会議は貴族院議長である徳川家達を推薦するという奇策をとった。もっとも，徳川宗家 16 代であり，立法府の長である家達が行政府の長の職を受けるはずもない。これは貴族院に対して，次期政権に無下に反対しないよう楔を打ち込んだものとみるべきだろう。

　現実的な選択肢は枢密顧問官の清浦奎吾であった。山県系官僚の筆頭として閣僚を歴任してきた清浦は，貴族院の会派・研究会の領袖として議会運営にも通じ，政友会とも同志会とも等距離でありながら相応の関係を有していた。山県という実力者を背に，しかし軍部の色彩をもたない「能吏」であった。事実，清浦からの打診に対して，政友会幹部は好意的中立をもって迎える旨を返答し

ている。

　ところが，今度は海軍との折り合いがつかなかった。シーメンス事件の意趣返しともいえるが，それだけ海軍も艦隊増強に必死であった。清浦は目前で組閣を断念せざるをえなかった。もはや元老による首班指名が限界を迎えていた。

　万策尽きた元老が頼ったのは，15 年にわたって政界中枢から遠ざけられていた大隈重信であった。貴族院内閣も政友会内閣も望めない。選択肢は同志会を中心とした非政友会内閣に限られた。しかし，首班たりうる桂は前年秋に没し，その後，同志会は内部対立を起こしていた。党を総理する加藤高明も未だ首相候補とは言い難かった。

　大隈はといえば，国民党から事実上の追放を受けた後も，新聞や雑誌を中心に盛んにその政見を披瀝し，経綸を温めていた（真辺 2017）。すでに 75 歳を超えていたことは，当初こそ体力面から大命拝受を躊躇させたが，もはや次はないことも明らかであった。まして同志会を率いる加藤は大隈が外相時代に重用した人材であり，信が置ける。大隈と親しく，政友会討伐を期していた元老・井上馨の説得もあり，1914 年 4 月 16 日，第 2 次大隈内閣が誕生する。

　政局のもたらした偶然から生まれたこの内閣には，さまざまな勢力がそれぞれの思惑をもって集まった。それは閣僚の顔ぶれから知ることができる。同志会は加藤が外相となったのをはじめ，内相（大隈の兼任），蔵相，農商務相，逓相といった主要閣僚を押さえた。逓相には第 1 次内閣で書記官長を務めた武富時敏が充てられるなど，国民党系にも配慮がなされた。

　護憲運動の殊勲者であった尾崎も法相の地位を得た。尾崎はいわゆる共和演説で第 1 次内閣が瓦解するきっかけを作った人物である。大隈からすれば彼を用いるには相当の覚悟が必要だっただろう。それにもかかわらず彼を容れたのは，衆議院で多数を有する政友会を次の総選挙で殲滅するために，護憲運動のシンボルを必要としたからであった。

　それもそのはず，大隈内閣も「閥族」の影響を受けており，いつその批判の矛先を向けられるかわからなかった。文相には山県に近い一木喜徳郎を押し付けられ，農商務相となった大浦兼武は同志会員であったが，長く山県系と目されてきた官僚であった。陸軍はもちろん，海軍も増強を前提に政権に参画している。非政友以外の軸の見出しにくい，なんとも多元的な内閣の誕生であった。

　政権をとった以上，衆議院における非政友連合の劣勢を覆すことが大隈内閣の喫緊の課題となる。政府は各府県にあった政友系の知事を更迭し，政友会は原敬を伊藤，西園寺に次ぐ第3代総裁に選出して来るべき総選挙に備えた。与党が過半数を得て予算審議に臨むためには12月の通常国会開会前の選挙が必要であった。

　しかし，国際情勢が政治日程の変更を余儀なくさせる。7月28日，オーストリアがセルビアに宣戦布告したことに端を発したヨーロッパの戦争が8月上旬にかけて急速に拡大し，ヨーロッパ全土を巻き込んだ大戦争となった。欧州大戦，今日で言うところの第一次世界大戦である。

　これは政府にとってまたとない好機であった。日本にはイギリスとの同盟関係があり，アジアにはイギリスと対峙するドイツの領土がある。ヨーロッパ各国が本土での戦争に注力せざるをえない間隙を縫ってアジアでの勢力拡大を実現できれば，短期には戦時体制への協力を求めて総選挙の勝利を導き，長期には政友会の勢力を削いで同志会を政権担当能力のある政党として認めさせることができる。政治家個人で見ても，大隈の後継者と目される加藤が外交での実績を上げれば，政友会の原を凌いで，政党政治実現の栄誉を加藤のもとにもたらすことができる。そのためには日英同盟を活用して，この遠い戦争に積極的にかかわる必要があった。

　他方，同盟相手であるイギリスは，日本の参戦に慎重な姿勢をとっていた。8月7日，イギリス側から商船の運航を脅かすドイツ軍艦を当該地域から駆逐するよう要請を受けると，加藤は青島攻略に言及し，同日夜の臨時閣議で青島攻略を目的として11日には宣戦布告することを決めた。大隈，加藤らは戦争が早期に終結して参戦の名目がなくなることを恐れたという（奈良岡 2015）。内閣は前のめりに参戦へと進んでいった。

　内閣があまりに拙速ではないかと危惧したのは元老である。山県らは参戦こそ承知したものの，中華民国とドイツに対して，日英同盟の約定による派兵であることをよくよく理解してもらうよう条件を付し，政府は即時の宣戦布告ではなく，最後通牒の形式をとることを決めた。

　慌てたのはイギリスである。このままではアジアにおいて日本の圏域拡大を

無軌道に許すおそれがある。外相が駐イギリス日本公使に対して宣戦布告の延期を求めるとともに，駐日イギリス大使を通じて日本政府にドイツ軍艦駆逐の要請の取り消しを伝えた。

これに対して加藤外相はドイツ側から日本に対して脅迫めいた発言があったことを理由に，参戦は避けられないと回答した。日英同盟とは異なる理由を挙げられたイギリスは，ドイツ領以外では軍事行動をしないことを条件に日本の参戦を了承した。日本政府はドイツに対して青島の還付を求める最後通牒を発し，回答なしと認めると宣戦を布告した。

元老たちは，総辞職をちらつかせながら参戦へと突き進む内閣を止めることができなかった。山県を筆頭とする陸軍にはドイツから学んできた経緯から親独派が多かった。彼らはドイツとの長年にわたる友好関係が目先の利益によって失われるとして参戦を止めようとした。井上らは，日露戦争後に混乱したままの東アジア秩序をイギリス，ロシアとともに再編する好機ととらえていたが（千葉 2008），それもこの参戦によって水泡に帰した。

もっとも，大隈や加藤がそうした元老の考えを理解していなかったわけではない。むしろ，彼らは大隈の年来の主張である責任内閣制，加藤の悲願である外交の一元化に向けて，元老たちの影響力の排除に躍起であった（奈良岡 2015）。政友会を排除して政権政党としての地位を確保し，元老を排除して政党政治の確立を図る。そうした意図をもって進められたのが，この参戦であった。

┃ ポピュリズムの登場？──第 12 回総選挙 ┃

宣戦布告後，日本軍は着実に歩を進め，1914 年 10 月には海軍がドイツ領南洋諸島を，11 月には陸軍が青島を占領した。日本の参戦に消極的であったイギリスも，欧州戦線の状況を打開すべく日本艦隊のヨーロッパ派遣を要請するなど，状況は政府の思惑通りに進んでいった。

思惑通りにいかなかったのは議会である。戦費調達のために 9 月に開催した臨時議会こそ無風であったが，通常議会前にドイツ領の占領が終わったことで臨戦状態が解け，年末からの通常議会では激しい議論が繰り広げられた。与党129，野党 236 という状況の中，衆議院では二個師団増設案が否決され，予算も不成立となった。野党側の主張は，戦後経営を見据えた予算編成，軍備再編

を行うべきであり，この段階での師団増設は拙速であるというものであった。大隈は，年明けを待たずに衆議院を解散する。

　内閣は衆議院での多数を得るために必死であった。元老と対立する中で責任内閣を，政党政治を確実なものにするためには最低でも過半数を確保する必要がある。しかし，選挙区は府県郡部を単位とする大選挙区制（市部は独立選挙区）であり，長年にわたって得票調整を行ってきた政友会に対して，同志会の不利は否めない。何らかの対応が必要であった。

　内閣は，積極的な与党候補者支援を決め，現職閣僚が全国を遊説した。大臣が来訪すると，その歓迎会と称して知事が集会を開き，そこで候補者が演説することで与党の力を見せつける周到さであった。事大主義的な有権者気質を見事にとらえたものといえよう。

　中でも人気を集めたのが，長年にわたり新聞・雑誌で縦横無尽な政見を披瀝してきた大隈である。とりわけ，東海道線の列車に乗り込み，各駅で停車するたびに客車から乗り出して行った大隈の演説は「車窓演説」として人気を集めた。加えて，大隈の演説はレコードに収録して全国に配布され，各地の演説会で披露された。国民的政治家としての大隈の人気が，戦勝気分と相まって極大化していった。早稲田出身者を中心に組織された大隈伯後援会も事実上の政治団体として活動し，こうした人気を得票へとつなげていった。買収などを行わず，言論による理想選挙の実現を求める青年たちもこれに続いた（伊東 2019）。

　それだけではない。同志会は候補者へ多額の公認料を支給し，これが投票の買収に用いられた。各地に残るこの選挙の資料には，多数の買収記録や大臣からの推薦状が見られ，政権が智恵を絞り，あらゆる手段を使って勝利に進もうとしていたことがわかる。

　この結果，同志会は 144 議席（49 増），尾崎ら中正会が 36（変わらず），大隈伯後援会が 29 議席を獲得し，与党は 209 議席となり，過半数（191 議席）を凌駕した。他方，政友会は 106 議席（79 減），国民党も 27 議席（7 減）と大打撃を受けた。

　もっとも，このなりふり構わぬ選挙戦は，かつて掲げられた「憲政擁護」の旗を踏みにじるものであった。5 月，政友会幹部によって選挙干渉事件が告発され，選挙管理の責任者である大浦内相による贈収賄疑惑が発覚するに及び，政権の正統性は大きく毀損した。拙速な外交に加えて，憲政擁護の旗幟を傷つ

ける失敗を犯したのである。責任内閣制の樹立という大隈の夢は遠のくことと
なった。

③　対中外交の混迷

▎対華二十一カ条要求の蹉跌▎

当初，戦争はクリスマスまでには終結すると見られていた。日本も 1914（大
正 3）年の暮れまでには主要な戦闘を成功裏に終え，戦後処理の先取りをめざ
した。年が明けて 1915 年 1 月，日本政府は中華民国政府に 5 項目からなる要
求を提示する。その内訳は，山東省旧ドイツ権益の日本への譲渡（第 1 号），旅
順・大連の租借期限および南満州の鉄道権益の 99 カ年延長と南満州東部内蒙
古における土地貸借権，所有権，鉱山採掘権などの承認（第 2 号），漢冶萍公
司の日中合弁（第 3 号），中国沿岸の港湾や島嶼の他国への不割譲不貸与（第 4
号），そして中国政府への日本人顧問の招聘や一部地域での警察の日中合同
（第 5 号）などであった。第 1 号から第 4 号は以前，日露戦争で得た既得権益の
拡張と今回の戦果にかかわるものであり，第 5 号はこれまでの日中間の紛争に
かかわる雑多な要求の寄せ集めに近かった。

日露戦争でロシアから譲り受けた中国領における権益はすでに 1905 年に日
清で承認されていたが，最も早いものでは 1923 年に返還が始まることになっ
ており，日本は期限延長の機会をうかがっていた。加えて，1911 年の辛亥革
命後における中国側の権益回収の動きが，日本，とりわけ国内世論を刺激して
いた。加藤外相は 1913 年にイギリス大使を離任する際，イギリス政府に対し
て将来の満州権益の租借期限延長への理解を求めていたが，当の中国との取引
材料を欠いていた。こうした閉塞状況に大戦が機会を与えたのである。

日本の要求に直面した袁世凱政権は強い難色を示した。日本政府は交渉条件
の秘匿を求めたが，袁政権は 5 号にわたる要求の中身を数え上げ，「二十一カ
条の要求」（対華二十一カ条要求）として問題の国際化を図った。日本政府は欧
米諸国に第 1 号から第 4 号までしか通知しておらず，後から第 5 号は「希望」
であると釈明する事態となった。第 5 号がなぜ要求に含まれたのかには諸説が

あるが，陸軍，特に参謀本部に強硬意見があった一方，加藤が元老を排除した意思決定を模索したために山県との共闘も調整もできなかったという（奈良岡2015）。

英米両国は，この要求はヨーロッパが戦争で混乱する中で行われた火事場泥棒的なものであるとして対日不信を強めたが，大国間関係を重視するブライアン米国務長官は第5号が希望にとどまるという日本側の説明を諒として，3月13日，南満州東部内蒙古に対する日本の特殊関係を容認する第1次ブライアン・ノートを発した。アメリカの消極的賛成は加藤外交を励ました。日本政府は強硬な国内世論を背景に一時は増兵措置をとるなど，その後も中国政府に受諾を強く迫った。

日本国内でも批判はあった。しかしその多くは要求の方法に関するものであり，内容に対するものではなかった。対して元老の山県は大戦後に人種競争が誘発されることを危惧して，欧米との関係を穏健に維持することを求め，加藤外交によって日本外交が壊されたと強い危惧の念を示した。吉野作造のように日本人の中国人に対する成金的な鼻息の荒い態度を批判し，中国には強国化による事大主義の放棄を求めるものもあったが，大勢とはならなかった。

植民地経営が帝国主義の生存基盤と考えられた時代である。経済学では人口を重視した議論が展開されていた。これに，中国は統一国家を形成する政治的能力に欠けるというイメージが像を結び，日本は中国を国家としてではなく，帝国主義の競争の場ととらえるようになっていた。対華二十一カ条要求は，そうした競争における日本の突出を象徴づけるものであった。もっとも，それは国際秩序の中という制約の範囲で生きるものでもあった。

政府は国際関係への配慮から第5号を保留としたうえで中国政治に最後通牒を発し，5月9日に受諾させた。中国ではこの日を国恥記念日とし，反日運動が展開されていく。11日，今度は門戸開放原則を重視するウィルソン大統領が主導して第2次ブライアン・ノートが発せられた。それは中国の主権を侵害する日本の政策を断じて容認しないとする，態度変化の表明であった。

こうして対華二十一カ条要求は日中間に横たわる諸問題の解決はおろか，欧米諸国との間に禍根を残し，日米が中国をめぐって対立する端緒となった。日本は欧米から警戒され，中国では帝国主義批判の象徴的な存在として，排外運動の矢面に立たされていく。

大隈内閣も，加藤外相を筆頭に，参戦外交における元老排除と対中外交の失敗で政治的な痛手を負った。こののち加藤は第12回総選挙における選挙干渉への連帯責任をとるとして辞職する。

▌大隈改造内閣の戦時外交指導──中国政策のさらなる混迷▐

　当然，大隈自身の進退も取りざたされる。しかし，大正天皇の即位礼が控えていることもあり，元老会議は留任を求めた。同志会は引き続き与党にとどまったが，選挙干渉問題に端を発した大規模改造により，責任内閣の実現をめざした意欲的な姿勢は削がれ，政権維持の色彩が強いものとなった。新たに外相となった石井菊次郎は，フランス，イギリス，イタリア，ロシアと結んで単独不講和を宣言するなど，連合国との連携強化に努めた。

　中国では，袁総統が議会との対立を深めた結果，第2革命が勃発した。袁は皇帝を自称し，帝政実施による事態の打開を模索したが，これには日英露が共同して延期を勧告した。それにもかかわらず，大隈改造内閣は留任した尾崎行雄などを中心に自ら排袁運動に与し，参謀本部による反袁勢力支援も黙認した。混乱を助長し，さらなる進出を目論んだのである。1916年6月に袁世凱が死去すると，現地の混乱に乗じて陸軍を中心に複数の介入が企てられた（北岡2012）。翌7月，日本はロシアとの間で第4次日露協約を結ぶ。それは，これまでの協約を大きく強化し，敵意ある第三国による中国支配に対抗する事実上の軍事同盟であった。

　大隈は戦時という状況のもと，剛胆さをもって政治生命の危機を乗り切ってきたが，即位礼を終えたのち，陸軍二個師団の増設を果たしたところで終点を迎えた。辞職の代わりに加藤を後継者とするよう山県に求めるが，これまでの元老との関係からすれば無理な相談であった。山県が後継首班に推した寺内正毅には同志会を与党とすることを求めたが，これも，元来政友会に近い寺内に拒まれる。寺内は，衆議院の多数を国民の多数意見とはみなさないという立場にあり，何より対中政策の転換を要点と定めていた。当然の帰結であった。

　最後の希望は大正天皇であった。大正天皇は教育的態度をとる山県より快活な大隈を好んだ。これを頼りに，大隈は辞表を提出する際に加藤を後継首相に推薦する。しかし，この奇策も山県が宮中に乗り込んで覆し，非政友・政党内閣継続の望みは絶たれた。ここから同志会＝憲政会の「苦節十年」が始まる。

寺内内閣と挙国一致外交 ── ロシア革命，アメリカ参戦とシベリア出兵

1916年10月，寺内正毅内閣が成立した。寺内は長州出身の陸軍大将で朝鮮総督を務め，桂に次ぐ陸軍山県閥の後継者と目されていた。衆議院では前内閣の与党が合同して成立した憲政会が過半数を占めていたが，寺内内閣は与党をもたない超然内閣として発足し，是々非々を掲げて政府に接近する原敬－政友会に期待をかけた。かつて寺内は西園寺内閣の陸相を務め，副総理格を自任して山県や桂との交渉に当たった経緯があった。少数党となった政友会も，衆議院に足場をもたない寺内に協力することに活路を見出していた。

寺内内閣は大隈内閣の反省に立って，袁世凱の死後，段祺瑞政権を積極的に援助する。1917年から翌18年にかけて，勝田主計蔵相，側近の西原亀三を介して外務省の頭越しに一般歳出予算の5分の1に当たる1億4500万円に及ぶ借款を供与した。西原借款である。日中提携をめざし，鉄道や森林事業などを名目とする経済借款が中心であったが，実際には確実な担保もない政治借款であり，段政権に南方革命派の勢力を抑圧するための軍事資金を供与したに等しかった。このような曖昧な借款はのちに日中間の紛議の種となり，その結果，ほとんど回収されず，外交，財政両面においてきわめて大きな失策となった（久保田 2016）。

他方で，予想に反して長期化し，新しい兵器が次々と導入される総力戦となった大戦もようやく終結が見えてきた。1917年1月にはドイツ海軍による無制限潜水艦作戦に対応するため，イギリスが日本に軍艦の派遣を要請した。寺内内閣はこれに応じて地中海に艦隊を派遣し，連合国側の輸送船や病院船を守る役割を果たした。

4月には参戦に慎重であったアメリカがドイツに宣戦布告した。イギリス，アメリカでは相次いで戦争目的の再定義が行われ，戦争を終えるための戦争，民主主義による平和といった理念が掲げられた（高原 2006）。

6月，寺内首相は各政党総裁に呼びかけて臨時外交調査委員会を設置する。こうした国際状況の変化に応じて，挙国一致のもと，日本外交のありようを検討する必要があるというのが理由であった。政友会の原敬と国民党の犬養毅はこれに応じたが，寺内内閣と反目する憲政会の加藤は参加を拒んだ。同会は政党指導者が戦争指導に参画する初めての場となった。

中国も 8 月に連合国側に立って第一次世界大戦に参戦した。日米両国は大戦下の必要から対立の緩和を模索し，11 月に特殊利益と門戸開放を同時に認める石井・ランシング協定が結ばれた。ロシアでは 3 月に革命が起こって帝政が崩壊し，臨時政府が成立した。臨時政府は戦争を継続していたが，11 月，レーニン率いるボリシェビキが蜂起してソビエト政権を樹立し，翌 1918 年 3 月にはドイツ，オーストリアと単独講和に踏み切った。

　共産主義国家の登場を受け，寺内内閣は 1918 年 5 月に日華共同防敵軍事協定を結ぶ。さらに 6 月，第一次世界大戦とロシアでの十月革命による新情勢に対応して帝国国防方針を改め，仮想敵国をソビエト，アメリカ，中国に変更し，陸海軍ともに拡充方針を打ち出した。そして 8 月，ソビエトに干渉するためにシベリア出兵に踏み切った。

　ロシアにおける世界最初の社会主義政権誕生と，単独休戦による東部戦線の崩壊は連合国，特に英仏両国に衝撃を与えた。両国にとっては革命への干渉よりも目前の戦線回復が課題であったため，日本に対して重ねて出兵を要請した。他方，アメリカは日本を警戒し，出兵に反対する姿勢を示していた。

　呼びかけを受けた日本では，政府や軍が積極的であったのに対して，アメリカとの協調を重視する牧野伸顕や原敬が臨時外交調査委員会で拒絶の姿勢を貫いた。日本が出兵に踏み切ったのは，イギリスがチェコスロバキア軍の救出という人道目的を掲げて再び共同出兵を呼びかけたことに対し，アメリカが方針を転換して日本にも出兵を求めるに至ってのことであった。このように高度に政治的な判断によって出兵は決定されたが，出兵後の作戦は統帥の専管事項とされて，こののち政府は撤兵と駐留の間で大きく揺れることとなる。民主主義的に見えながら，軍隊の統帥は独立している。このことは，第一次世界大戦後の国際協調の中で，日本に対する信頼と不信の根源となっていく。

　国内における戦後体制の構築

▎大戦下の自由と平等──デモクラシーの時代とその反動▎

　第一次世界大戦は遠い戦争として日本への影響は少なかったと論じられてき

た。日清・日露戦争と比べて主体性に乏しく，第二次世界大戦ほど深刻な影響を残さなかったことは間違いない。また，国際連盟や民族自決など平和への新しい取り組みの契機となったことを日本は十分理解できず，そのことが満州事変以後の行動にもつながったと語られてきた。しかし，近年の研究は現代史の起点として，国際連盟での真摯な取り組みも含め，第一次世界大戦が日本にも顕著な影響をもたらしたことが明らかにされてきている。

第一次世界大戦後の胎動は，国内政治において自由民主主義論の再燃として現れた。当面の目標とされたのは男子普通選挙制度の実現であり，その先に政党内閣制の実現が見据えられていた。

吉野作造の「憲政の本義を説いて其有終の美を済すの途を論ず」が『中央公論』に掲載されたのは，まさに第一次世界大戦中の 1916 年 1 月号である。大戦直前にドイツに留学し，ヨーロッパの社会環境の変化を目の当たりにしてきた吉野は，近代各国の憲法に共通する精神を「民本主義」と表現してその意義を説き，次第に片仮名英語として「デモクラシー」を用いていく。政治が「民衆の利福」を重視する善政主義にとどまらず，「意嚮」を重んじる制度，普通選挙制と二大政党による政権交代をともなう政党内閣制の確立を求め，「民本主義鼓吹時代」が幕を開ける（小山 2012）。

『大阪朝日新聞』では 1916（大正 5）年 1 月に憲法学者佐々木惣一の「立憲非立憲」が連載された。吉野の言論と並んで政党内閣制を擁護し，明治立憲制の新たな一頁を開こうとするものであった。吉野はさらに 2 年後，「民本主義の意義を説いて再び憲政有終の美を済すの途を論ず」を発表し，将来に向けた憲政の道程を示した。

自由民主主義は，男子普通選挙の実現を超えた拡大を見せていく。同じ 1916 年に『中央公論』の女性版として総合雑誌『婦人公論』が発刊され，1919 年 11 月には平塚らいてうを中心に新婦人協会が結成された。そして自由民主主義論を克服する議論として，社会民主主義論，さらには社会主義が流行していく。吉野のデモクラシーも社会問題への関心を背景に政治の構造的問題を論じている点に特徴があり，無産政党と呼ばれる社会民主主義政党を支持していくようになる。

大学でも，1918 年 12 月に民主主義的思想団体である黎明会が，また吉野の指導を受けた学生を中心に新人会が発足する。もっとも，若い彼らは次第に漸

進主義の吉野と距離をとって活動を急進化させていく。1920 年にはマルクス主義文献を紹介した森戸辰男が朝憲紊乱罪とされて大学を追われ（森戸事件），1924 年には朝日新聞に移ったばかりの吉野が同じく朝憲紊乱の疑いで退社に追い込まれる。自由民主主義と，それを追い抜いていくマルクス主義の隆盛には国家主義陣営が危機感を抱き，対抗文化として勃興していく。1919 年に北一輝が執筆した『国家改造原理大綱』はその代表例であった。

▌世界の中の大日本帝国 ▌

　韓国併合以来，日本は 10 年にわたって，辛亥革命，大戦の勃発，ロシア革命と，東アジアの情勢が混迷する中で勢力を拡大し，戦勝国として第一次世界大戦の戦果を収めた。他方，積極的な参戦姿勢，対華二十一カ条要求，シベリア出兵によって，日本は「東洋のドイツ」「軍国主義」と呼ばれるようにアジアにおける帝国主義の象徴としてのイメージをもたれることとなった。国際協調を基調とした新外交の時代に移行していく中で，そのありようが問われていく。

　吉野作造は，1916 年に満州と朝鮮半島を旅行すると，その翌年に『支那革命小史』を著して革命派を高く評価し，その支援を訴えていく。インドのタゴールや中国の李大釗などアジア諸国の知識人が日本を訪れて，日本外交に変化を求め，日本国内からも多くの人々が世界に赴き，戦後の世界秩序への理解を深めていった。

　目を国内に転じれば，第一次世界大戦の勃発は，当初こそ日本経済に打撃を与えたが，長期化するにしたがって活況を呈し，開戦時の債務超過から転じて，休戦時には債権保有国となっていた。物不足と金余りの中で船成金，鉱山成金，株成金など成金が叢生した。また，未曾有の大戦景気は工場労働者を激増させ賃金も急上昇した。

　しかし，それ以上のペースで物価が上がったことから同盟罷業などの労働争議が急増する。農村ではシベリア出兵にも刺激されて米価が急騰し，1918 年 7 月から 9 月にかけて全国で米騒動が起こった。米の安売りを求めて各地で米穀商や精米会社などが群衆に襲われ，政府が軍隊を出動して鎮圧する騒ぎとなった。「非立憲」と世論の強い非難を受けた寺内首相は体調を崩し，国民に基盤をもたない官僚中心の内閣ではこの状況に対応することができないことが明白

となった。こうして，第一次世界大戦後の新しい秩序に対応できる政府が求められ，1918年9月に「初の本格的政党内閣」と称される原敬・政友会内閣が誕生することとなる。

さらに学びたい人のために　Bookguide

升味準之輔『新装版　日本政党史論』4，東京大学出版会，2011年。

　　制度と人物を軸に，近代日本政治の変遷を魅力的な引用を多用して描き出す必読書。タイトルに反して扱われる対象は藩閥から官僚，言論人まで幅広い。数量的な議論など多様なアプローチが用いられていることも特徴である。

奈良岡聰智『対華二十一ヵ条要求とは何だったのか──第一次世界大戦と日中対立の原点』名古屋大学出版会，2015年。

　　日本外交史上最大の失策とされながら体系的な理解がなされてこなかった対華二十一ヵ条要求を，国内外の豊富な資料を用いて明快に論じる。内政を扱った同氏の『加藤高明と政党政治』（山川出版社，2006年）と併読したい。

小山俊樹『憲政常道と政党政治──近代日本二大政党制の構想と挫折』思文閣出版，2012年。

　　大正デモクラシーから昭和の政党政治に至る過程を政治史だけでなく思想史的側面も視野に入れながら論じる。憲政常道という体系と二大政党制という構造を対比させることで，理想と現実の相克を描き出している。

引用・参考文献　Reference

伊東久智　2019『「院外青年」運動の研究──日露戦後～第一次大戦期における若者と政治との関係史』晃洋書房。

北岡伸一　2012『官僚制としての日本陸軍』筑摩書房。

久保田裕次　2016『対中借款の政治経済史──「開発」から二十一ヵ条要求へ』名古屋大学出版会。

小山俊樹　2012『憲政常道と政党政治──近代日本二大政党制の構想と挫折』思文閣出版。

清水唯一朗　2007『政党と官僚の近代──日本における立憲統治構造の相克』藤原書店。

高原秀介　2006『ウィルソン外交と日本──理想と現実の間 1913-1921』創文社。

千葉功　2008『旧外交の形成──日本外交　一九〇〇～一九一九』勁草書房。

内藤一成　2005『貴族院と立憲政治』思文閣出版。

奈良岡聰智　2015『対華二十一ヵ条要求とは何だったのか──第一次世界大戦と日中対立の原点』名古屋大学出版会。

升味準之輔　2011『新装版　日本政党史論』4，東京大学出版会。

真辺将之 2017『大隈重信——民意と統治の相克』中公叢書。

森靖夫 2010『日本陸軍と日中戦争への道——軍事統制システムをめぐる攻防』ミネルヴァ書房。

＊Column ❼

長尾龍一 1996『日本憲法思想史』講談社学術文庫。

田澤晴子 2006『吉野作造——人世に逆境はない』ミネルヴァ書房。

Column ❹　吉野作造と美濃部達吉

　吉野作造（1878-1933年）と美濃部達吉（1873-1948年）は，東京帝国大学法科大学の教授として学界に重きをなした。日本における近代的な政治学と憲法学（および行政法学）を基礎づけた二大知性として，学問史の中で特筆される人物である。だが，両者は単に学術の世界のみならず，時局に応じた政治評論にも健筆をふるい，世論を指導する立場にもあった。その意味で，Column ❷で取り上げた福沢諭吉と同様に，戦前の日本を代表する公共的^(パブリック)知識人^(インテレクチュアル)といえる。

　福沢が明治期の公共的知識人とするならば，吉野と美濃部は大正期の公共的知識人である。そのうち，吉野の名はいわゆる大正デモクラシーと分かち難く結び付いている。1916（大正5）年に「憲政の本義を説いて其有終の美を済すの途を論ず」を『中央公論』誌上に発表した吉野は，デモクラシーを「民本主義」と呼び，政治は民衆の意向に則って，その福利を増進させるものでなくてはならないと唱え，普通選挙と政党政治の実現を要求した。彼は明治憲法の枠内で，国民の政治参加の拡大に基づく議会政治の進展を希求したのである。

　他方で，美濃部達吉と聞いた時，たちどころに思い浮かぶのは天皇機関説である。大正前夜の明治末年に彼は，東京帝大の同僚で憲法学の権威の上杉慎吉とその師・穂積八束が唱える天皇主権説に対する厳しい批判を展開し，天皇機関説を唱えた。それは天皇を国家を統治する支配者ではなく，憲法の下にある国家の一機関であるとしたもので，議会主義の進展に寄与するものだった。大正デモクラシーを憲法学的に支える役割を美濃部憲法学は担った。

　吉野は昭和に入って，政党政治の混迷が始まろうとする中，この世を去ったが，美濃部はまさに議会政治の破綻を身をもって経験しなければならなかった。本文中で述べたように，1935年には天皇機関説事件で右翼の総攻撃を受け，著書の発禁処分にあう。美濃部自身も政党政治の限界をわきまえ，自説の修正を行う（→10章）。

　そのような美濃部だが，敗戦後，日本国憲法の制定がなされた際には，これに反対し，明治憲法の改正不要論を唱えた。彼は，明治憲法の中には十分に立憲主義的民主主義的要素が内在されているのであり，その常道に戻せば日本は立派に民主化できるとの考えだった。吉野はこの点，どう判断しただろう。彼も憲法改正に反対しただろうか。晩年に明治文化の研究に没入し，明治憲法制定史の礎を築いた彼が，果たしてどのように考えたかとの想像にかられる人は多いだろう。

第 **3** 部

現代世界の誕生

近代帝国日本の分かれ道

PART

3

第**8**章

第一次世界大戦後の政治と外交

国際社会の主要なアクターとして

🎧ウィリアム・オルペン画「ヴェルサイユ宮殿，鏡の間における講和条約調印」（1919 年 6 月 28 日）（GRANGER／時事通信フォト）

INTRODUCTION

　4 年の長きにわたりヨーロッパを席巻した第一次世界大戦は世界の秩序を大きく変えた。国際政治は協調外交に転じ，日本の国内政治は大正デモクラシーを標榜する民主主義へと動いていった。この変化を担うことができるのは政党内閣しかない。

　「初の本格的政党内閣」とされる原敬・政友会内閣の挑戦から，この時代がもっていた可能性，施策，限界と，それへの対応を考えていく。

年　月	事　項
1918（大正 7）年 9 月	原敬・政友会内閣成立
1919（大正 8）年 1 月	パリ講和会議開会
3 月	朝鮮半島で三・一独立運動起こる。衆議院議員選挙法改正
5 月	北京で五・四運動起こり，拡大
6 月	ヴェルサイユ講和条約調印
1920（大正 9）年 1 月	国際連盟発足
3 月	戦後恐慌始まる
5 月	第 14 回総選挙で政友会が圧倒的勝利を収める
12 月	宮中某重大事件が起こる
1921（大正 10）年 11 月	原首相，暗殺される。高橋是清・政友会内閣発足
	ワシントン海軍軍縮会議開催
1922（大正 11）年 1 月	大隈重信，没
2 月	山県有朋，没。ワシントン海軍軍縮条約調印。中国に関する九カ国条約調印
6 月	高橋内閣閣内不一致で崩壊。加藤友三郎内閣成立
1923（大正 12）年 9 月	関東大震災起こる。第 2 次山本権兵衛内閣発足
12 月	虎ノ門事件起こる
1924（大正 13）年 1 月	清浦奎吾内閣発足。第 2 次護憲運動起こる。英マクドナルド内閣成立
5 月	第 15 回総選挙で護憲三派勝利
6 月	第 1 次加藤高明内閣成立。戦前日本の政党内閣期が始まる

1　「本格的」政党内閣の矜特

▎第一次世界大戦後を見据えた首班指名 ▎

　1918（大正 7）年は明治維新から 50 年という節目の年であった。前年にはロシアで十月革命があり，1918 年の初めには米大統領ウィルソンがいわゆる「14 カ条」を発表，11 月には第一次世界大戦が終結した。国内では米騒動を端緒として社会不安が顕在化し，寺内正毅内閣はこれに対応し切れず総辞職した。新しい時代が始まろうとしていた。

　国内状況は 6 年前，第 2 次桂太郎内閣が崩壊した時に似ていた。寺内内閣は超然内閣として批判的にとらえられがちであるが，議会政治に対して理解のある首相のもとで，議会，とりわけ政友会と協調して政権を運営していた。しかし，こうした形態の内閣では民衆の思潮の変化に対応できないのも 7 年前と同

様であった。議会と直接の責任関係がない，すなわち国民との実質的な接点をもたない（準）元勲内閣による政権運営は限界を迎えていた。

　そうなれば，政権を担えるのは政党しかない。憲政会が第2次大隈重信内閣時代に失策を重ね，元老との信頼関係を損なっていることに鑑みれば，政友会以外に選択肢はない。他方，政友会は是々非々とはいえ寺内内閣との協力関係にあり，ここで政権の禅譲を受ければ，第1次山本権兵衛内閣の時のように世論の批判に晒されるおそれがあった。

　元老筆頭の山県有朋は松方正義と協議し，政友会の前総裁であり，寺内を推薦する際に元老となっていた西園寺公望を首相候補として奏請した。西園寺「挙国一致」内閣であれば，憲政会が加わることも期待できる。第一次世界大戦の戦後処理を視野に入れれば，メリットはある。

　当の西園寺はこの大命降下に驚きを禁じえなかった。大隈内閣が危機に瀕し，大隈が加藤高明への禅譲を図った際，すでに西園寺は寺内に加えて原敬・政友会総裁の名前を挙げていた。世代交代は済んでいるというのが，彼の意識・主張であった。西園寺は辞退の意向を伝える一方で，原を候補とするよう他の元老の説得に当たった。もっとも，超然内閣の場合の候補であった平田東助を訪ね，出馬の意思がないことを確認してから動く慎重さであった。

　西園寺の活躍によって後継首班は原と決まった。すなわち，原内閣は衆議院第一党党首であることによる制度としての政党内閣ではなく，「結果としての政党内閣」（村井 2005）であった。

　この交代の際に，元老による指名が広く問題視されたことは特筆しておくべきだろう。第1の論点は首班選定の時期である。これまで元老たちは円滑な政権交代のために現職首相が天皇に辞表を提出する以前から協議を行ってきた。こうした慣行に対して，憲法上の手続きを無視したものとする批判が憲法学者や憲法起草メンバーの一人である伊東巳代治からなされた（伊藤 2016）。それはとりもなおさず，憲法に規定されていない元老という権力を批判するものであった。

　第2の論点は，国際秩序が変化し，国内では民主主義へのあゆみが進む中で元老という非選出勢力が首相を指名することは，時代にそぐわないという批判であった。憲政擁護運動がそうであったように，米騒動は民衆運動であり，強い既得権力批判であった。加えて吉野作造や大隈重信といった影響力の強い論

者がこの論陣を張ったことで，原内閣の成立のみならず，その後の民主主義的政党政治への展開が導かれていく。それは同時に，新しく誕生する「政党内閣」のあり方を強く規制するものとなる。

原敬・政友会内閣の成立——初の「本格的」政党内閣の誕生

　こうして，衆議院第一党の党首である原敬に組閣の大命が降下した。この内閣の誕生は，憲政擁護運動に始まる大正デモクラシーが一つの達成点に到達したものとして広く歓迎され，最大野党となった憲政会の加藤高明もこれを憲政の進歩として歓迎した（奈良岡 2006）。

　もちろん，従前にも第一党の党首に大命が降下したことはある。しかし，それは伊藤博文や西園寺公望といった元老への降下であった。それに対して原はこれまでも爵位を受けることを意識的に避けてきた「平民」であり，衆議院に議席をもつ初めての首相であった。人々は原を「平民宰相」と称し，期待をもって迎えた。

　政党を基盤とする内閣は，これまで第1次大隈内閣（憲政党），第4次伊藤内閣（政友会），第1・2次西園寺内閣（同），第1次山本内閣（同），第2次大隈内閣（同志会ほか）と片手に余る。それにもかかわらず，原内閣は「初の本格的政党内閣」と称される。何が「本格的」なのだろうか。

　第1は，前述したように初の「平民宰相」内閣であり，衆議院議員を首班に据えた内閣であったためだ。これにより，国民と緊密に接続した政治運営が可能となる。それは国内外の秩序，思想潮流の変化という環境要因と同時に，原をはじめとする政党政治家の努力が結実したものでもあった。原は第2次大隈内閣において加藤憲政会が元老離れを加速させたのを奇貨として，山県との信頼醸成に努めた。寺内内閣を支え，好印象を与えた。

　山県が危険視したのは政党の急進性・割拠性であった。このため，原は漸進主義を標榜し，党のガバナンスを十全にすることで，政権を託しうる組織として政友会を位置づけることに腐心した。憲政擁護運動の際に政友会を離脱した尾崎行雄が憲政会に合流し，原則的な普通選挙論を唱えたこととは対照的である。

　伊藤以来の「政党改良」も，結党から20年近くを経て完成しつつあった。自由民権の運動家たちは大方が引退して官僚や実業家出身の議員に入れ替わっ

ていた。地方レベルでは自由党以来の党組織が根を張り，大選挙区制のもとで
も道府県支部幹部による巧みな票割りによって勝利を収めていた。党組織を通
じた代表性と，官僚出身議員を通じた専門性を兼ね備えていたのである。

　このことは，原内閣の閣僚人事に顕著に表れている。通常，原内閣を「本格
的政党内閣」と称する理由として，陸軍・海軍・外務の3省を例外として政友
会員が大臣となったことが挙げられる（三谷 1995）。しかし，彼らの経歴をつ
ぶさに見てみると，いわゆる叩き上げの政治家は野田卯太郎逓相だけであり，
それ以外は官僚や日本銀行の出身者で占められている。原・政友会内閣は純粋
な政党内閣というより，官僚出身の政党人を軸とした擬似的な政党内閣であっ
た（清水 2007）。

　これらの官僚は原自身が他の勢力の介入を許さずに選び，いずれも政策理解
に長けた人材であった。原内閣は，政党を基盤とすることで国民とつながり，
官僚出身の政党政治家を大臣に配することで行政とつながった。他勢力の介入
を受けずに閣僚を集めたことで，元老からも，移ろいやすい世論からも影響を
受けにくいガバナンス環境を整えたのである。

　原は各省のガバナンスにも意を用いた。1920年5月，文官任用令を改正して，
次官の任用資格を外して政治任用職とし，同時に各省における政策立案の中心
であった参事官に勅任職を設け，同様に政治任用職とした。これは，大隈と加
藤が第2次大隈内閣で設置した参政官・副参政官という政治任用職とは大きく
趣を異にする。参政官・副参政官の職掌は，大臣を補佐して帝国議会との交渉
に当たることであった。これはイギリス流の議院内閣制を志向する大隈・加藤
が，政務と事務，政治と行政の分離を企図して置いた議会要員である。

　それに対して原は，政治と行政の協働を志向した。長く行政経験を積んでき
た官僚を，政党内閣の手によって次官に任命する。次官が政治任用職となって
いる以上，彼らは政権の意向に忠実となる。他方，大臣は官僚出身の政党政治
家であり，彼らは与党からの理不尽な要求を突き返す。「政治主導」のガバナ
ンスを構築する仕組みである。

　これでは超然内閣と変わらないという評価もあろう。原は政党の総裁であり
ながら，この段階ではまだ政党には問題が多いと考えていた。それは加藤憲政
会の存在を評価しながら，まだ政権交代の相手とは認めていなかったことから
も明らかである。

後継者の育成も欠かせない。勅任参事官は政治家に行政経験を積ませるための育成ポストであった。若手の官僚たちと政策論を戦わせ，それを法案にまで仕上げていく。この過程に直接にかかわる，すなわちラインに入ることで政党政治家の政策立案能力を向上させるものであった。実際，ここから松田源治や望月圭介といった将来の大臣が育った。

　原はなぜ政党にこだわったのか。それは彼が出身地である東北で行っていた演説に垣間見ることができる。政府にしてもらうことを待つのではなく，自ら考え，動き，道を拓いていく。それを官僚の立場からいうことは難しい。東北，維新の賊軍という逆境の中から身を立てた原は，東北全体にそれを求めたのみならず，極東で不平等条約を結ばされた負の環境から立ち上がる日本で力を発揮したことから，国民全体に自立を求め，その方法として政党政治の実現を掲げたのだろう。こうして，日本憲政史上における初めての「本格的」政党内閣が船出した。

▌初の「本格的」政党内閣の施策▐

　まず内政面を見ていこう。当面の課題は，第一次世界大戦の終結を視野に入れて，どのように戦後体制への移行を進めるかにあった。喫緊の課題は物価，とりわけ米をはじめとする生活必需品の需給安定である。寺内内閣は強制買収を辞さずとして穀類収用令を公布していたが，原内閣はこの発動を避けて市場原理のもとで解決を図っていく。

　対策は関税の緩和による輸入の促進と，金融引き締めによる物価の安定化であった。これらの施策は，すでに造船業などに表れ始めていた戦後不況対策の先駆けとなるものであった。1919年3月には横浜正金銀行頭取であった井上準之助を日本銀行総裁に異動させている。

　物価安定の次には内需の拡大が欠かせない。原内閣はインフラの整備と産業育成に力を入れ，初の通常国会となった第41議会に積極予算を編成して臨んだ。耕地面積の拡張を図って開墾，干拓，灌漑を支援する開墾助成法，耕地整理法の改正，国有鉄道と私設鉄道の拡張（地方鉄道法），トラックの普及も視野に入れた道路整備（道路法），都市の発達に応じた地域設計による交通，衛生，保安，経済活動の充実（都市計画法，市街地建築物法）などが相次いで成立し，公布された。

産業政策は出だしこそ好調であったが，成績は芳しくなかった。1920年3月に株価が暴落し戦後恐慌が始まったためだ。原内閣は物価の安定とともに財界の救済に当たらなければならず，これが民衆の側ではなく財界の側を向いているとして批判を浴びた。「平民宰相」による初の「本格的」政党内閣に対する人々の期待は，恐慌という経済環境の中で期待に反するものとなっていったのである。それを説明することこそ政党内閣の本領であるはずだが，原内閣はそれをなしえなかった。

　その背景には，普通選挙への冷淡な対応によって，国民の間に政権への不信感が広がったことがある。原の意向は，彼自身の国民観だけでなく，山県への配慮ともつながっており，それは国民の期待を大きく減退させた。1919年3月，原内閣は選挙権の納税要件を直接国税10円以上から3円以上に下げると同時に大選挙区制を小選挙区制に変え，翌1920年5月に実施した第14回総選挙で464議席中278議席の絶対安定多数を獲得して大勝した（憲政会110，国民党29，無所属47）。

　もう一つ，原内閣が力を入れたのは教育政策であった。思想潮流の変化に伴う影響，とりわけ共産主義思想の流入に対する手当てが求められていた。加えて，国内産業の生産性を高める観点からも，中等教育，高等教育への進学率を向上させる必要が唱えられていた。そのためには教員の養成が欠かせない。教育政策は原内閣のみならず，政党内閣の中心課題となる。

　教育政策と同様に，政党内閣時代の大きな課題となったのが社会政策であった。すでに寺内内閣の時代，後藤新平内相のイニシアティブのもと，多数の内務官僚が第一次世界大戦下のヨーロッパに派遣された。彼らがそこで戦時総力戦体制の構築と同時に，いかにして社会保障政策を実現していくかという戦後経営における行政実務を学んだ（Garon 1990）。能力開発，職業紹介から健康保険，労働政策といった政策が新設された内務省社会局や労使関係を調整するために1919年に設立された協調会を中心に展開される。

　都市部では自治体や民間の取り組みも見られるようになった。吉野作造は家庭購買組合を立ち上げて，それを文化生活研究会に拡張し，東京大学の学生たちはセツルメント（定住型の社会福祉施設）を建てて貧民の救済に当たった。自治体レベルでは1920年に東京市長となった後藤新平が都市計画に着手していく。

2 国際協調体制の萌芽

第一次世界大戦の終結と東アジア情勢の変動

　1918（大正7）年11月，ドイツが降伏し，第一次世界大戦が終結した。世界は戦後体制の構築に向けて本格的に動き出す。翌19年1月に始まったパリ講和会議に，日本政府は原の後見人たる西園寺公望，ヨーロッパ各国で公使を歴任した牧野伸顕らを代表とする全権団を派遣した。

　冒頭の焦点となったのは，ドイツをはじめとする敗戦国領土，とりわけ外地にある領土と権限の帰趨であった。日本は自らの占領下にある山東半島のドイツ利権と赤道以北のドイツ領諸島の無条件譲渡を要求した。これに対して中国代表は山東半島を中国に還付するよう求めた。

　戦勝国としての権利を主張し，講和条約の調印拒否をちらつかせながら譲渡を迫る日本に対し，中国国内で反発が高まる。5月4日には北京で3000人を超える学生が示威運動を展開して山東半島還付を主張し（五・四運動），この動きは日貨排斥運動へと展開していった。こうした動きを受け，北京政府は講和条約に調印しないことを決めた。中国の民衆感情を敵に回した日本は，こののち中国国内における軍閥の割拠，不統一に活路を見出して親日勢力の構築に努めるが，それによって中国国民から嫌われる悪循環に陥った。そうしているうちに，中国では孫文が非常大総統に就任し，共産党も創立大会を開催する。

　朝鮮半島の事態はより深刻であった。ウィルソン米大統領の14カ条に掲げられた民族自決の精神がパリ講和会議で取り上げられるに至り，1919年2月には東京で朝鮮民族の独立期成宣言書が発表され，3月1日には京城（ソウル）や平壌で独立宣言が発表，朝鮮全土に拡大する騒擾となった（三・一独立運動）。4月10日には上海で李承晩による亡命政権が発足する。朝鮮総督府は政治変革を求める民衆運動を厳しく取り締まるが，それは民衆の反発を強める結果となった。前年末に朝鮮王朝の王子と日本の皇族子女の結婚が発表されたことも，反発を加速させた。

　原はこの機を逃さなかった。長谷川好道総督（長州出身の陸軍大将），山県伊

CHART 図8.1 第一次世界大戦期の東アジア

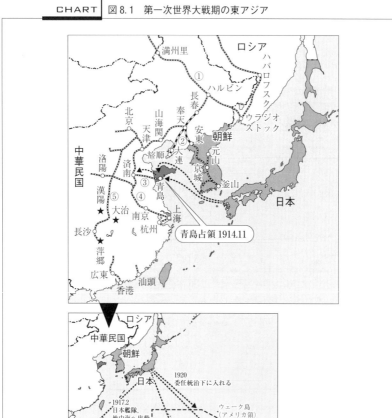

◀--- 日本軍の進路 ■旧東ドイツ権益山東半島 [⋮]旧ドイツ領南洋諸島
① 東清鉄道 ② 南満州鉄道 ③ 山東 (膠済) 鉄道
④ 津浦鉄道 ⑤ 京漢鉄道 ★漢漢冶萍公司 (漢陽・大治・萍郷)

［出所］ 北岡 2012：19 をもとに作成。

二郎政務総監（有朋の養子）を辞職させると，斎藤実海軍大将を現役に復帰さ
せて総督とし，水野錬太郎前内相を朝鮮総督府政務総監に充てた（李 2013）。
斎藤は文才に溢れる開明的な人物として知られ，水野は長年内務省本省で人事
に当たり，次官，大臣まで務めた内務行政の最有力者であった。原は植民地に

本土と同様の制度を志向する内地延長主義の導入を模索しており，長谷川が強圧的な鎮圧で批判されたことを奇貨として政策転換に踏み切った。

騒擾の巻き起こる朝鮮を軍人統治から文民統治に移行するためには，斎藤のような開明的な軍部の権威と，水野のような官僚に強い影響力をもつ人物が必要であった。水野は内務省の若き俊才たちを引き連れ，警察行政の立て直しと殖産興業政策への転換を主導した。

この直後，台湾では明石元二郎総督が病死した。台湾では軍の指揮権を総督から切り離しており，後任総督に文官を任命することが可能であった。原は旧知の田健治郎に白羽の矢を立てた。田は豪農の子であり，内務次官まで昇進したうえに衆議院に議席をもち，一時は政友会に属していた。山県との関係も深いことから話も進めやすい。田は台湾初の文官総督に就任し，内地延長主義に基づく統治が始まった（岡本 2008）。もっともいずれも植民地統治であったことはいうまでもなく，こののちも独立運動や参政権運動が続く。

もう一つ，いや，最大の問題は米騒動の原因ともなったシベリア出兵をどう終わらせるかであった。原内閣は発足からほどなく出兵抑制を声明しながらもずるずると駐留を続け，権限獲得までは引けない状況に陥っていった。兵力も，当初アメリカと協定した 8000 人から 3 万 7000 人に膨らんでいた。

1920 年 4 月には日米間で撤退が合意されたが上原勇作参謀総長が同意せず，かえって総攻撃を仕掛けるという混乱を見せた。山県の存在があるとはいえ上原を辞職させることすらできず，原内閣の失策は明らかであった（麻田 2016）。

▎国際協調の時代へ——国際連盟の創設とワシントン会議

1920 年 1 月，ジュネーブに本部を置いて国際連盟が発足した。日本はパリ講和会議において国際連盟規約の制定に深く関与し，発足にあたってはイギリス，フランス，イタリアとともに常設理事会の常任理事国となった（篠原 2010）。同年には新渡戸稲造が社会部長（のち事務局次長）になるなど，日本人も重職に就いた。それは日本が国際社会に影響力をもつと同時に，その安定への義務を負ったことを意味する。

他方，山東半島の利権譲渡を主張し，シベリアに更なる進出を続ける日本には疑念の目が向けられていた。1921 年 5 月にはイギリスから日英同盟を 3 カ月延長するか自然消滅させたいという提案があり，日本に大きなショックを与

えた。翌月には新任のヒューズ米国務長官から，日本のシベリア占領に基づく
いかなる権限も認めないという覚書が手交された。カリフォルニア州では日系
移民の土地所有を厳しく制限する排日土地法が公布されており，日米関係も雲
行きが怪しくなっていた。

　こうした手詰まり感の中，1921年7月11日にアメリカからワシントン軍縮
会議の開催が提案される。政府は外務省に情報部を設置して準備にあたり，全
権に海軍から加藤友三郎大将，外務省から幣原喜重郎駐米大使，そして貴族院
議長の徳川家達を選んで会議に臨んだ。

　日本にとって同会議は国際的な信用を取り戻すためのチャレンジとなる。同
年5月，原は山県，田中義一陸相と協議して東方会議を開催し，シベリアから
の撤兵，朝鮮半島の安定化，中国東北部における張作霖の支援と限度設定，対
中投資における英米仏との協調，対華二十一カ条要求のうち前号の障害になる
ものの放棄などの方針を決めた。ワシントン会議では，満州とモンゴルにおけ
る日本の権益を正式に認めさせることと，英米との間での海軍軍縮が主たる目
的とされた。

　翌1922年2月に終結した会議は，海軍力の日米英比を6：10：10とする海
軍軍縮条約，太平洋における各国の領土・権益を保証する四カ国条約とそれに
伴う日英同盟の破棄，中国の領土保全・門戸開放を定めた九カ国条約を締結し
た。太平洋・極東地域における国際協調体制の幕開けである。日中間の懸案で
あった対華二十一カ条要求の第5号は撤回され，山東半島は中国に還付された。
第一次世界大戦以来の迷走は，ここにひとまず落着した。

　日本はもう一つ，各国の不信感に対する解決策を打った。皇太子裕仁親王の
ヨーロッパ訪問である。これまで多くの皇族がヨーロッパに留学して見聞を広
めていたが，天皇，皇太子の訪欧はまだであった。

　元老である山県，松方，西園寺，原首相がいずれも皇太子のうちに外遊して
見聞を広めることに賛成し，宮中への交渉が行われる。これには宮中保守勢力
の反発があり，同時期に起こった宮中某重大事件による山県への批判と相まっ
て反対運動が広がったが，原らの意思は固く，実現に漕ぎつけた。

　これまで国内を出ることのなかった皇嗣がヨーロッパで人々とふれる姿を見
せる。そうすれば日本がすぐれた後継者をもつ近代的な立憲君主国家であり，
信用して付き合うことのできる相手であるとアピールできる。一行は1921年

3月に出発し，台湾，シンガポールなどを経てイギリスに着き，民衆の歓迎を受けた。その後，フランス，ベルギーで第一次世界大戦の戦跡を見聞し，イタリアを経て9月に帰国した。各国での歓迎ぶりは，大正の次に来る新時代を明るく照らす光明であった。

原首相の暗殺と後継内閣の混乱

　しかし，原首相は皇太子の帰国を迎え，ワシントン会議に全権団を送り出した後，帰らぬ人となった。1921年11月4日，京都での遊説に向かおうと東京駅に赴いた際に暴漢に襲われ，その場で絶命した。犯人は国鉄に勤務する青年で，原が財閥重視の政治を行っている，普通選挙を阻止しようとしていることから，原を亡き者にすれば事態が変えられると考えたという。「平民宰相」による「初の本格的政党内閣」への期待は，第一次世界大戦後の社会変動と戦後不況によって裏切られたと映り，世論は激しく原内閣を攻撃していた。この事件は，そうした人々の期待と不満のもたらした，一つの帰結であった。

　圧倒的な政治力を誇った原の急死は，政友会はもちろん，政界全体に大きな動揺をもたらした。中でも元老の落胆は大きく，山県は「原のような人物をそう殺されては，やりようがない」と憔悴した。元老にとって，信頼できる政党政治家はもはや政敵ではなく，国政の責任を分かち合える政友であった。

　元老とその周辺は，この緊急事態に再び西園寺を引き出そうとした。しかし，元老世代への回帰を忌避する西園寺はこれを拒み，交渉に訪れた平田東助内大臣から，高橋是清蔵相へのスライドが好ましいという言質を引き出した。衆議院の絶対過半数を有する政友会を措いてほかに政権の基盤となりうる勢力はなく，閣僚の辞表を却下し，全閣僚が留任するかたちで高橋内閣が成立した（村井 2005）。

　野党憲政会もこの状況を見守った。加藤総裁は官僚系内閣の樹立には明確に反対する姿勢を示す一方で，首相暗殺による政権交代には否定的であった。それを認めれば議会政治は暗殺に左右されることとなる。ここで憲政会は政権授受工作をせず，憲政のあるべき姿を守った。加藤は原を追悼しつつ，これを機に本格的に政策と実績を積み上げていくことで，正面から政権を獲得する道を選び，男子普通選挙権の実施に向けて動き出す（奈良岡 2006）。

　より冷静に政界を俯瞰すれば，地道に地方に勢力を扶植し，着実に議会で実

績をあげていけば政権は憲政会に転がり込んでくると見えた。原の死によって政友会の地方組織は混乱しており，何より高橋新総裁が政友会を統治できるとは思われなかったからだ。

　高橋が総裁となったのは，首相選定が決まった直後の幹部会である。そこでは総理と総裁は不可分であるという党長老の主張と根回しにより高橋の総裁就任が了承されたが，山本達雄商務相，中橋徳五郎文相といった党歴の浅い有力者はこれに不満を表明していた。彼らは党歴においても閣歴においても高橋に比肩する。それだけに高橋の総裁就任を受け容れることに抵抗があった。

　加えて，高橋は党幹事長時代の第12回総選挙に大敗するなど，党務に不安があった。原とは異なり爵位を有し，衆議院に議席をもたないことも憲政の後退と受け止められかねない。

　懸念は実際のものとなる。議会閉会後の1922年5月，高橋は内閣改造に踏み切るために閣僚の辞表をとりまとめようとする。しかし，中橋に加え党歴の長い元田肇鉄相が強硬に拒み，山本もこれを支持した。内閣制度発足時の大宰相主義であればともかく，内閣官制後の小宰相主義のもとでは，首相が任意に閣僚を罷免することはできない。免官を奏請することになれば内閣不一致として激しい攻撃に晒されるだけでなく，政友会は分裂する。高橋は改造を断念し，総辞職に追い込まれた。

　原亡きあとの政友会のガバナンスは惨憺たるものであった。高橋の周辺に集まったのは叩き上げの政党人ばかりである。それに対して反対派は原が招き入れた党歴の浅い官僚出身者であり，原は彼らに近い政策位置をとっていた（季武 1999）。政党による国民からの選出勢力という代表性と，官僚出身者による政策立案能力という専門性を横断したところが原政友会内閣の特徴であったが，その統治は原の属人的な能力に依存したものであった。要が抜けて，党人派と官僚派の対立が始まったのである。

　同年初めには，もう一方の属人的な主体が人生の幕を閉じた。1月10日に大隈が，2月1日に山県が没したのである。両者の葬儀は，大隈が国民葬で30万人が参列したのに対し，山県が国葬でありながら国民はほとんど参列しない閑散としたものであったことから，しばしば対比的に扱われる（真辺 2017）。

　もっとも，山県も大隈も，維新の元勲の中では頭抜けて面倒見のよい政治家であった。それだけに彼らの周囲には常に多くの人があった。2人の違いは，

それぞれが携わった仕事による。終始，政界の中心にあり，与党的政治家として目前の問題に対応してきた山県に対して，大隈は明治十四年の下野以来，そのほとんどを野党的立場に置き，日本の将来像，あるべき姿を論じることに重点を置いてきた。山県が悪，大隈が善ということではなく，山県が責任をもった時代が終わり，大隈の描く未来が人々に希望を与えていた。

政党政治への道を考えれば，原のあとを継ぐ者は高橋ではなく，横田千之助<ruby>横田千之助<rt>よこたせんのすけ</rt></ruby>でもなく，野党憲政会の加藤高明であった。デモクラシーの進展により日本は政党内閣の時代へと大きく踏み出していく。

政党内閣への序曲

┃「憲政常道」の揺籃期──転換期の首相選定┃

高橋是清内閣下の 1922（大正 11）年春，外交官来栖三郎<ruby>来栖三郎<rt>くるすさぶろう</rt></ruby>は来日中のイギリス皇太子に同道したイギリスの新聞記者に対し，これからは日本でもイギリスのように政党内閣が続いていくと述べた。もっとも，記者の反応は懐疑的であったという。

高橋内閣が 1922 年 6 月に総辞職した後，来栖の期待とは裏腹に 3 代にわたり非政党内閣が続いた。この間，あらためて新しい時代における首相選定が議論され，政治改革が再活性化する。同時に，関東大震災が未曾有の被害をもたらしたことから，政治のみならず社会構造の再編がめざされていく。

高橋内閣の後継には，ワシントン会議で約束した海軍軍縮の実行が求められる。さらに政治的安定を確保するために政党内閣に比肩するだけの幅広い支持を得られる人物でなければならない。首相選定はこれまで通り元老が担ったが，山県が亡くなり，残るは 88 歳の松方正義と 74 歳の西園寺公望だけとなっていた。加えて，これは若干 21 歳の摂政・裕仁親王が初めて臨む首相選定でもあった。

この時，西園寺は病床にあり，選定は事実上，松方に委ねられた。松方は将来に向けて選定に当たるメンバーの拡充に踏み切り，摂政の許しを得て，枢密院議長である清浦奎吾と首相経験者である山本権兵衛を加えた。清浦は第一党

による政権が倒れた以上，反対党である憲政会の加藤高明を推すべきと憲政常道論を唱えた。他方，松方と牧野の意中にはワシントン会議の首席全権で高い評価を得ていた加藤友三郎海相があった。もっとも加藤には政界での支持勢力がなく，組閣が危ぶまれた。そこで松方は第1候補として加藤友三郎，第2候補として加藤高明を目し，「加藤にあらずんば加藤」とした。

　もう一人の元老である西園寺は当初，山県系の平田東助が選定に加わることを望んでおり，衆議院第一党である政友会の支持を受けた官僚内閣を考えていた。それは山県が存命中の枠組みを維持するものであり，政友会もそうなるものと期待した。

　それだけに「加藤にあらずんば加藤」という方針に政友会は著しく動揺する。政友会は「真個憲政之常道より論ずれば」衆議院多数党で政策にも行き詰まりのない同党が政権を継続することが望ましいと抗弁し，それが叶わないと知ると多数党が支持する官僚内閣を求めた。政友会は反対党内閣成立の可能性に驚き，急遽，加藤友三郎を無条件で援助することとなる。

　こうして1922年6月，加藤友三郎内閣が成立した。政友会は閣僚ポストを求めず，加藤内閣は政友会の閣外協力を得ながら貴族院の親政友会勢力である研究会と交友倶楽部によって組織された。

　結果的に加藤内閣は高い評価を得る。懸案のシベリア撤兵を果たし，ワシントン会議での海軍軍縮に続き，山梨半造陸相による陸軍軍縮（山梨軍縮）を実現した。また，政友会が求めていた陪審法も成立した。司法への国民参加を求める陪審制度は，司法制度にとどまらず政治制度としての意味をもつものであった。

　唯一の問題は首相の体調にあった。激務の中で大腸癌を進行させた加藤は陪審法を成立させたのち，1923年8月に在任のまま病没する。内閣は総辞職を余儀なくされる。

　この時，政友会と憲政会それぞれの「憲政常道」論が鉢合わせする奇観が呈された。すなわち，第一党である政友会は多数党が政権を継ぐことが「憲政常道」であると主張したのに対して，第二党の憲政会は加藤内閣が実質的な政友会延長内閣であるとして，反対党である憲政会が政権を担うことが「憲政常道」であると論じた。

　二大政党が対立を深める中，別の流れも生まれていた。1922年11月，「憲

政の神様」とされた犬養毅や尾崎行雄らによって革新倶楽部が組織される。革新倶楽部は小会派の自由さもあり，男子普通選挙制や軍部大臣武官制の廃止，軍縮，知事公選制，産業立国主義の確立など多くの進歩的政策を掲げ，世論の支持をつかんだ。

　西園寺は先の選定に加わった枢密院議長や首相経験者を相手にせず，松方とだけ相談して次期首相に山本権兵衛元首相を選んだ。かつて憲政擁護運動のあとを受けた第1次山本内閣の与党は政友会であった。西園寺は山本の政治手腕に期待しており，任期満了が近づく総選挙を山本に任せることで，政友会が多少議席を減じたとしても山本ー政友会によって安定的に政権が運営されることを願った。

　ところが山本はそうは動かなかった。政友会を特別視せず，貴衆両院の主要な政治勢力をすべて網羅した「挙国一致」内閣を組織しようとした。しかし，「憲政常道」を唱える主要政党の協力は難しく，組閣は難航した。

▍関東大震災の災後政治──後藤新平と科学的統治

　まさにその最中，1923年9月1日午前11時58分に巨大地震が東京，横浜を襲った。関東大震災である。加藤亡きあと臨時首相代理を務めていた内田康哉外相が非常徴発令を発し，戒厳令の中の規定を被災地に適用していくなど，初動時の対応に努めた。この緊急事態を前に，山本も「挙国一致」内閣を諦め早々に組閣した。

　ジャーナリストの馬場恒吾が「九月一日は赤い日であった」と記すように，強風の中で火災が多発し，東京市域の約4割，横浜市域の4分の1が焼失した（御厨 2013）。被服廠跡地では4万人近くが焼死し，全体で約10万5000人の犠牲者が出た。流言飛語が行き交う情報閉鎖状況の中で，武装した自警団や青年団による朝鮮人などの殺害が起こった。

　こうした被害の中，軍は関東戒厳司令部のもとで治安回復に努めたことに加えて，災害復旧に当たった。海軍はすぐさま食糧救護材料を積んだ連合艦隊を被災地に送り，陸軍も衛生隊による救護や物資の配給，橋梁の修復や道路の改善に当たるなど，その能力を発揮した。他方，憲兵隊の甘粕正彦大尉が混乱に乗じて無政府主義者大杉栄らを殺害し，処分されている（中央防災会議災害教訓の継承に関する専門調査会 2006；鈴木 2016）。

東京が壊滅的な被害を受けたことで陸軍では首都移転が議論され，朝鮮半島京城の南の竜山が候補地に挙げられた。しかし，12 日に帝都復興に関する詔書によって現地復興方針が確立された。

　震災直後に一部で近代文明への天の戒めであるという天譴論が起こったが，実際に被害が大きかったのは享楽からはほど遠い下町地域であった。「惨憺たる様子」に接した摂政は予定されていた自らの婚儀を延期して復興に尽力する。実業家渋沢栄一は大震災善後会を創設して，義捐金の募集分配など民間での被災者救済に奔走し，日本赤十字社や救世軍もバラックを廻った。政府は無賃鉄道を走らせ，被災者を域外に誘導した。民法の規定する戸主制度のもと，戸主には逃げてきた家族を扶養する義務があり，被災者を吸収した。こうして，震災を機に「東京」は西へと広がっていく。

　アメリカを筆頭にイギリスや中華民国など諸外国からは多大な支援が寄せられた。中でもアメリカはクーリッジ大統領が率先して支援を呼びかけ，多額の復興債が購入された。もっともワシントン会議の精神を共有する日英米 3 国の紐帯の一つは国際金融であったから，そのシステムを維持するための政策でもあった。

　復興策の中心には，植民地統治で能力を発揮し，東京市長としての経験もあった後藤新平内相が当たった。後藤は震災を好機に東京を帝国の首都として完備する意欲に燃えていた。帝都復興審議会と帝都復興院を設置し，事態が落ち着きを取り戻した 11 月以降，復興への取り組みを本格化させる。

　調査と計画を重視する後藤は，専門教育を受けた有能な技官を集め，ニューヨーク市政調査会から招いたビアードにも助言を求めて計画を立案した。それは帝国経済圏の中心としての東京築港論や全市での土地区画整理事業など大規模なものとなった。しかし，財政規律を重視し，焼失した諸官衙の復旧を優先する大蔵省との折衝により，計画は縮小に追い込まれる。

　加えて，帝都復興審議会では，丸の内一帯の大地主でもあった枢密顧問官伊東巳代治が憲法を盾に個人の所有権を主張した。このため土地区画整理事業は被災地に限定され，東京築港も外される結果となった。後藤は逓信大臣として入閣していた革新倶楽部の犬養と共に普通選挙実現による政界再編を模索しており，これを嫌う政友会の策動によって帝都復興院も廃止に追い込まれた。

　閉塞した災後政治を打開するために山本内閣は臨時議会での解散も考えたが，

被災状況を前に首相は妥協を選び，後藤も従った。ところが1923年12月27日，議会開院式に向かう摂政が無政府主義者難波大助に狙撃される虎ノ門事件が起こり，内閣は引責退陣を余儀なくされる。事件の背景には戦後不況に震災が追い打ちをかけ，将来の見通しに不安が募ったことがあった。

　内閣の辞意は，政権の安定を望む西園寺の助言により，一度は摂政から慰留によって押しとどめられた。テロによる内閣交代はテロ奨励にもなるからである。しかし，政友会と山本内閣が次第に接近することを嫌った犬養が強硬に引責辞任を主張し，内閣は議会を迎えることなく，わずか3カ月で総辞職を選択した。

▌第2次憲政擁護運動──明治立憲制下での遅れてきたリベラル・デモクラシー▐

　三度，2人の元老に首相指名の重責がのしかかる。松方は病中にあり，機能するのは西園寺だけであった。年が明けた1月7日，西園寺は同月末に予定される摂政の婚礼と当面の震災復興の遂行，そして5月に予定される衆議院議員の任期満了総選挙を公平に実施することを重視し，三度，非政党内閣を選んだ。選ばれたのは清浦奎吾枢密院議長である。

　すでに清浦は第1次山本内閣崩壊の後に大命を受けたことがあり，その後も何度か候補として名前が挙がっていた。西園寺は，政友会が再び選挙で勝って安定することを望んでおり，選挙管理のための非政党内閣というだけでなく，閣僚に政党員を入れないことも求めた。清浦は政友会に閣外協力を求めたが，政友会は内部の混乱から確約できなかった。清浦は大命拝辞も考えたが，摂政の婚礼が迫っていることから，これ以上時間をかけられないこともあり，政党員の入閣を断念する一方で自らの古巣である貴族院研究会の助けを得て，貴族院の各派を網羅した内閣を組織する。

　このような組閣は時流に合わず，「特権内閣」として世論から強い批判を浴びた。1924年1月の内閣成立と同時に院外で第2次憲政擁護運動が起こり，これに憲政会と革新倶楽部が合流した。政友会は貴族院研究会との関係を重視して内閣を支持するか，世論の流れに乗って護憲運動に加わるかで議論となった。この議論で以前からの改造派，非改造派の対立が再燃し，1月15日，政友会はついに分裂する。護憲運動への参加を決断した高橋総裁に対して，過半を占める床次竹二郎らが異議を唱えて脱党し，政友本党を結成した。政友本党

は清浦内閣の与党となり，高橋は貴族院議員を辞し，爵位を返上して自ら総選挙に出馬する。

　1918年9月に成立した原内閣は初の本格的政党内閣として世論の歓迎を受けたが，原も首相選定者も，当面は政党間での政権交代は考えておらず，むしろ原は貴族院研究会との間での政権交代が妥当であると考えていた。ところが原内閣が当時としては長期となる3年にわたって政権を維持したことにより政党内閣の正統性が高まったこと，世論において普通選挙と政党内閣への期待が高まったことから，「憲政の常道」と呼ばれるように政党間での政権交代が立憲的であるとみなされるようになった。

　原，高橋という2つの政党内閣の後，加藤，山本，清浦と，政党党首でない政治家が首相に選ばれ続けた。これらは何ら明治憲法に違反するものではなかったが，吉野作造が論じたように，立憲的でないと見られ，批判の対象となったのである。

　高橋政友会，加藤憲政会，犬養革新倶楽部は，清浦内閣打倒とともに「政党内閣制の確立」を護憲運動の旗印に掲げた。「護憲三派」と呼ばれる，この三党であるが，政友会は貴族院改革を重視し，憲政会は普通選挙を重視したように，それぞれの政策には温度差があった。唯一の共通目標は，政党間での政権交代にある。

　これは直接的には西園寺の政治指導への批判でもあった。西園寺は将来的な政党内閣制には肯定的であり，政党の政治的役割も高く評価していたが，対華二十一カ条要求を主導した加藤ら憲政会を統治可能な政権政党とはみなしていなかった。

　しかし，政友会と政友本党が各地で同士討ちを行った結果，5月10日の総選挙では漁夫の利を得た憲政会が第一党に躍進する。西園寺は，清浦内閣が臨時議会まで辞職せずに座に居座り，その間に再度の政界再編が起こることに期待をかけた閣僚への働きかけを行ったが，当の清浦が辞職して速やかな政権交代に道を開いた。清浦は憲政の破壊者であるかのような批判を受けたが，内務官僚らしく選挙結果を重視した。

　貴族院議長の徳川家達もイギリスを例に選挙結果に基づく政党間での政権交代を支持していた。1911年に衆議院を通過して貴族院で否定されていた男子普通選挙も，12年に「憲政常道」が唱えられた政党内閣制も，いわば遅れて

実現する改革論であり，ロシア革命後，彼らの関心の先端はすでに自由民主主義を超えて社会主義とどう向き合うかにあった。

　ついに西園寺は加藤を首班に選ぶ。加藤は高橋，犬養に協力を求め，6月11日，憲政会，政友会，革新倶楽部の護憲三派連立内閣を組織した（第1次加藤高明内閣）。以後，1932年まで政党内閣が連続し，第二次世界大戦後の歴史家はこれを「戦前日本の政党内閣期」と呼ぶ。

　吉野作造は1924年の政治史講義で日本政治の歴史的展開を「他国に比し比較的標準的 normal なる発達をとげおる」と述べ（吉野作造講義録研究会，2016：372），「英国の如く選挙の結果により政権の授受行はると云う憲政の常道なり。日本にても今次の内閣はややそれに近し」と講じた（同上：403）。

　しかし，この時点では政党内閣制，すわなち政党間での政権交代は確立していない。首相は元老が選び，唯一の元老西園寺は，未だに加藤憲政会の統治能力に疑問をもっていた。彼は憲政会だけでなく古巣である政友会への信頼も低下させており，側近との間では今後も政党と対立しないまでも政党内閣ではない「中間内閣」を成立させる方向性を談じていた。大震災が日本政治のありようを試したように，運動と総選挙によって元老に強制した連立内閣は政党政治の試金石となる。

さらに学びたい人のために　　　　　　　　　　　　　　**Bookguide** ●

　季武嘉也『大正期の政治構造』吉川弘文館，1999年。
　　　大正期の政党政治に至る政治過程を「挙国一致」という切り口で構造的に説明する。藩閥政府における長州，薩摩を中心とする構造が解体しながらも，政党政治の中に組み込まれていく像を理解させてくれる。

　伊藤之雄『元老——近代日本の真の指導者たち』中公新書，2016年。
　　　憲法外の権力として近代日本政治を象徴する元老の存在を丹念に記述し，制度による規定のない存在であったことこそが，その権力の源泉となっていたことを明らかにする。戦後，政党が法令による規定がないこととあわせて考えてみたい。

　清水唯一朗『政党と官僚の近代——日本における立憲統治構造の相克』藤原書店，2007年。
　　　日本における立憲政治の構築を，政党と官僚，行政と立法の政治的競争過程から描く。近代日本政治の本質は政党と官僚の相互依存関係，行政と立法の混交関係にあるという視点に立ち，明治維新から第2次護憲運動後まで

を論じている。

引用・参考文献 | **R e f e r e n c e ●**

麻田雅文 2016『シベリア出兵――近代日本の忘れられた七年戦争』中公新書。

伊藤之雄 2016『元老――近代日本の真の指導者たち』中公新書。

李炯植 2013『朝鮮総督府官僚の統治構想』吉川弘文館。

岡田真希子 2008『植民地官僚の政治史――朝鮮・台湾総督府と帝国日本』三元社。

北岡伸一 2012『帝国外交の光と影――なぜ，欧米列強とならぶ「一等国」になりえたか』（NHK さかのぼり日本史 外交篇［3］大正・明治）NHK 出版。

篠原初枝 2010『国際連盟――世界平和への夢と挫折』中公新書。

清水唯一朗 2007『政党と官僚の近代――日本における立憲統治構造の相克』藤原書店。

鈴木淳 2016『関東大震災――消防・医療・ボランティアから検証する』講談社学術文庫。

季武嘉也 1999『大正期の政治構造』吉川弘文館。

中央防災会議災害教訓の継承に関する専門調査会 2006『1923 関東大震災報告書 第1編』

波形昭一・堀越芳昭編 2000『近代日本の経済官僚』日本経済評論社。

奈良岡聰智 2006『加藤高明と政党政治――二大政党制への道』山川出版社。

真辺将之 2017『大隈重信――民意と統治の相克』中公叢書。

御厨貴 2013『馬場恒吾の面目――危機の時代のリベラリスト』中公文庫。

三谷太一郎 1995『増補 日本政党政治の形成――原敬の政治指導の展開』東京大学出版会。

村井良太 2005『政党内閣制の成立 一九一八～二七年』有斐閣。

吉野作造講義録研究会編 2016『吉野作造政治史講義――矢内原忠雄・赤松克麿・岡義武ノート』岩波書店。

Garon, Sheldon 1990, *The State and Labor in Modern Japan*, University of California Press.

＊Column❺

立命館大学西園寺公望伝編纂委員会編 1990-97『西園寺公望伝』全6巻，岩波書店。

矢部貞治 1976『近衛文麿』読売新聞社。

Column ❺　西園寺公望と近衛文麿

　西園寺公望（1849-1940 年）と近衛文麿（1891-1945 年）はともに数度
にわたって首相を務めた貴族政治家である。120 年を超える日本の内閣制度
にあって，戦前の多くの首相は爵位を有していたが，血統としての華族出身者
は一時兼任した三条実美を除くと，この 2 人限りである。皇族であった敗戦
後の東久邇宮稔彦王を加えても，ごく稀な例であった。

　第一次世界大戦の戦後処理を行った 1919 年のパリ講和会議の場に 2 人は
いた。数え年 71 歳の西園寺は首席全権として，29 歳の近衛は随員として。
時の原敬首相は，元首相で，与党の前総裁であった元老西園寺に白羽の矢を立
てた。対して，1904 年に父篤麿を亡くし，すでに貴族院議員であった近衛の
随員は，西園寺に願い出て許されたものであった。西園寺は父を亡くした近衛
を引き立て，折々に相談に乗る中で政党に入るのも一つの行き方だと述べた。

　近衛は政党に入る勇気はなかったという。1920 年代に入ると政治は衆議院
を軸に動くようになり，貴族政治家はその道を譲りつつあった。その中で近衛
は，衆議院の多数党に基本的に施政を委ねる新しい貴族院像を模索した。

　西園寺は思想的にもパリ講和会議の首席全権に相応しかった。若き日の約
10 年間をフランスで過ごし，西洋文明を人類の共有財産として受け止めた。
議会政治の発展に尽くし，大戦後には国際平和促進への寄与が日本の国際的地
位を高めると考えた。最晩年まで洋書を取り寄せては読んでいたという。

　近衛もまたパリで国際連盟の理想を支持したが，他方，東亜同文会を組織し
西洋帝国主義に対する弱きアジアの連帯を説いた父・篤麿の遺産も引き継いで
いた。パリに行く前に書いた「英米本位の平和主義を排す」は有名である。大
アジア主義は民族自決主義の台頭や日本の列強化を経ても西洋文明に対する対
抗思想として残り，西洋の没落が語られ日本の対外路線が転換された 1930 年
代以降に存在感を増した。国際正義と社会正義を説く近衛を知的に支えたのは
東亜共同体論を掲げる昭和研究会であり，近衛は国民の人気を集めた。

　貴族は皇室の藩屏（守り）であるとされ，2 人は皇室と国民の望ましい関係
について考え続けた。西園寺は近衛に軍の統制を託したが，政党政治の再建に
期待する西園寺と新しい政治を模索する近衛の間で次第に距離は広がっていっ
た。1940 年に西園寺は亡くなる。日米開戦を避けられなかった近衛は，のち
に西園寺を追慕して，「やはり政党がよかったんだ。欠点はあるにしてもこれ
を存置して是正するより他なかったのですね」とこぼしたという。貴族政治家
は意思の弱さに注目が集まるが，政治基盤に左右された運命であった。近衛は
戦後，憲法改正作業を進め，戦犯容疑者としての逮捕を前に服毒して果てた。

第**9**章

政党政治の全盛と陥穽

内に政党政治，外に国際協調

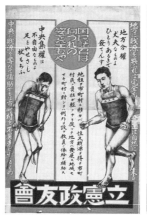

🎧 第1回男子普通選挙（1928年）のポスター（立憲政友会，立憲民政党）（法政大学大原社会問題研究所所蔵）。

INTRODUCTION

　内に政党政治，外に国際協調という新しい時代が訪れた。政権交代可能な二大政党が生まれ，男子普通選挙のもとで昭和戦前の政党内閣期が花開いた。しかし，「内に立憲主義，外に帝国主義」といわれた大正デモクラシーのもつ負の遺産は，世界恐慌と相まって政権運営を困難なものとした。ようやく誕生した政党政治は，なぜわずか7年で潰えてしまったのか。その構造を紐解いていく。

年　月	事　項
1924（大正 13）年 6 月	護憲三派内閣成立
7 月	松方正義，没。元老は西園寺公望のみに
1925（大正 14）年 3 月	治安維持法・普通選挙法可決成立
8 月	護憲三派内閣瓦解。第 2 次加藤高明・憲政会内閣成立
1926（大正 15）年 1 月	加藤高明首相没。第 1 次若槻礼次郎・憲政会内閣成立
7 月	蔣介石，国民革命軍による北伐を開始
12 月	大正天皇崩御
1926（昭和元）年 12 月	裕仁親王即位
1927（昭和 2）年 3 月	金融恐慌始まる
4 月	田中義一・政友会内閣成立。5 月，第 1 次山東出兵
6 月	憲政会・政友本党が合同し，立憲民政党が発足。東方会議開催
1928（昭和 3）年 2 月	第 16 回総選挙（初の男子普通選挙権のもとでの国政選挙）実施
6 月	張作霖爆殺事件（満州某重大事件）起こる。治安維持法改正
1929（昭和 4）年 7 月	天皇，張作霖事件に関して田中首相を叱責。浜口雄幸・民政党内閣成立
10 月	暗黒の木曜日。世界恐慌が始まる
11 月	井上準之助蔵相の指導のもと，金解禁が実施される
1930（昭和 5）年 1 月	ロンドン海軍軍縮会議，開会
4 月	政友会，ロンドン海軍軍縮条約に関して統帥権干犯として問題視
11 月	浜口首相，東京駅で狙撃され重傷
1931（昭和 6）年 3 月	三月事件，未遂に終わる
4 月	第 2 次若槻礼次郎・民政党内閣成立
9 月	満州事変勃発
12 月	犬養毅・政友会内閣成立。金輸出再禁止に転換
1932（昭和 7）年 3 月	満州国建国宣言
5 月	五・一五事件。犬養首相暗殺される

1　政党政治の時代へ

▌護憲三派内閣の誕生 ── 連立政権と内閣補佐機能の整備 ▌

　1924（大正 13）年 6 月 11 日，加藤高明を首班とする護憲三派内閣が発足した。わが国の憲政史上初めて，総選挙の第一党党首への首班指名であった（村井2005）。もっとも連立政権は不安定さももつ。このため，加藤は政友会にも革新倶楽部にも相応の責任を担わせる。内相，蔵相は官僚出身の憲政会幹部で押さえつつ，政友会総裁の高橋是清，総務の横田千之助，革新倶楽部の中心人物

である犬養毅を閣僚に迎え，責任を担わせた。

　加藤高明をはじめとする憲政会幹部がイギリス流の議院内閣制を理想としていたことはよく知られているが，それはまず政務次官・参与官制度の創設として現れた。原敬内閣は政党人を各省の意思決定ラインに組み入れることを重視して勅任参事官制度を導入した（→**8章**⑪）。各省の頭脳となっていた参事官会議に政党政治家を入れることで，若手政治家に経験を積ませるとともに各省の政策立案を握ろうとするものであった。

　これに対して加藤は，政党政治家を充てる政務次官・参与官を各省の意思決定ラインと切り離し，政党対応に当たらせた。政党内閣によって行政と立法を横断しながら，与党との関係は政務次官を充て，行政への介入を防ぐ構造である。これには各省から賞賛が寄せられた。新政権は，連立与党の参加をとりつつ，内閣によるガバナンスを発揮させるかたちで始動した。

　内閣のガバナンスを確固たるものとするため，加藤は内閣に官房を設置した。各省では内閣制度創設直後に大臣官房が置かれて政務的な調整を担ってきたが，内閣には書記官室とその長たる書記官長が置かれるだけで，その名の通り，内閣における記録，連絡を担当するに過ぎなかった。稀に政治的調整を担う者もあったが，それは制度ではなく個性に依拠するものであった。加藤内閣は，内閣官房を束ねる書記官長に長く内閣官僚としての経験を有する江木翼を配し，政治的調整の場としての内閣を補佐する機関とした（清水 2007）。

震災対応と男子普通選挙の実施

　加藤は，普通選挙，綱紀粛正，行財政整理の３つを最重要課題として臨んだ。第一次世界大戦期の対応に鑑みれば，外交がここから外されていることは加藤・憲政会の変化を象徴している（奈良岡 2006）。これに対し，高橋は貴族院改革と行財政整理，犬養は普通選挙の実現を重視した。憲政会は，政権を維持しつつ実績をあげること，政友会は貴族院と密接な関係をもつ政友本党との差別化を図ること，革新倶楽部は民主政治の実現に向けて歩を進めることを目的としていた。同床異夢の連立政権が始まった。

　喫緊の課題は，関東大震災からの復興である（→**8章**③）。それには生活基盤の復興・整備と経済状況の回復，そして人心の安定が欠かせない。もっとも，戦後不況の中で首都圏を襲った大震災は好機でもある。後藤新平がめざしたよ

うに，古くなった都市基盤，社会基盤を機能的なものに更新する転機となる。他方，大規模な基盤更新を行うことは，とりわけインフラ整備を中心に多額の費用を要する。経済が低迷し，税収も限定される中では公債に頼らざるをえないが，それは物価の騰貴を招くおそれのある政策であった。そうなってはかえって民衆の生活を困難に陥れる。

　とりわけ，第一次世界大戦を契機として労働運動が広く展開し始めていることへの留意が欠かせない。経済が低迷する中，労働運動は国内で限られた運動家が活動するエリート主義から，組織化，大衆化，国際化して，政治活動として社会構造改革を実現していく方向に舵を切っていたからである。

　こうした社会背景をもって，護憲三派内閣は男子普通選挙の実施に向き合うこととなる。同法は憲法附属の重要法であるため，まず枢密院を通過する必要があった。急激な変化を危惧する枢密院は，選挙権・被選挙権を男子25歳以上とする政府案に対して被選挙権を30歳とすること，欠格事項を学生にまで拡大すること，選挙違反の罰則を厳格化することなどの修正意見を付した。

　早期実現を望む国民の声を背に，政府はこの修正を受け入れた。加藤をはじめとする政府首脳部は，混迷する社会状況を前に，普通選挙の実施によって国民に政治的責任を自覚させるという意識をもっていた。

　しかし，与党は違った。とりわけ革新倶楽部に集まる尾崎行雄らは長年にわたって民主政治の実現を訴えており，政治参加を可能な限り拡大することが政治的責任の自覚につながると考えていた。衆議院での審議では，枢密院による修正を再び押し戻す動きが現れ，華族当主の選挙権・被選挙権を回復するといった再修正が行われた。貴族院はこれらの再修正を峻拒し，さらに普通選挙実施による危険性を指摘したうえで，実施に際しては相応な政治理解の普及に努める必要を強調した。

　貴族院のかたくなな姿勢の裏には，同時に貴族院改革が進んでいたことがある。元来，加藤自身は貴族院改革に消極的であった。二院制には相互監視という重要な機能があり，一方の院を極端に優越させることは健全ではないという，加藤らしい「イギリス流」の視点であった。

　これに対して，貴族院が政策実現を阻んできたとみる与党議員たちは，改革に意欲を見せる。第2次護憲運動で貴族院を国民の怨府に仕立てて勝利した手前，内閣としてもこの動きを抑える術はない。自ら貴族院改革のための調査委

員会を立ち上げることで，慎重に進めるのが精いっぱいであった。その結果，貴族院改革は定数削減などきわめて不徹底なものにとどまった。それに加えて改革の過程で貴族院側の意向を無視したことから両者の信頼関係は崩壊していた。こうした衆議院—貴族院関係は，こののちの政党内閣時代に，両院対立という影を落としていく。

　1925 年に衆議院議員選挙法の改正と同時に治安維持法が可決されたことは周知の通りである。同年１月にソビエト連邦との間で国交が結ばれたことで，共産主義思想がよりスムーズに伝わってくる現実に対応するものでもあった。もっとも，この段階の治安維持法は国体や政体，私有財産制度を否定する「結社」を取り締まる限定的なものであり，その後，改正を経た同法の暗いイメージとは異なるものであったことは指摘しておくべきだろう（中澤 2012）。

　こうして自由民権運動以来，およそ半世紀を経て男子普通選挙が成立した。この選挙法改正は今日に至るさまざまな制度の原型を含む。その際たるものは中選挙区制とそれに伴う個人後援会の組織，学生と政治の関係である。

　選挙区制度については，小選挙区による組織を重視する政友会，大選挙区による民主政治の実現を希求する革新倶楽部の妥協の産物として中選挙区が採用された。区割りは従来の小選挙区を 3〜5 組み合わせるかたちとなり，与党現職議員の基盤にメスを入れることなく中選挙区が組み上げられた（清水 2013）。このことは，小選挙区における支持基盤がそのまま中選挙区に組み込まれたことを示す。それは政党を超えた個人支持の構造となり，彼らは同じ選挙区に属する同党の候補者からの浸食を防ぐために，強固な個人後援組織を築き，それは中央における派閥の成長を促すこととなる。

　学生に選挙権・被選挙権を与えないとしたことも，現在まさに改革を求められている一つの風潮を作るものとなった。選挙法をめぐる議論では，政友本党や貴族院，枢密院からしばしば「恒産あるところ恒心あり」という定型句が聞かれた。この結果，扶養されている身分である学生は欠格とされた。この背景に，過激思想にふれやすい学生への懸念があったことはいうまでもない。しかし，こうした措置は一部の学生たちをより過激な運動に走らせると同時に，多くの学生たちが政治に対して無関心になる状況を生むこととなった。

　第 50 議会では，財政緊縮方針の中で軍縮も進められた。それは当初は軍部大臣武官制の改正，六個師団の廃止，憲兵制度の廃止といった先鋭的なもので

あった。これには宇垣一成陸相が四個師団の廃止によって生じる剰余金を航空戦力をはじめとする兵器の近代化に差し向ける方向で調整がつけられた。いわゆる宇垣軍縮である。

外交は幣原喜重郎外相のもと，国際協調路線をとる「幣原外交」が行われ，安定を見せた。組閣直前の1924年6月にはアメリカ連邦議会で日本人移民を禁止する移民法改正（いわゆる排日移民法）が可決され，日本国内はそれに対する批判で大荒れとなった（簑原 2002）。しかし，加藤内閣はこうした反米の論調を抑え，第一次世界大戦後の国際協調社会における日本の地位を確立していく。

▌政界再編へ──護憲三派の瓦解▐

こうして懸案であった衆議院議員選挙法と貴族院令の改正は成立し，1925年5月5日，公布された。明治維新からおよそ60年を経て，日本の憲政は男子普通選挙まで到達したのである。

大事業を成し遂げることは，共通目的の喪失を意味する。護憲三派が掲げた課題が達成されたことで，各党は第1回の普通選挙に向けて政党間競争を加速させる。それは連立の紐帯を急速に破壊していくものとなる。

選挙法の審議に先立って，政友会のキーパーソンであった横田法相が没した。横田は長く原の懐刀として元老との交渉に当たった人物であり，この内閣が安定を保つ要であった。横田の死を受けて，政友会では高橋総裁を更迭し，首班候補となる人物を迎える動きが起こった。白羽の矢が立てられたのは田中義一である。田中は原内閣の陸相として政友会とも関係があり，田中を迎えれば，首班候補を戴くと同時に，在郷軍人会がもつ集票機能が政友会にもたらされる。4月10日，高橋に代わり田中が政友会の第5代総裁に就任する。

田中への総裁交代は政界再編の引き金となる。5月14日，政友会は革新倶楽部に加え，無所属議員団であった中正倶楽部と三派合同を決定した。革新倶楽部は，その名が示す通り，政党というよりは個々の自立した議員集団であった。

こうして護憲三派内閣は，勢力の均衡する二党連立となった。決裂のきっかけは税財制改革であった。前触れはすでにあった。政府はインフレ対策から被災府県以外の地方における財政縮小を通達していた。これは政友会が長年とっ

てきた地方振興策や，地租収入の地方委譲と対立するものであった（奈良岡 2006）。加藤は閣内に憲政会出身者を主たるメンバーとする税制調査会を設置し，浜口蔵相の指導のもとで整理案をまとめるが，閣議は紛糾し，政策論議よりも政権破壊が優先された（小山 2012）。

　この状況を受けて，1925 年 5 月 31 日，加藤首相は内閣総辞職を奏上した。政党内閣時代の幕開けとなった護憲三派内閣は，男子普通選挙の導入，貴族院改革，宇垣軍縮，日ソ国交樹立という成果を成し遂げた一方，政党間対立の顕在化という結果を生んで次に進むこととなった。イギリスでは 1924 年に第 1 次マクドナルド労働党内閣が成立し，旧体制からの転換が進みつつあった。第一次世界大戦後の政治変動が，日本でも動き始めたのである。

 ## 二大政党の時代へ

▌加藤内閣の改造と首相の死 ▌

　7 月 31 日，護憲三派内閣は総辞職した。政党内閣の時代が到来し，いわゆる「憲政の常道」が行われるのであれば，組閣の大命は野党第一党の党首・床次竹二郎に降下する。そうすれば政友会から政友本党への脱党者が続出するおそれがある。田中はこれを危惧し，内閣総辞職に合わせて床次と会談し，政友本党との提携を発表した。受け皿は決まったと思われた。

　それにもかかわらず，元老・西園寺が選んだのは加藤続投であった。加藤は総裁としてよく党をまとめ，懸念された外交も幣原外相によって巧みに行われているとみた西園寺は加藤・憲政会に信頼を置くようになっていた。他方，政友会と本党の提携はあまりに政権目当てであり，当面は合同の見込みもない。西園寺は自らと関係の深い政友会，本党ではなく，憲政会を選んだ。それは政権交代可能な政党が複数生まれたことを意味する（村井 2005）。

　その結果，床次は政友会と本党との合同を否定した。背景には解散か提携かを迫る加藤・憲政会からの打診があった。当初，委員長を政友・本党で占めようとしていた状況から一変し，本党は予算委員長の椅子を憲政会に預け，他の委員長ポストを按分で得た。このため，中橋徳五郎，鳩山一郎ら政本合同派が

脱党し，政友会に奔る。他方，床次ら本党主流派は翻って加藤内閣を支持することで政権の接近，あわよくば禅譲を目論む。呼び水となったのは12月8日の若槻内相の床次訪問であった。若槻からの援助要請を受けて，床次は政権支持に転じた。しかし，それは閣外協力という中途半端なものであった（小山2012）。

　年末に招集された第51議会は憲政会（165議席）に政友会（161議席）が迫り，第三党となった政友本党（87議席）が約束通り政権を支持すれば与党は252議席と絶対過半数を占めることとなる。政府は労働組合法・労働争議調停法案を準備し，地方自治機構の再編を企図するなど，普通選挙の時代に向けた制度整備に着手していた。その最中，加藤は議場で答弁するうちに体調を崩して退場し，そこに戻ることはなかった。

第1次若槻内閣と加藤の遺産

　議会開会中の首相の死去は，憲政史上初のことであった。しかし，憲政会内閣の政権運営が安定していたこと，提携相手の政友本党が自重したことなどから，元老・西園寺は牧野内大臣と協議のうえ，原内閣の先例を引くかたちで若槻内相を後継に推薦する（村井2005）。政治状況に応じた判断であったが，世論はこれを憲政のあるべき姿（憲政常道）として歓迎した。1月30日，加藤死去の翌日には全閣僚留任による第1次若槻礼次郎内閣が発足した。

　会期半ばで中断していた第51議会では税制整理が懸案であった。所得税の改正，地租と営業税の軽減，戸数割りの廃止による地方税負担の不均衡是正を骨子とする政府案に対して，政友会は地租財源の地方委譲を，政友本党は義務教育費国庫負担の増額と，いずれもこれまでの主張を再提起し，3つの案が揃って審議される。若槻内閣は，これをほぼ修正なく切り抜け，予算案も若干の修正で通過させた。労働部門においては，労働組合法こそ政友会と政友本党の反対で不成立に終わったものの，1926年4月に労働争議調停法が成立した。

　順調に見えた議会運営は疑獄によって揺らぐ。大阪の遊郭移転をめぐる有力政治家への贈賄事件が発覚し（松島遊郭事件），憲政会，政友会，政友本党それぞれの有力者が収賄疑惑で訴えられた。さらに憲政会の中野正剛が田中政友会総裁に陸軍機密費の流用疑惑があるとして査問動議を提出して可決され，野党第一党の党首が告発を受ける事態に至る。これには宇垣陸相が事実無根として

強い態度で臨み，かえって中野に反省処決を求める決議案が出され，中野の査問で事態の収拾が図られた。

　政党同士の泥仕合は，政党政治への不信感を蔓延させる。若槻は体制を安定させるべく，予算案が成立し，議会が閉会したのちに憲本連立を交渉するが，床次はこれを拒絶した。

　政治不信は加速する。松島遊郭事件の捜査の手が，各党領袖から床次，さらには若槻にまで及んだためである。加えて，憲政会の箕浦勝人は関与を否定した若槻を偽証罪で告発した。不信感の受け皿として，安部磯雄，吉野作造，堀江帰一らは連名で堅実な無産政党を結成する必要性を提唱し，1926 年 12 月 5 日，社会民衆党が誕生する。国本社をはじめとする国家主義的な団体も，この風潮の中で勢力を増していった。

　政党政治の弊害を是正しようとする動きもあった。後藤新平を代表とする「政治の倫理化」運動は，有権者個人が自立した意思をもって投票に臨むことを説いて全国を行脚したが，現実には，地域における有力者支配と事大主義が蔓延していた。

　こうした中で，12 月 24 日には第 52 議会が召集されるが，翌日，療養中であった大正天皇が崩御する。デモクラシーで彩られた大正の終わりが既成政党不信の渦の中で訪れるとは，何とも皮肉なことであった。

第 1 次若槻内閣の終焉と二大政党の確立

　12 月 25 日，摂政宮裕仁親王が即位し，昭和が始まった。「百姓昭明万邦協和」という『書経』のフレーズからとられた元号は，普通選挙の導入と国際秩序の変化を前にして，国民の一致と世界の平和が課題であるという認識を示すものであった。

　しかし，若槻内閣は政争への対応に追われて主体的な政策主張に乏しく，政治への不信は高まる一方であった。何より政局の混迷を招いていたのは，政権獲得に固執して腰の定まらない政友本党であった。議会冒頭では政友会とともに綱紀粛正と不景気対策の不徹底を掲げて政府攻撃に転じ，政府弾劾決議案を提出した。それは現内閣では昭和の新政を担うことはできないという痛烈なものであった。

　年が明けても混乱は収まらず，若槻内閣は議会を停会して田中・床次との三

党党首会談に臨んだ。ここで若槻が大正から昭和の代替わりという重要な時期に政争を起こすべきではないと主張すると田中と床次はあっさり折れ，政争中止が申し合わされる。

それでも本党の迷走は止まらない。安達謙蔵（あだちけんぞう）からの工作に応じ，憲政会と連携するに至る（憲本連盟）。政友本党の支持を得ることで政局は乗り切られ，予算も無修正で成立したが，それは一時的な問題の回避であった。鍵を握る第三党を軸に離合集散が続けられたことは，政党間の対立を激化させ，政党政治への期待を幻滅させた（村井 2005）。

政治不信が蔓延する中，金融恐慌が日本を襲う。震災手形が不良債権化しつつあり，その処理のために政府が新たに発行する公債をもとに銀行に貸し付けを行う法案が審議され，憲本連盟で煮え湯を飲まされた政友会が攻勢を強めていた。この過程で，片岡直温（かたおかなおはる）蔵相の失言をきっかけに取付騒ぎが起こり，それは東京の都市銀行にとどまらず地方銀行にまで広がった。金融危機に際会し，議会は法案成立を承認する。

震災手形を多く保有していたのは，特殊銀行である朝鮮銀行と台湾銀行であった。中でも台湾銀行の状況が厳しく，同行は台湾で大規模に事業を展開していた鈴木商店の新規貸し付けを拒否して，同社を債務整理に追い込まざるをえないほど苦境にあった。法案審議の過程で危機的状況が知られた結果，台湾銀行の経営はさらに悪化する。政府はこれに対して，日本銀行が政府の補償のもとに非常貸し出しを行う緊急勅令をまとめた。

この措置は世論の激しい反発を招いた。議会後の支援追加が容易に受け入れられないのは当然であった。これに緊急勅令を審議する役割をもつ枢密院が乗じる。同院は審査委員会において，この緊急勅令手続きを憲法違反とする報告をまとめた。政府も枢密院本会議での採決に閣僚がすべて出席し，多数決を勝ち取ることを決める。異例の対応である。

しかし，世論は政権から離れていた。貴族院でも批判が相次ぎ，若槻内閣は足場を失った。1926 年 4 月 17 日，枢密院本会議は若槻首相の説明を受けながらも審査委員会の報告を採用し，緊急勅令案を否決し，若槻内閣は総辞職した。

第一次世界大戦による市民社会の拡大，戦後不況，震災復興への対応という三すくみの状況の中，第 2 次護憲運動以後の政権は普通選挙の実現と社会政策の実施によって第 1 の課題に対応し，第 2，第 3 の課題には地方財政の抑制と

公債発行による対応を行おうとした。しかし，不況による失業を救済するため，全国各地から地方債による公共事業の実施が強く求められた結果，政権はこれを認め，地方財政の縮減は雲散霧消した。

３　内政と外交の相克　　⏩ 平和主義と民主主義の新日本

▌田中内閣と初の男子普通総選挙 ▌

1927（昭和2）年，7年前に原敬内閣下で工事が始まった帝国議会議事堂の鉄骨が組み上がり，全容が表れつつあった。帝国議会は開設以来，予算不足から木造の仮議事堂に甘んじていたが，ようやく石造りの本議事堂が現れた。それは議会政治の確立を表すようであった。外交においても，この年，アメリカの金融資本家ラモントが日本を訪問した際に「アメリカへの友情と中国との和解」という基本原則を見出すなど，良好な方向性が開かれていた。

同年4月，若槻内閣の退陣後，田中義一・政友会内閣が誕生する。田中は山県，桂，寺内と続く陸軍長州閥の指導者でありながら，原内閣での陸相経験を通じて政党に親しんでいた。原の没後，首相候補を失っていた政友会は田中が育てた在郷軍人会の集票力と資金力に目を付けて勧誘し，田中はその求めに応じて軍服を脱ぎ，総裁となった。直面していた金融恐慌には，党の長老である高橋元首相を蔵相に充てて解決にあたり，野党憲政会も大蔵省出身の若槻総裁の指導のもと大局的見地に立って協力し，経済危機を終息させていった。

6月に憲政会と政友本党が合同して立憲民政党が組織されると，浜口雄幸が初代総裁となった。民政党は「天皇治下の議会中心政治」を綱領に掲げた。これに対抗して総裁公選制を導入した政友会とともに，二大政党制の時代が訪れた。

そして1928年2月20日，1890年の第1回総選挙から38年を経て，男子普通選挙制（1925年選挙法）に基づく初の衆議院議員総選挙が実施された。焦点は二大政党のいずれが第一党になるかであったが，無産政党と呼ばれた社会民主主義政党も普通選挙を好機として活発に選挙運動を展開した。市川房枝ら婦選獲得同盟も女性参政権獲得を訴える候補を応援し，選挙を運動に利用してい

った。昭和天皇も強い関心を示し，投票日の朝には出勤前に投票を済ませた侍従に様子を問い，開票2日目の22日には政府の報告を待ちきれず，自ら新聞やラジオで情報を集めるほどであった。

　結果は二大政党のいずれもが過半数に達せず，わずか1議席差で政友会が民政党を上回ったが，得票総数では民政党が多いという微妙な結果となった。与党が過半数を占めず，議事運営は難航が必至であった。このため，政友会は議会運営のために少数野党の切り崩しに奔走した。投票前日には，選挙を主管する鈴木喜三郎内相が，内閣組織は政党員の多寡ではなく大権によるもので，民政党の掲げる議会中心主義は「民主々義の潮流に棹さした英米流」で日本の国体と相容れないと声明していた。これは与党である政友会への投票を求める声明にほかならず，選挙後の帝国議会で鈴木は引責辞任に追い込まれた。そうした声明が必要なほど拮抗した選挙であった。

　普通選挙を実施する中で政界が懸念したのは治安対策と思想対策であった。田中内閣は，反対もある中，治安維持法の改正に踏み切り，一斉検挙を二度にわたって実施するなど，資本主義経済と立憲君主制の打倒をめざす共産党の取り締まりを強化した。

▍張作霖爆殺事件と不戦条約締結

　外交において，田中内閣が重視したのは中国であった。統一をめざす国民党が北伐を進め，高揚したナショナリズムが時に外国人襲撃事件を引き起こす中，前内閣の幣原喜重郎外相は抑制的な対応に努めていたが，野党政友会はこれを「軟弱外交」と批判していた。こうした経緯から，田中首相は自ら外相を兼任して自主外交路線の実現を掲げる。

　田中は国民党による中国統一，国権回収運動の激化に対して，南満州と東部内蒙古に集中する日本の大陸権益を維持することが課題と考えていた。1927年5月に国民革命軍が華北地域に進むと，在留邦人保護を理由に山東に出兵して北伐を停止させた。田中のねらいは中国本土での国民党支配を認める代わりに日本と満州の特殊関係を容認させること，そして中国東北部の実力者で日本と協力関係にあった張作霖を支援して権益を維持することにあった。

　また，政友会は革新倶楽部との合同以来，同倶楽部の政策であった産業立国論を唱えており，三井物産出身の領袖・山本条太郎を南満州鉄道株式会社

（満鉄）総裁に任じ，満州地域の開発に意欲を見せた。

　1928年4月に北伐が再開されると，田中内閣は再び山東出兵に踏み切る。両者は済南で衝突し（済南事件），中国ナショナリズムの矛先は全面的に日本に向けられた。革命軍の影響が満州地域に及ぶことを恐れた田中内閣は張作霖に満州への帰還を促すが，その帰還列車が爆破された。いわゆる満洲某重大事件（張作霖爆殺事件）である。

　事件は中国革命軍の仕業に偽装されたが，実際には関東軍参謀の河本大作が起こしたものであった。陸軍の中には二葉会や一夕会など，総力戦体制の構築と長州閥排除といった軍内刷新を求める中堅幕僚の集団が生まれており，河本もこの一員であった。河本らは張を利用するという政府の方針に飽き足らず，爆殺を機に一気に満州を軍事的に占領しようと企てていたが，その動きは支持を得られなかった。

　この暴走の結果，田中内閣は張作霖という協力者を失った。こうしているうちに国民政府は中国統一を実現し，北京政府が取り組んでいた条約改正を主とする「修約外交」をやめ，不平等条約の破棄，利権回収を図る「革命外交」へと方針を転換した。また，九カ国条約に相互協調を約束していた列強各国も，我先に国民党政府との関係を樹立していった。

　田中外交は，幣原外交と比較して強硬とみなされがちであるが，欧米に対してはやや状況が異なる。英米の対立で合意できなかったものの，ジュネーブ海軍軍縮会議にも誠実に取り組んだほか，「政策の手段としての戦争」としての侵略戦争を放棄したケロッグ・ブリアン協定への参加，すなわち不戦条約の調印にも尽力した。

　むしろこのときは，田中内閣の中国政策を批判する民政党が「人民の名において」という条約の文言に嚙みついた。条約に調印した内田康哉元外相は，この文言を国体に背くとも憲法に違反するとも考えておらず，むしろ国民の平和への責任を喚起する点で相応しいとすら考えていた。日本は国際連盟事務局次長を務めた新渡戸稲造や杉村陽太郎，常設国際司法裁判所で所長を務めた安達峰一郎を輩出し，欧米にあっては，国際秩序の構築に相応の責任を果たしていた。

台頭する政党政治と昭和天皇

　それだけに，張作霖爆殺事件は深刻な問題となった。田中首相は西園寺の助言もあって，事件に日本軍人が関与した可能性を天皇に報告し，それが事実なら厳正な処分を行うと約束した。ところが大陸権益の喪失を招くおそれがあるとする陸軍や与党の強い反対により，田中は守備兵への処分を軽度にとどめる。他方，張作霖の子息・張学良は日本軍人による暗殺であることを確信して協力を拒絶し，国民党に参加する。これによって中国は国民党のもとに統一され，田中内閣は国民党政府を承認せざるをえなくなった。軍人の独走による，外交の失敗であった。

　田中内閣を倒したのはほかならぬ天皇であった。田中が関係者の処分を奏上したところ，「前と話が違う」「やめてはどうか」とまで述べたという。「若気の至り」とのちに反省したというが，それは用意周到に準備・検討された罷免行為であった。

　総選挙後，二大政党の勢力は伯仲していたが，その後の議会工作によって田中内閣は衆議院での安定を得ていた。貴族院も政府に挑戦したが，衆議院の多数を突き崩せず，枢密院も同様であった。天皇と宮中官僚は，こうした政府の議会運営は立憲的でなく，その政策も国益に反していると考えており，最後の手段として自ら引導を渡したのである（古川 2011）。西園寺が施政を政党政治に委ねる全権委任型の立憲君主像を望ましいと考えていたのに対して，昭和天皇と牧野内大臣は，イギリスと同様に政党政治を補完する立憲君主像を抱き，そうした方法に対して世論の支持が得られることを確信していた。

　閣議では若き天皇を諫めるべきではないかという意見もあったが，処分が裁可されたことを聞くに及び，田中は総辞職を選んだ。異例の政変であったが，次期首相には世論の予想通り野党第一党の総裁である浜口が選ばれ，即日組閣を終えた。他方，田中はショックのあまり，ほどなく世を去った。

浜口内閣とロンドン海軍軍縮問題——世界大恐慌の直撃

　1929 年 7 月に成立した浜口内閣は行政整理に取り組み，第一次世界大戦の際に停止し，主要国で日本だけがそのままであった金本位制への復帰をめざし，井上準之助蔵相のもとで金解禁を断行した。金本位制復帰で為替が安定し，貿

易が盛んになることが見込まれたが，離脱時の旧平価で解禁すると円が切り上がり，貿易上の国際競争力が失われる問題があった。それを避けるには新平価解禁という方法があったが，国際的な信用を維持するためには旧平価での解禁が望ましく，政府は1930年1月11日をもって旧平価での金解禁を実施すると発表し，予定通り解禁に踏み切った。

解禁後，同年2月20日に実施された第17回総選挙では与党民政党が大勝した。翌月には震災からの復興事業完成を祝って東京市で帝都復興祭が催され，昭和天皇が復興状況を視察するなど明るい話題が続いていた。しかし前年10月24日，いわゆる「暗黒の木曜日」にアメリカで始まった世界大恐慌が，日本経済に大きなダメージを与えていく。

井上財政と並ぶ浜口内閣の柱は幣原外交である。幣原は1924年から31年までの間，憲政会・民政党内閣において一貫して外相を務めた。その特徴は経済重視と中国への内政不干渉であった。

幣原外交を象徴し，財政面でも重要であったのが，ロンドン海軍軍縮会議である。主力艦を制限したワシントン海軍軍縮条約の後，各国は競って補助艦を建造し，今度はその制限が課題となった。ジュネーブ会議が軍人の参加によって収拾困難となったことを教訓に，ロンドン会議では文民による大局的合意が期待され，日本からは若槻元首相が首席全権となった。海軍では軍令部の加藤（かとう）寛治（ひろはる）軍令部長らがワシントン軍縮条約からの挽回を主張し，せめて補助艦は対米英7割を確保したいと主張し，政府方針となった。しかし，交渉の結果，対米6.975という全体比率で調印するよう請訓が届く。海軍は再交渉を求めたが，交渉決裂を危惧する政府はこれを認めず，条約外での軍備補充を約束して調印に漕ぎつけた。

条約は，政府が調印したのちに枢密院が批准しなければ発効しない。ところが第58議会で政友会が軍令部の反対にもかかわらず内閣が条約を調印したことを憲法上の越権行為として問題視した。これが軍事参議官会議，枢密院と批准過程が進む中で深刻化する。いわゆる統帥権干犯論である。

財部彪（たからべたけし）海相は「軍縮は国民の望み」と説き，岡田啓介軍事参議官が「ふんわり」とまとめようと周旋に奔走したが，日露戦争の英雄である東郷平八郎（とうごうへいはちろう）元帥が政府批判に与したことから，海軍は動揺した。天皇は条約批准を求めており，キャッスル米大使にも「条約成立の上は各国，殊に日英米三国は条約の精

神によりますます提携して世界平和を増進したきこと，関東大震災後の復興は
アメリカの援助によるところが多く，早期に復興事業が完成したことは悦ばし
い」旨を述べた。

　天皇の意向に加え，元老西園寺の支持も得た浜口は，枢密院審議に同院の抜
本的改革も辞さない姿勢で臨んだ。ひるんだ枢密院は条約を批准する。浜口は
批准書寄託式に際して，日本初の国際ラジオ放送を行い，「国際的平和親善の
確立」に向けた大いなる一歩と語って，フーバー米大統領，マクドナルド英首
相とともに条約成立を喜んだ。他方，部内に亀裂を残した海軍では軍令側の加
藤，末次信正だけでなく，軍政側の財部彪海相，山梨勝之進海軍次官が喧嘩両
成敗で退任した。

　1930 年 11 月，浜口首相は統帥権干犯問題に刺激された愛国社員の佐郷屋留
雄によって東京駅で狙撃された。1931 年春の第 59 議会には幣原喜重郎が臨時
首相代理として臨んだが，軍縮条約をめぐって失言し，議場に混乱を引き起こ
した。また，1930 年に結成された桜会が働きかけ陸軍中枢までが関与してい
たクーデタ未遂事件が起こった（三月事件）。さらに婦人公民権案や労働組合法
案など重要法案が貴族院で廃案となるなど，混乱が生じ始めていた。浜口は病
軀を押して何度か登院し，答弁に立った。

　議会後，無理が祟り体調を崩した浜口が退陣すると，西園寺は「政党内閣の
成立せる時代」と述べ，民政党が後継総裁に選んだ若槻を後継首班に推した。
原の前例に加え，政党の自律性が認められたという点で憲政を一歩前進させる
ものであった。1930 年代初頭には女子教育にも立憲政治教育が導入されてい
た。

　こうして日本は帝国の重荷を背負い，一部の反対者を刺激しつつも，憲政済
美と国際協調に向けて前進していた。「大正デモクラシー」の思想は「内に立
憲主義，外に帝国主義」といわれる。もとより政党政治家は帝国日本を否定し
ていたわけではないが，第一次世界大戦後は「内にデモクラシー，外に国際協
調」の帝国運営に努めた。アメリカの歴史学者ディキンソンは，第一次世界大
戦後の「新日本」が第二次世界大戦後の民主的で平和志向の日本を基礎づけて
いると分析する（Dickinson 2013）。

　二大政党への国民の支持も厚く，総選挙での得票もますます集中した。この
時期の混乱は政党政治の確立に伴うルール変革によるものであり，政党政治で

帝国を運営していく一つの道程であった。

4. 政党政治の修正をめざして

世界大恐慌下の議会政治と満州事変──「協力内閣」運動と政変

　アメリカ発の世界大恐慌が猛威を振るう中，1931（昭和6）年4月14日に成立した第2次若槻礼次郎内閣は浜口雄幸内閣の継続内閣としてその内政，外交路線を引き継いだ。浜口内閣が一度は声明を出しながら，政府内の反対によって撤回を余儀なくされた官吏減俸も条件を整えて実現に漕ぎつけた。

　国内では景気の急激な悪化で社会不安が満ちていた。1931年春には中村大尉事件，万宝山事件が中国で起こり，世論は満州，内蒙古地方における日本の特殊権益をめぐる問題（満蒙問題）の積極的解決を求め始める。こうした国内世論に敏感に反応した関東軍では謀略の準備が進められ，その噂は東京にも伝わった。国際協調体制が動揺する中，政軍関係が動揺を始めていた。

　1931年9月18日午後10時半頃，奉天の北方，柳条湖で満鉄の線路が爆破された。奉天の特務機関はこれを中国軍の仕業として関東軍に派兵を求めた。満州事変である。これは関東軍作戦参謀石原莞爾と高級参謀板垣征四郎による謀略であった。事情を知らない本庄繁司令官は躊躇しつつも出兵し，事件を拡大させた。石原は西洋文明を代表するアメリカと東洋文明を代表する日本が飛行機を中心とする徹底的な殲滅戦，世界最終戦争を戦うと予想し，前段としてソ連を打倒する必要があるとして，その基盤を満州に求めていた。したがって石原は自衛や権益擁護のための勢力維持とは次元の異なる「新満蒙」の建設を主張し，ソ連の勢力圏である北満州にまで侵攻していく。

　事態は翌朝になって東京に伝わり，若槻は早速閣議を開いた。南次郎陸相は朝鮮軍出兵による支援を考えていたが，謀略の可能性を指摘する幣原喜重郎外相を前に提案を断念した。閣議は守備的行動のみ是認し，事態不拡大，局地解決方針を定めた。ところが関東軍は止まらない。吉林の情勢が不穏だと出兵し，朝鮮軍も独断で兵を出し，林銑十郎司令官は「越境将軍」として世論の喝采を浴びた。これらの動きは明確な統帥権干犯である。独断越境への財政支出を

求められた内閣では幣原，井上が陸軍の行動を強く批判したが，若槻は朝鮮統治への影響にも配慮し，南陸相，金谷範三参謀総長による統制に期待して軍事費の支出を認めた。これによって朝鮮軍の行動は事後承認を得る。

関東軍はさらに張学良の本拠地である錦州を爆撃し，中華民国の蒋介石は9月21日，国際連盟に提訴した。アメリカの介入にも期待するものであったが，ロンドン海軍軍縮会議で全権を務めたスティムソン国務長官は，幣原や若槻を信頼して静観した。

問題は国内に飛び火する。そもそも石原ら陸軍中堅層の行動は国内政治体制の変革を求めてのものであった。先に三月事件を起こした橋本欣五郎が再びクーデタ未遂事件を大々的に起こし，政界を揺さぶった（十月事件）。

若槻首相は南陸相，金谷参謀総長と事変解決に努めたが，関東軍の確信犯的行動は止まることなく，国際連盟との軋轢は増していった。ここに至って議会勢力が一致して事態に当たる必要が説かれ，二大政党の大連立による「協力内閣」構想が提起される。イギリスでも戦時中にこうした例があり，若槻は安達謙蔵内相に政友会との提携を模索させる。ところが政策の柱である幣原と井上がこれに強く反対し，若槻は提案を撤回した。納得できない安達は閣議にも出ず，結局，閣内不統一で内閣は総辞職を余儀なくされる。戦前の制度は首相が閣僚を罷免できず，危機を脱するには適さないものであった。

▌犬養内閣と五・一五事件──「話せばわかる」▌

若槻は辞表において安達内相を名指しして不統一の原因とすることで，大命再降下を期待した。首相選定は元老西園寺と牧野内大臣が担った。「協力内閣」を望む考えは宮中にもあったが，西園寺は野党政友会の犬養毅総裁を選んだ。西園寺は幣原外交と井上財政を支持していたが，ここは「憲政の常道」に従った。

民政党もこれを受け容れた。犬養は第1回総選挙から連続当選を重ねていた政界の長老であり，第1次護憲運動では閥族打破に活躍し，尾崎行雄と共に憲政の神様と呼ばれた。他方で少数党を率いて駆け引きも辞さない現実政治家で，革新倶楽部が政友会と合同した時に側近古島一雄と政界引退を考えたが，政友会の人気回復策によって田中の後継総裁に引き出されていた。

犬養内閣を支えたのは高橋蔵相と国際連盟から戻った女婿の芳沢謙吉外相で

あった。高橋は金輸出再禁止を即日実行して金本位制から離脱し，政権交代による状況打開を印象づけた。日本はその後，軍事費の増大による刺激もあって景気を回復させていく。他方，アメリカは政友会への政権交代を受けて，非合法手段による結果は承認しないという不承認声明を出した。田中以来，アメリカの政友会不信は根深いものがあった。

　もっとも，犬養は元来中国革命家と親交が深く，そのつながりをたどることで中国との間での問題解決が期待された。そうした中，1932年1月に上海租界で日本人が中国人群衆に襲われる事件が起こり，日中間の軍事衝突に発展する（第1次上海事変）。これは公使館付武官田中隆吉の陰謀であった。国際都市上海での戦闘は世界各国の関心を集め，満州事変時には強硬な反応を示さなかったヨーロッパ諸国も急速に対日観を悪化させた。

　また3月には陸軍出先が清朝最後の皇帝溥儀を担ぎ出して，満州国の建国を宣言するに至る。犬養は建国に反対で，既存の国際秩序と両立可能な地方政府方式を模索していた。犬養内閣では荒木貞夫陸相が三月事件に関与した陸軍主流を排除した皇道派人事によって青年将校の統制に努めていたが，犬養は陸軍内における下剋上の風潮に問題があるとみており，天皇の力を借りてでもこれを抑える考えであった。

　そのためには議会で多数派を得る必要がある。2月20日に実施された第18回総選挙において，犬養政友会は圧勝した。この選挙では内地在住の朝鮮人が初めて立候補・当選した。また婦人参政権獲得運動も活発であった。他方，救護法が施行されるなど大恐慌への対策も進められたが，社会不安は深刻であった。

　それはテロとして顕在化する。金輸出再禁止に際して財閥のドル買いが売国的投機であるという虚偽の情報が流され，将来の民政党総裁・首相候補と目されていた井上準之助や，アメリカで鉱業を学んだ立志伝中の国際派実業人である三井合名会社理事長の団琢磨がテロによって相次いで命を失った（血盟団事件）。

　そして，海軍青年将校が犬養首相を暗殺する（五・一五事件）。陸軍では皇道派首脳への期待から青年将校の衝動が抑えられていたのに対して，海軍の内部統制は失敗していた。政界引退後は青年教育に当たろうと述べていた犬養は，「話せばわかる」と若い彼らの誤解を解こうと試みたが「問答無用」と射殺さ

れた。犬養は，撃たれてなお彼らを呼び戻すよう家人に求めたという。戦前の政党内閣期では，官僚出身の政治家たちが首班を務めたが，国際環境が悪化する中で，彼らは支持を失っていった。その帰結として，生粋の政党政治家である犬養が政党内閣期最後の首相となったのは，戦前の政党内閣の限界を示すようである。

さらに学びたい人のために　　　　　　　　　　　**Bookguide** ●

村井良太『政党内閣制の成立　一九一八〜二七年』有斐閣，2005年。
　　　政党内閣の成立を，特に首班指名のシステムに焦点を当てて経時的に論じる。モデルを多用した議論で，政治学の方法を用いながら歴史過程を論じる方法を教えてくれる。

奈良岡聰智『加藤高明と政党政治──二大政党制への道』山川出版社，2006年。
　　　この15年ほど盛んとなった第二党研究の中でも，大正期・憲政会をめぐる政党政治の構造を扱った重厚な一冊。一次史料の乏しい加藤高明の政治理念を周辺資料から丹念に解きほぐす。

中澤俊輔『治安維持法──なぜ政党政治は「悪法」を生んだか』中公新書，2012年。
　　　悪法というイメージが強い治安維持法を，田中内閣による改正以前の本来の目的から説き起こし，明治維新以来の本質的な治安維持，警察行政の観点からとらえなおす。

引用・参考文献　　　　　　　　　　　　　　**Reference** ●

今津敏晃　2004「1925年の貴族院改革に関する一考察──貴族院政党化の視点から」『日本歴史』679号。
小山俊樹　2012『憲政常道と政党政治──近代日本二大政党制の構想と挫折』思文閣出版。
齋藤尚文　2017『鈴木商店と台湾──樟脳・砂糖をめぐる人と事業』晃洋書房。
清水唯一朗　2007『政党と官僚の近代──日本における立憲統治構造の相克』藤原書店。
清水唯一朗　2013「日本の選挙制度──その創始と経路」『選挙研究』29巻2号。
季武嘉也　2007『選挙違反の歴史──ウラからみた日本の一〇〇年』吉川弘文館。
中澤俊輔　2012『治安維持法──なぜ政党政治は「悪法」を生んだか』中公新書。
奈良岡聰智　2006『加藤高明と政党政治──二大政党制への道』山川出版社。
奈良岡聰智　2009「1925年中選挙区制導入の背景」日本政治学会編『民主政治と政治制度』（年報政治学 2009-Ⅰ）木鐸社。

古川隆久 2011『昭和天皇——「理性の君主」の孤独』中公新書。

蓑原俊洋 2002『排日移民法と日米関係』岩波書店。

村井良太 2005『政党内閣制の成立 一九一八～二七年』有斐閣。

Dickinson, Frederick R. 2013, *World War I and the Triumph of a New Japan, 1919-1930*, Cambridge University Press.

第 **10** 章

非常時日本の大転換

国際的孤立と内政の変化

🎧 二・二六事件。建設中の新帝国議会議事堂に入る反乱部隊
（1936 年 2 月，東京・永田町。写真提供：共同通信社）。

INTRODUCTION

　陸軍出先の陰謀で始まり正当化された満州事変は日本政治を揺さぶり，五・一五事件で再び政党内閣の現職首相が暗殺された。社会は世界大恐慌の影響に喘いでおり，アメリカ，イギリスと共に国際協調を支える政党政治という第一次世界大戦後の枠組みは，いかにもうまくいっていないように見えた。日本は政党内閣を一時棚上げして非常時と向き合い，伝統を強調してガバナンスの回復をめざしたが，二・二六事件で帰着点を失う。内政・外交を通じた非常時の大転換は，時間をかけて築いてきた立憲国家をどう変えていくのだろうか。

第 10 章関連年表

年　月	事　項
1932（昭和 7）年 5 月	五・一五事件の後，斎藤実・非常時暫定内閣成立
9 月	日満議定書に調印，満州国を承認する
1933（昭和 8）年 2 月	国際連盟総会で松岡洋右ら退場，翌 3 月，脱退を通告
5 月	塘沽停戦協定を結び，満州事変が終わる。国内では滝川事件
1934（昭和 9）年 7 月	帝人事件で斎藤内閣が倒れ，岡田啓介内閣成立
1935（昭和 10）年 8 月	天皇機関説事件を受けて政府が国体明徴声明（第 1 次）を発する
	さらに 10 月には第 2 次声明も発出
1936（昭和 11）年 1 月	ロンドン海軍軍縮条約から脱退，ワシントン軍縮条約も年内に失効
2 月	第 19 回衆議院総選挙の後，二・二六事件勃発
3 月	広田弘毅内閣成立
5 月	軍部大臣現役武官制を復活
11 月	日独防共協定調印
1937（昭和 12）年 2 月	政府と議会の対立によって広田内閣退陣，林銑十郎内閣成立
5 月	懲罰的解散により第 20 回衆議院総選挙を行うも林内閣総辞職

1 斎藤内閣と満州国承認　▶日満議定書と国際連盟脱退

非常時暫定政権の誕生──宮中官僚のイニシアティブ

　1932（昭和 7）年，五・一五事件による犬養毅首相暗殺後に誰が首相に選ばれるのか。原敬暗殺（1921 年）後には高橋是清が，加藤高明の病死（1926 年），浜口雄幸の凶変（1930 年）後には同じく若槻礼次郎が，いずれも同一政党から選ばれた。そのため，常々政友会に批判的であった吉野作造も含め，この時も政友会の後継総裁が首相になると考えられていた。政友会は内部対立を抱えながらも鈴木喜三郎を後継総裁に立てた。身内から暴徒を出して慎む海軍に対して，陸軍は陸相入閣条件として，予想される政友会内閣に政党政治の浄化と満州問題での統帥権尊重を求めたが，中堅幕僚はさらに進んで政党内閣の排斥をめざした。昭和天皇もこの時，元老西園寺公望に人格者を選ぶようにとの希望を伝えたが，連立内閣か単独内閣かは問わないとも述べており，政党内閣を否定していなかった。ところが，選ばれたのは海軍軍人で朝鮮総督を務めた斎藤実であった。

この首相選定が異例であったのは，1924年以来の非政党内閣という結果だけではなかった。従来，元老西園寺と牧野伸顕内大臣が協議して野党第一党の党首に速やかに大命降下する例が続いていた。しかし，軍人によって首相が暗殺される非常事態に直面して，西園寺は興津（現在の静岡市清水区の一地区）の坐漁荘からすぐには上京せず，また牧野ら宮中官僚は首相経験者や陸海軍元帥との会見を求めた。西園寺は彼らとの面会を重ねたが，斎藤という結論も宮中官僚が準備したものであった。木戸幸一内大臣秘書官長は事件の翌16日に「時局収拾大綱」を牧野に進言し，斎藤を首班とする「挙国一致内閣」を主張していた。西園寺は斎藤を推し，大命は降下した。

　しかし，斎藤が組閣できるとは限らない。斎藤は二大政党に協力を求めた。斎藤は自らの内閣の使命を，直面する危機的状況を緩和することで再び政党内閣に政権を戻す非常時の暫定内閣と理解していた。西園寺も牧野も木戸も同様であった。民政党はすぐに協力を約束したが，衆議院の圧倒的多数を占めながら政変に見舞われた政友会には，大々的に憲政擁護運動を起こすべきだという強硬論もあった。しかし，政党と軍の直接衝突によって，さらに事態が悪化することを危惧する元老を信頼し，矛を収めた。

　斎藤は桂園時代に海相を長く務め，西園寺との付き合いは深かった。しかし，この度の首相選定は，方式も結果も論理もすでに述べたように宮中官僚が準備し，西園寺が許容したものであった。木戸は事件前の4月には友人の近衛文麿や原田熊雄らと斎藤「挙国一致」内閣を議論していた。木戸は事件を，困窮した農村子弟に同情した青年将校が「既成政党の堕落，財閥の横暴」に憤った「社会問題」と解釈した。それは事件首謀者の思惑通りでもあり，陸軍，海軍，民間の三者が立ち上がることで「苦しんでいる農民が止むに止まれず蜂起した」という大義名分を得られると考えていた。メディアの多くも喧嘩両成敗の姿勢で，政友会系地方紙『福岡日日新聞』の菊竹淳が「立憲代議政体」を擁護して異彩を放っていた。

　西園寺は時に応じて政党内閣を選んだと，のちの歴史家は考えたが，近衛の理解では西園寺はあくまで政党内閣を希望しており，木戸には「ほんとうにお気の毒」に見えた。西園寺は斎藤内閣成立後間もなく首相選定方式の変更を内大臣に求めた。以後は内大臣を中心に首相経験者などを招いて選ぶことを提案し，引退を希望したのだった。天皇の許しが得られないと説得され翻意したが，

政党内閣の連続は西園寺の国家像に基づいていたのであった。

　新任のアメリカ大使グルーは6月に日本に着任した。グルーは73歳の軍人首相に好感をもったが、「軍の優越時代」に前途を楽観しなかった。それでも、パリ講和会議で協働した西園寺や牧野に期待を寄せ、振り子のようにいずれ復原力が働くと考えていた。元老、宮中の支持を受けた斎藤内閣は政友会から高橋是清蔵相、鳩山一郎文相、三土忠造鉄相を、民政党からは山本達雄内相と永井柳太郎拓相を迎えた政民連立内閣であり、貴族院議員5名を含む貴衆両院連立内閣でもあった。海相は岡田啓介に交代したが、荒木貞夫陸相は留任した。

　政治評論家の馬場恒吾は8年ぶりの非政党内閣に「昼間の幽霊」と驚き、社会運動家の市川房枝は「此の度は周囲の状況から超然内閣の出現を余儀なくせしめたにしろ、出来るだけ早く、憲政の常道が確立されんことを望んでいる」と述べた。吉野作造の見通しはより厳しく、中国問題に関する軍部の方針を無条件に承認しない限り、次に政友会総裁に大命降下しても軍部大臣を得られずに組閣できないのではないかと論評した（村井2014）。

満州国の建設と国家承認 —— 五族協和の夢と現実

　斎藤内閣の使命は危機的状況の緩和にあった。第1の課題は満州事変の解決である。満州事変の首謀者石原莞爾は当初満州の併合を考えたが、建川美次の忠告で独立国として建国し、事実上の保護国化することに変更していた。陸軍出先の暴走で始まった満州事変であったが、陸軍中央もこの年の3月に建国された満州国を育成する方針に転じていた。在満機構改革が問題となり、7月には関東軍司令官の関東庁長官、特命全権大使の兼任が実現した。これは関東軍と関東庁を分けた1919年の改革を逆戻しするもので、1934年12月には首相直属の対満事務局を設置し、外務省や拓務省を排除した。

　次に国家承認について、犬養首相や芳沢謙吉外相はワシントン会議で決まった中国に関する九カ国条約や不戦条約など国際約束に反するおそれがあると消極的であったが、斎藤新首相は朝鮮統治の観点から積極的であった。内田康哉新外相も同様で、国際連盟のリットン調査団が報告書を出す前の9月15日に日満議定書を結び、満州国を承認した。関東軍は清朝を興した満州族を中心とする民族自決に建国の正統性を求めたが、リットン報告書はこれを認めず、他

方で日本の特殊権益には十分配慮していたが，日本は受け入れられなかった。内田外相は議会で「国土を焦土としても」と満州国育成への協力に決意を示した（焦土外交演説）。かつてワシントン会議に臨む原外交を支え，不戦条約に調印した内田も，元老や宮中の期待とは異なり南満州鉄道株式会社（満鉄）総裁を経験して姿勢が変化していた。満州国は中国語で「偽満州国」と表記されるが，これは満州国が存在しないという意味ではなく，正統な根拠をもたないという意味である。日満議定書は日満共同防衛を謳い，日本軍の満州国内駐留を約した。

　満州国建国とともに執政となった溥儀は3歳で清国の皇帝に即位し，3年後，辛亥革命で退位した。満州国は「王道楽土」「五族協和」が謳われたが，憲法が制定されるまでの政府組織法では議会政治を否定し，議会の権能には「翼賛」の文字があてられた。この言葉は明治憲法草案が1888年に枢密院で審議された際に問題となった。第5条原案「天皇ハ帝国議会ノ承認ヲ以テ立法権ヲ行フ」の「承認」という語が天皇と帝国議会の上下関係をめぐって不適切であると異論が出され，勧告を意味する「翼賛」という語への変更が議論されたのであったが，伊藤博文が「翼賛」を否定し，同意の意味を含む「協賛」を当てたのであった。それでも伊藤は立憲政治とは君権の抑制であると述べたが，関東軍にそのような立憲制理解はなかった（三谷 2000）。

　満州国建設には世界大恐慌後に高まった現地の日本人社会の危機感があり，事変前から日本社会への訴えかけを強化していた。「民族自決」に基づく「五族協和」国家の建前の下で，しかし国民の政治参加や政治動員には消極的であった。とはいえ国民の何らかの同意のない統治はできず，7月に協和会が結成された。

┃国際連盟脱退と塘沽停戦協定による満州事変の終息┃

　1933年初頭には国際連盟総会が予定されていた。牧野伸顕内大臣は早期の事態収拾を求めていた。満州国承認は連盟との対立を深めたが，首相はじめ政治指導者の中で脱退を希望した者はいなかった。しかし，再び陸軍出先の謀略も絡んで日中両軍の衝突が起こる。熱河事件である。関東軍は熱河を本来満州国であるべき地域と考えており，満州事変の継続とみていたが，国際社会から新たな戦争を発動したとみられれば経済制裁がありえた（日本国際政治学会太平

洋戦争原因研究部編 1987)。

これを懸念した政府は政友会代議士で全権の松岡洋右に国際連盟脱退を指示した。第二次世界大戦後の国際連合に比べて国家間の平等性が高かったといっても国際連盟も基本的に大国支配の場であり，常任理事国の日本は大きな利益を得ていた。政友会の鳩山一郎文相は脱退を惜しんだが，元老の判断を尊重した。その後ドイツ，イタリアも脱退する。日本の脱退は国際連盟という人類のプロジェクトの挫折をも意味した (篠原 2010)。日本は脱退後も南洋群島の委任統治を認められ，また 1938 年 11 月までは政治的でない社会・人道問題を扱う機関への参加を継続した。

1933 年 5 月，現地日中両軍間に塘沽(タンクー)停戦協定が結ばれ，満州事変は終わった。連盟脱退後，企図せずして人気を博した松岡洋右が政友会を出てのちに政党解消運動を始めるのに対して，芳沢前外相は入れ替わるように政友会に入会し，国際主義を支えようとした。

2 非常時下の憲政改革と帝人事件 均衡回復への困難

経済危機と自力更生——経済外交と国際秩序

対外危機に加えてもう一つの危機は経済にあり，世界大恐慌以来の深刻な経済不況が社会の混乱や政党政治批判の背景にあった。斎藤内閣は高橋財政と呼ばれる積極財政を行い，景気浮揚を図った。また，後藤文夫(ごとうふみお)農相を中心に農山漁村経済更生運動と呼ばれる農山漁村の自力更生運動を展開するなど，疲弊(ひへい)した地方の救済に力を入れた。貴族院の勅撰議員でもあった後藤は青年団運動に尽力し，国家の革新をめざす国維会にも名を連ね，政党とは距離を置く新官僚の旗手として注目を集めた。なお，1933 (昭和 8) 年 3 月には昭和三陸地震津波が東北太平洋岸地域を襲い，明治期に続いて再び大きな被害を出したが，帝国陸海軍も被災地で救援に当たり，関東大震災後と同様，国家も復興に努めた。

世界大恐慌後の国際経済の回復に向けて 1933 年 6 月から 7 月にかけてロンドン世界経済会議が開かれた。しかし，各国が自国の回復を優先する中で協調が図れず，ブロック経済化が進んだ。9 月にはソ連大使を務めた広田弘毅が新

外相となったが，彼の外相期に経済摩擦が深刻化し，輸出市場を求めて経済外交が多角的に展開していく。この時期の経済交渉と，低賃金などによる不当な安売りではないかというソーシャル・ダンピング論は経済侵略的に記憶され，第二次世界大戦後の国際社会復帰の障害となる。円の下落と浜口雄幸内閣の経済政策が長期的によい影響を与えたこともあって，その後，日本は列強の中で最も早く恐慌から立ち上がることになる。

　他方，満州国承認後の中国政策では，インナー・キャビネットである首相・蔵相・外相・陸相・海相による五相会議の枠組みが使われるようになり，1933年10月には「日満支三国ノ提携共助」が定められた。満州国の経済構造は当初，「財閥入るべからず」といわれた（山室 2004）。さらに 1934 年 1 月から協和会を中心に帝制推進運動が行われ，3 月には帝制に移行して，溥儀は再び皇帝を名乗った。帝制移行には 1936 年前後に予想される危機に備えて日本との政治制度上の一体性を高める意味もあった。内田前外相の「焦土外交」に対して「和協外交」と呼ばれ，英米から比較的好感をもたれていた広田外交も，4月の外務省情報部長天羽英二による天羽声明が問題となった。すなわち，欧米諸国の中国援助を問題視する声明で，門戸開放原則に背馳する東亜モンロー主義（日中提携により域外国の干渉を排除する考え）が疑われたのであった（井上 2016）。

選挙制度改革と官吏の身分強化──矯正された政党政治の再建

　斎藤首相は政党政治の常道に復帰するには，危機の緩和にとどまらず，政党政治の信頼回復が必要と考えていた。五・一五事件前にすでに改革の声は上がっていた。選挙制度改革であり，議会の混乱を受けて議会制度改革が加わった。こうして浜口，若槻，犬養という 3 代の政党内閣下で議論された改革が，政党内閣回復のために非常時の暫定内閣下で実現していく。

　そもそも「憲政常道」とは，近代立憲政治では共通して議会が重視されるという普遍的な憲法政治理解であった。軍を含めた官僚組織は政党政治を立憲政治の当然の有り様と考えて適応に努めたが，頻繁に政権交代する政党政治に翻弄され，いわば民主主義の過剰に悩まされた（若月 2014）。時あたかも世界大恐慌の発生によって弱者の不満には声が与えられ，矯正された政党政治が模索される。これは二大政党が地方官を更迭し合うのに対して，任期を設けて行政

への専念を求める知事公選論など，第二次世界大戦後の改革にもつながっていく。

　まず選挙制度改革が試みられた。初の男子普通選挙となった第16回総選挙（1928年）で田中内閣の鈴木内相が選挙干渉批判を受け，野党が政党内閣の選挙監視団を組織する状況であったことから，浜口内閣では衆議院選挙革正審議会が設けられた。比例代表制や政治教育のための民間教化団体などが検討され，答申は若槻内閣に引き継がれた（村瀬1997）。次の犬養内閣でも法制審議会への諮問が考えられており，斎藤内閣となって1934年に衆議院議員選挙法が改正された。買収罪や連座制など選挙運動の規制が強化される一方，選挙費用の低減を目的に，選挙公報など私的運動を制限する選挙公営の拡大が図られた。

　官吏の身分保障も強化された。高等文官分限令と巡査分限令が制定され，政権交代時の人事異動が末端の警察官にまで及んでいたことが改められた。さらに原敬内閣で自由任用となった内務省警補局長と警視総監にも文官任用令と文官分限令が適用された（黒澤2013）。

　他方，議論されながら進まなかったのが議会制度改革であり，貴族院が阻止したかたちとなった（川人1992）。貴族院の中にも政党政治家や立憲政治への理解者はあったが，院として機動的であったとはいえない。

　内閣強化のための無任所大臣問題と，五相会議の運用もその後の政治のあり方を変えていった。無任所大臣は鈴木喜三郎政友会総裁の入閣問題として起こった。他方，五相会議の背景には陸軍の少数閣僚制を求める議論があった。斎藤内閣ではイギリスと同じく非制度的危機対応で，しかも蔵相が党人であったことから内閣の機動性を高める趣旨であったが，次の岡田啓介内閣以降，主要閣僚から党人が排除される中で意思決定の中枢から政党を除外する意味をもち，のちの第1次近衛文麿内閣で制度化される。

　民主主義は時に行き過ぎがあり，多数専制を防ぐ立憲主義が再評価されるが，明治憲法では「民主主義」体制は憲法違反であると考えられたため，「憲政擁護」という立憲主義の主張で事実上の民主主義が育まれた。ところが，二大政党制が機能し始めると民主的多数専制を立憲主義によって抑制するという一般的な関係が生まれ，政党政治を立憲主義によって補完・矯正する議論が現れる。蠟山政道の立憲独裁論と美濃部達吉の円卓巨頭会議構想が挙げられよう（坂野2006）。どこまで改善すれば政党内閣に復帰できるかは誰にもわからない。し

かし，いくつかの改革で復帰への準備は一応整った。

滝川事件と転向

　危機は対外危機，経済危機，政治危機にとどまらず思想の混乱をも招いていた。自由主義が牽引してきた政治社会の変革はモダニズムを花開かせたが，同時に第一次世界大戦後にはマルクス主義の紹介が盛んに行われ，対抗思想として国家主義も盛り返していた。第一次世界大戦後の学界では共産主義思想は思想や哲学を超えて最先端の「科学」であった。1932年5月から翌年8月にかけて山田盛太郎らが『日本資本主義発達講座』を刊行した。農民革命の必然性を説く彼らは講座派と呼ばれ，向坂逸郎や大内兵衛ら労農派と資本主義論争を展開した。講座派が第二次世界大戦後に日本共産党の，労農派が日本社会党左派の主張につながっていく。

　共産主義者の取り締まりが強化される中，1933年2月に起こった長野県教員赤化事件が耳目を集めた。時の文相は政友会の鳩山一郎で，5月には京都帝国大学法学部教授で刑法学者滝川幸辰の講演や著作が共産主義的であるとして，休職処分になる滝川事件が起こった。また，同時期，地下活動を行っていたプロレタリア文学の代表的作家小林多喜二が警察署で殺害された。日本共産党最高幹部の佐野学，鍋山貞親が同年6月に転向を表明すると，7月にかけて共産主義者が雪崩を打って転向した。

　政党はどうしていたのだろうか。五・一五事件の裁判は報道を通して首謀者の宣伝の場となり，腐敗・堕落した既成政党と財閥官僚の特権階級批判が展開された。政党内閣の復活をめざして政友会と民政党は連携を模索していたが，当初1年以内の政権復帰を見込んでいた政友会は次第に焦慮し，統制を失い，鳩山は内部批判によって文相の辞任に追い込まれた。他方，陸軍では，皇道派人事が展開する一方で，次第に荒木陸相への期待は陰り，永田鉄山など中堅幕僚は国防国家建設を求めて病気交代した林銑十郎陸相に期待するようになる。

帝人事件と2度目の暫定政権への道

　1934年5月2日，西園寺は事件以来2年ぶりに上京した。前年12月23日に誕生していた皇太子明仁に面会するためで，西園寺は大変に喜んだ。西園寺は退陣を口にする斎藤，山本，高橋を励まし，枢密院議長には国家主義的な平

沼騏一郎副議長の昇任を阻止して一木喜徳郎を据えた。平沼は結論からいえば
ファシストではなかったが，他方で西園寺は1926年，牧野内大臣に「憂国者」
「国粋論者」などの日本特殊論者に宮中が誤られないよう注意していた（河井
1994：233-234）。西園寺は，斎藤内閣を「やっぱり時宜に適していた。大体の
空気が和らいで来たことは事実だ」と述べていた。

こうした西園寺の反転攻勢を挫いたのは帝人事件であった。帝国人造絹糸
（帝人）の株式売買が贈収賄事件として取り上げられたもので，大蔵次官まで
逮捕された。西園寺は満州事変以来の「一種の極端な反興論政治の時期」が過
ぎ去ろうとしていると感じており，斎藤には辞職しないよう説得を続けた。と
ころが，西園寺の政治秘書を務める華族政治家原田熊雄は，宇垣に希望を寄せ
る西園寺に「まだその時期ではない」と述べ，政党内閣を説く馬場恒吾の議論
には「今日，超党派的に鈴木さんがやるとかなんとかいふのは，もう既に遅
い」と反対した。

原田は陸軍の鈴木貞一に岡田啓介前海相を首相にして，小林躋造を海相に，
末次信正を将来軍令部総長にする案を述べて感触を探った。小林は条約派で末
次は艦隊派であり，海軍内で対立する2派の有力者をともに取り込もうとする
相互牽制論に鈴木は反発したが，原田は木戸とも一致し，斎藤も原田の岡田後
継論に反応した。このような動きに多数党の政友会は反発し，非政党内閣には
入閣しない決意であった。対する民政党は政友会単独内閣を理想的と考えなが
らも，難しければ「斎藤内閣に近い挙国一致内閣」で総選挙を実施し，その結
果で「憲政を常道に戻すべき」という意見が有力とみられていた。

7月，斎藤内閣が総辞職すると，元老の西園寺公望，枢密院議長の一木喜徳
郎のほか，首相経験者の若槻礼次郎，清浦圭吾，斎藤実，高橋是清の重臣たち
が協議した結果，岡田啓介に組閣の命が下った。斎藤内閣に続き，2代連続で
「挙国一致」を掲げる内閣の誕生である。また，この政権交代を前に，枢密院
議長と首相経験者を重臣として元老とともに後継首相の選定協議に当たること
が決められた。

斎藤が岡田を推し，西園寺は特に若槻に民政党の支持を求めた。グルー駐日
アメリカ大使は政変の前日，大使館員と次期首相を予想し合い，新聞の下馬評
にも挙がっていない岡田の名を挙げて一同の笑いを誘っている。グルーはすで
に「著名なる日本の自由主義者」樺山愛輔から内報されており，国務省には

「穏健派が優位を占めたことを信じる」と報告した。ただ，グルーとは異なり予想外の大命降下は社会に驚きを与え，自らも首相候補であった宇垣は「国民が天から問題にして居らざりし人物が飛び出した」と記した。1933 年 3 月に病没していた吉野作造の声は聞けないが，市川房枝は「今より悪く行かない」と岡田を評価しつつも，「私達のやうに進歩的運動にたづさはつてゐるものはどうしても政党内閣の生まれることを期待します」と述べた（村井 2014）。

 岡田内閣と二・二六事件 ▶ 海軍軍縮条約の廃棄と国体明徴運動

▌岡田内閣の成立──もう一つの「挙国一致」内閣▐

　こうして 1934（昭和 9）年 7 月に成立した岡田啓介内閣の内実は，「挙国一致」といえるものではなかった。何よりも先の総選挙で 300 議席以上を占めた最大会派政友会の協力が得られなかった。数に立脚する憲政の論理からすれば，政友会内閣が実現してもおかしくはなかった。そうならなかったのは，帝人事件で政友会幹部からも逮捕者が出たこと，そして総裁の鈴木喜三郎が右翼的だと元老の西園寺から忌避されたともみられた。政権獲得がならなかった政友会は，内閣と対決姿勢をとった。岡田首相は，政友会からも非主流派の床次竹二郎，山崎達之輔，内田信也，そして元総裁の高橋是清を閣内に引き入れたが，床次らは党から除名され，高橋には別離宣言が下された。

　また，岡田は海軍の出身であるにもかかわらず，そこからの支持も欠いていた。そもそも先の斎藤実内閣の途中で岡田は海相を辞任しているが，背景には海軍による岡田降ろしがあった。海軍内ではワシントンとロンドンの両軍縮条約からの脱退を唱えるいわゆる艦隊派がすでに勢力を広げていた。海軍の統帥権を独立させ，軍縮条約を無効化させるために岡田は海相から追われたのであり，彼は海軍内に基盤を失っていたのである。

　このように議会の最大勢力からも，自分の出身母体からも支持を失っていた非力な首相が誕生してしまった。にもかかわらず，内閣の直面する課題は大きく，外政的には次の海軍軍縮条約の成立であり，内政的には陸海軍を抑制し，政党内閣制を回復させることだった。

海軍軍縮条約の廃棄

1934年5月，イギリスから海軍軍縮条約予備交渉の打診が日本政府に届いた。1930年に締結されたロンドン海軍軍縮条約を継ぐ新条約を作成するために，35年にロンドンで次回会議が開催されることになっていた。その事前協議の呼びかけである。

帝人事件で斎藤内閣が倒れたため，国際軍縮を進展させるという課題は，岡田内閣に引き継がれた。岡田は先のロンドン海軍軍縮条約ではとりまとめに尽力した条約推進派であり，その手腕が期待されたのであったが，艦隊派はワシントンとロンドンの2度の軍備削減を日本に対する不平等な措置とみなし，条約破棄で結束していた。首相となっても，岡田が海軍内を統率するのは至難のことであった。

果たせるかな，成立早々の9月，岡田内閣は海軍の主張を全面的に受け入れ，英米に対する兵力量平等権といった交渉方針を決定せざるをえなくなる。これに先立ち，天皇に謁見した岡田は，ロンドン海軍軍縮本会議は成立困難と奏上している（『西園寺公と政局』4：50-51）。

結局，条約破棄を求める艦隊派によって席巻された海軍に押し切られるかたちで，岡田内閣は12月3日，ワシントン海軍軍縮条約廃棄を閣議決定し，29日に各国に通告した。1936年1月にはロンドン海軍軍縮会議からも脱退し，ここに1922年のワシントン会議以来の日本の国際協調体制は名実ともに終わりを告げたのである。

中国政策では，留任した広田弘毅外相が1935年1月に議会で不脅威不侵略を演説し，5月には在中国公使館を大使館に昇格させるなど蒋介石政権に関係改善のメッセージを送った。そして10月には，広田3原則（排日言動の取り締まり，満州国の事実上の承認，共同防共）を掲げて関係改善の糸口を求めた。しかし，この動きに反発した日本の現地軍は蒋介石による中国統一を阻む華北分離工作を進めた。梅津（美治郎）・何応欽協定や土肥原（賢二）・奉徳 純協定が結ばれ，冀東防共自治政府がつくられた。

国体明徴運動――天皇機関説事件から二・二六事件へ

国際的な軍縮体制からの苦渋に満ちた脱退から年の明けた1935年，満州国

承認を前提とする日中関係の改善もままならないまま，岡田内閣を今度は内政面で大きな危機が見舞う。戦前日本の右傾化・軍国主義化の画期となる出来事として記憶される天皇機関説事件，国体明徴声明，そして翌年の二・二六事件という一連の事態である。

　1935年2月18日，貴族院議員の菊池武夫が帝国大学の学者らの「皇国ノ国体ヲ破壊スル」著作に対する措置を岡田内閣に糺（ただ）した。ここで標的とされた学者の一人が，東京帝国大学法科大学で長年憲法学を講義してきた美濃部達吉だった。この時，美濃部はすでに大学を退官し，貴族院議員となっていた。菊池は美濃部に対して，彼が主張する天皇機関説が日本の国体を冒瀆（ぼうとく）するものだとして矛先を向けた。

　天皇機関説とは，大日本帝国憲法の解釈上，天皇とは別個に国家を観念し，天皇は国家の一機関（最高機関）として国政上の権限を行使するという考え方である。このような理解のもとでは，天皇は国家の統治権を総攬（そうらん）する絶対的な主権者ではなく，天皇といえども憲法の下に立つ立憲的な制限的君主とされる。それは，明治憲法の正統的な解釈として通説とみなされ，大学を卒業して官僚となる者が修めるべき学説として不動の地位を占めていた。そもそも，憲法の制定者である伊藤博文自身が，現実政治における天皇の権能を機関説的に考えていた。

　長年，憲法学の定説として国家のエリートたちに認められてきた天皇機関説がここに来て激しくやり玉にあがったことは，国家を支える精神的基盤の揺らぎを示している。単純化していえば，「大正デモクラシー」以降の政治の民主（衆）化の中，もはや政治は一部のエリートの専管事項ではなくなった。

　天皇機関説に刃を向けた人々は，退役し予備役となって社会に戻った軍人たち（在郷軍人）であり，政権に就けなかった政党人（政友会）であり，出世の本流から外れた官僚層（平沼率いる司法省）であり，また帝国大学の門外に締め出された知識人（蓑田胸喜）であった。いわばエリート・コースから外れた人々の不満や怨念が，機関説排撃運動の温床となっていた。そのような彼らはまた，国家を想う気持ちの強さをアピールし，自分たちに代わって国家の中枢にいる者の糾弾に血道をあげた。美濃部達吉はその格好の標的となったのである。

　4月9日，政府は美濃部の主要著作を発禁にしたり，改訂を命じたりした。そして8月3日には国体明徴声明（第1次）が発表され，天皇機関説は「我が

国体の本義を愆るもの」とされた。岡田首相としては，これによって何とか陸軍の過激派をなだめ，機関説排撃の余波がこれ以上政権の深部に及ぶのを防ぎたかった（枢密院議長の一木，内閣法制局長官の金森徳次郎も機関説論者として排斥運動が起こっていた）。

　だが，第1次国体明徴声明が発せられてからほどなく，陸軍統制派の永田鉄山・陸軍省軍務局長が狂信的な陸軍皇道派将校に斬殺されるという事件が起こる（相沢事件）。陸軍内の統制を期待されていた林銑十郎陸相も翌9月，軍内部の統率に自信を喪失して辞職し，岡田内閣は陸軍との貴重なパイプを失ってしまった。勢いを得る機関説排撃運動を前に，同月，美濃部はついに貴族院議員を辞職し（その一方で自説の撤回は拒み，そのことがまた火に油を注ぐ），翌10月，政府は機関説の出版物の取り締まりを決定する。これによって，美濃部や京都帝大教授・佐々木惣一らの著書が発売禁止・絶版に処せられ，すべての大学の憲法講義担当者の思想チェックが行われた。10月15日には第2次国体明徴声明が出され，天皇機関説は「芟除せざるべからず」と，より強い表現でその撲滅が宣明された。翌1936年1月には，内閣の機関説容認の象徴と目されていた金森法制局長官も辞職に追い込まれる。

　以上のような一連の事態の展開は，岡田内閣の軍部や右翼に対するなす術もない屈服と映じる。ただ，内閣の側では，肉を切らせて骨を断つかのような策略もあった。こういった譲歩を経ることで，岡田内閣は衆議院を解散することの同意を陸軍から得ることができ，2月20日，4年ぶりとなる第19回総選挙が行われた。結果，与党民政党が205議席を獲得して勝利した。政友会は議席を半減させたのみならず，鈴木総裁以下主要候補が相次いで落選するという民意の厳しい審判を受けた。岡田内閣は起死回生で議会内における安定基盤の創出に成功した。それは政党内閣制への復帰を期待させるものであった（菅谷2005）。

　だが，一度堰を切った歴史の流れは容易には止められない。心機一転，陸軍皇道派の過激分子の統制に乗り出そうとしたところで，彼らは決起しクーデタを引き起こす。二・二六事件である。1936年2月26日，陸軍の青年将校たちが反乱軍を組織し，「君側の奸」と目された政府や宮中の有力者を次々と襲撃した。高橋是清蔵相，前首相の斎藤実内大臣，陸軍教育総監・渡辺錠太郎が殺害されたほか，首相の岡田は襲撃された官邸に身を隠し翌日反乱軍の目をかい

くぐって脱出し，侍従長の鈴木貫太郎は奇跡的に一命をとりとめ，前内大臣の牧野伸顕は難を逃れ，元老・西園寺公望の襲撃計画は未遂に終わった。

　岡田首相は存命であったが，内閣は3月9日に総辞職した。岡田内閣は議会多数を基礎とせず陸軍からも出身母体の海軍からの支持もない，いわば良識が生み出した官僚内閣として発足し，政党，軍部さらには大衆レベルでの思想激化や運動に翻弄された。何とか「憲政常道」への回帰を模索しながらも，軍縮条約からの脱退，天皇機関説事件での2度の国体明徴声明，そして二・二六事件と昭和史に汚点を残した。政党内閣や期待の高かった宇垣内閣では違う結果となっただろうか。答えは難しい。ただ政友会内閣であれば，少なくとも政友会は運動を控えただろう。政治は権力だけでは機能せず，権威を伴う必要がある。政党政治には批判はあっても国民を代表する議会に基盤があるという権威があった。官僚内閣や軍事政権には独自の権威はない。目に見える成果もない中では，天皇の権威にますます依存することになる。それは日本の立憲君主制にとって，そしてその当事者にとって不幸であったというべきである。

4 二・二六事件後の日本 ▶憲政の手詰まりと国民の不在

▎二・二六事件の収拾──広田弘毅内閣▎

　暴発に近かった五・一五事件に対して，二・二六事件は真崎甚三郎・前陸軍教育総監を首班とした軍部内閣樹立を企図したクーデタであった。昭和天皇が反クーデタの意思を明確に示したことで反乱は即座に鎮圧されたが，事態の収拾は容易ではなかった。後継には本格政権が期待され，西園寺は国民の人気も高い近衛文麿を奏薦したが，時期尚早とみた近衛はこれを回避した。

　近衛が手を回して推薦したのは，前外相・広田弘毅であった。陸海軍が海軍軍縮条約が期限切れを迎える1935・36年の危機を高唱するのに対して，駐ソ大使であった広田であれば対ソ関係改善に期待できるというのが，重臣たちが応じた理由であった。広田内閣は「庶政一新」を唱えた。

　広田自身は，軍部の台頭を押さえ込む意思をもって組閣に臨んだという（服部 2008）。しかし，実際には，陸相となる寺内寿一がさかんに大臣の人選に介

入し，組閣からして混乱を極めた。寺内にしても，陸軍部内から強い突き上げを受けていた。軍部内のガバナンスが崩壊していたのである。最終的に，組閣は陸軍により阻止されたと新聞発表すると広田が凄んだことで，政友会，民政党からも閣僚を得た「挙国一致」型の内閣が発足した。

　組閣に際して，ひとたびは軍部の意向を押し戻し，5月7日に衆議院本会議で民政党の斎藤隆夫が行った演説は国民の総意が蹂躙されていると陸相に迫り，その率直な答弁を得た（粛軍演説）。かつて陸軍とともに改革を進めようとしていた内務省も軍部と距離を取り始めていた（古川 2005）。しかし，現実には広田が第一に掲げた軍部の押さえ込みは一向に進まなかった。7月に行われた軍法会議で17人の将校が死刑判決を受けたものの，真崎は翌年になって無罪となる。

　陸軍による粛軍は皇道派の粛正として現れ，実に3000人が異動となり，真崎ら7人の大将が予備役に編入された。加えて，陸軍は予備役となった軍人が再び力をもつことを防ぐ必要があるとして，軍部大臣を現役の中大将に限るよう求めた（加藤 2012）。大正政変の結果，第1次山本権兵衛内閣が廃した軍部大臣現役武官制の復活である。粛軍を掲げた広田内閣は，この要求を受け容れた。

　軍部が反対する政党内閣の再来はこれによって封じられ（北岡 2013），大臣ポストを用いた軍部の発言力は制度によって担保された。それは同時に政権の帰趨にまつわる責任を軍部が担うことも意味した。軍部と内閣は一蓮托生の関係とならざるをえなくなったのである。

▎軍部と政党▎

　事実，広田の外交方針は陸軍のそれと親和性のあるものであった。1936年4月，広田は支那駐屯軍の増強を決め，満州国の存在を各国に承認させることに力を注ぎ，中国における抗日運動を強く牽制した。帝国外交方針の策定にあっては，陸軍の意向に沿って大使時代以来の対ソ緊張緩和路線からソ連の脅威を強調する方向に転換した。それは寺内陸相が部内統制を回復しようとする試みでもあった（森 2010）。

　予算においても軍部の台頭は止まらない。8月に発表された「七大国策」では，国民生活の安定や教育の改善に先んじて，国防の充実が第一に掲げられた。

「国策の基準」においては海軍が南北併進という口実を得て，さらなる軍備予算の拡張に邁進することとなった。翌9月，新設された陸軍省軍務局軍務課内政班長が提示した改革意見は，政党内閣制を完全に否定するものであった（村井 2014）。

　財政を担当する蔵相は日本勧業銀行総裁を務めた馬場鍈一であった。馬場は高橋前蔵相が苦心しながらも続けてきた財政健全化路線を転換することを表明し，公債漸減主義の放棄，増税，低金利政策を掲げた（大前 2006）。それは軍備予算の拡張を招くものでもあった。査定方針を変更したことから軍部にとどまらず各省が新規予算を要求し，予算案は一般会計ベースで前年比 31.6％ 増と大きく膨張した。

　もっとも，馬場財政は緊縮と財政の健全化を図った高橋財政との差異を強調されることが多いが，実際には馬場を後継とするのは高橋自身が望んでいたことでもあった。馬場が着任する以前に，増税は避けられない道となっており，戦時を意識した財政に転換する必要があったのである。その中で馬場は電力国家管理，銀行統廃合，重要産業統制など，その後につながる政策を実現していった。とりわけ増税は，高橋財政における財界優遇によって生じた国内の格差を是正するために必要な措置であった（米山 2015）。すなわち，これも二・二六事件の善後策であったのである。

　11月，日独防共協定が調印される。推進者は陸軍であったが，ここでも広田内閣は消極的賛成によって事を進めた。広田自身は中国の協定参加に向けて交渉を行っていたが，蒋介石に拒否された（服部 2008）。当初，広田に期待されていた対ソ関係の改善は逆目となり，ドイツと接近したことでイギリスとも不和，中国とも関係を改善することができなかった。

　12月には中国共産党の討伐を進めていた蒋介石が張学良によって監禁され（西安事件），解放された蒋介石は国共内戦を止めて抗日戦争に転じた（第2次国共合作）。そして，年末，ワシントン海軍軍縮条約が失効する。外交による事態の打開を期待された広田内閣は，その可能性を失っていった。

　年が明けて 1937 年1月，政党の巻き返しが始まる。政友会の長老議員・浜田国松が軍部の政治介入を批判する演説を行って寺内陸相と問答となり，議会は混乱，広田内閣は停会の措置をとった（腹切り問答）。とりわけ，前年夏に陸海軍大臣が首相に提出した行政機構と議会制度改革に関する共同意見書は，沈

滞気味であった政党人を刺激した。調査，予算，人事，情報を内閣のもとに一元化し，議会法・選挙法の改正による議会刷新を掲げるものであったからである。これは，いわば官邸主導による政治を模索したものであった。そして，その官邸の主導権を握る者は，政党人ではなく軍部であった。

　陸軍は解散による内閣の延命によって粛軍を完遂すると主張したが，浜田の演説に世論は高揚しており，このまま内閣が続けば，どのような事態が生じるかについて見通しはつかなかった。1月23日，広田内閣は総辞職する。ひとたび，政党勢力は軍部に掣肘（せいちゅう）を加えられたかに見えた。

▍混迷を深める政府－軍部－議会関係——林銑十郎内閣 ▍

　改革を訴える軍部は「準戦時体制」を訴えて政党政治の無為を主張し，議会による政党は憲政の維持を押し出した。後継首班は軍部を抑えつつ議会と対話できる存在でなければならない。元老・西園寺が切ったカードは予備役の陸軍大将・宇垣一成であった。

　寺内ら陸軍首脳部は，宇垣首班に否定的ではなかったという。しかし，実際には石原莞爾らを中心とする陸軍中堅層からの強硬な反対を抑えることができなかった。それは，かつて加藤高明内閣時代に陸軍の人員削減に尽力した宇垣への批判に加えて，その経歴を通じて民政党と近かったこと（井上 2013），前内閣で復活した軍部大臣現役武官制を早々に骨抜きにされること，を警戒したとみてよいだろう。陸軍の拒否にあった宇垣は，優詔（ゆうしょう）による事態打開を企図したが，天皇を政治的混乱に巻き込むことを嫌った宮中の反対で断念した。

　宇垣の組閣失敗は，元老・西園寺に自らの限界を感じさせた。国家主義的な人物を避けてきた彼が，ついに国本社を率いる平沼騏一郎枢密院議長の名前を挙げなければならなくなったからである。その平沼も辞退し，2番手に挙げた予備役陸軍大将・林銑十郎が大命を受けるにあたり，西園寺は自らキャビネット・メーカーを下りることを表明した（村井 2014）。

　林は，以前から近衛新党によって事態を打開しようとするグループにかかわっていた。近衛が機は熟さずとして大命を避けている間に林が立つことは，そうした動きに鑑みればごく自然であった。他方，林といえば，朝鮮軍司令官時代，満州事変に際して独断で出兵を強行した「越境将軍」である。満州を基軸に対ソ連戦争の準備を進めたい陸軍中堅には歓迎されても，ガバナンスを無視

した者がガバナンスを行うという奇妙さは覆うべくもなかった。

　また，林擁立を主導した石原莞爾やその周囲にいた満州人脈も陸相人事をめぐって陸軍首脳部と対立し，早々に後退していった。石原らは満州での実地の検討を土台として，軍需工業の拡充をめざして広範な改革を計画的に進めていこうと考えていたが，その構想もまた内閣から失われていった。こうして林内閣は，政党，財界をはじめ各勢力との妥協を図ったモザイク状態で発足し，1937年2月に発表された政綱では，冒頭に「敬神尊皇」と「祭政一致」が掲げられた。それは，その後に続く「革新の断行」を曇らせるだけでなく，憲法違反のおそれまでもたせるものであった。

　幸い，結城豊太郎蔵相が馬場財政の放漫路線の是正を表明して予算案の入れ替えを行ったこと，政友会が鈴木喜三郎総裁の引退によって混乱していたこと（奥 2004），民政党が妥協的態度をとったことで予算は無事に成立した。もっとも，軍部予算は手つかずであった。

　予算成立後，会期末となった3月末日，林は突如として衆議院を解散した。解散の意図は判然としない部分があったが，新党組織を期待した内閣の延命策ととらえられた。

　それだけに，不意打ちを食らう格好となった政党は強く反発する。林が期待した近衛新党の動きは鈍く，4月末の総選挙では民政党が議席を減らしたものの，議席数に大きな変化はなく，林内閣と政党の対立，国民による政治不信だけが残った。事実，この選挙は戦前において最低の投票率であった（73.31％）。もっとも，「憲政の神様」と称された尾崎行雄が嘆いたように，この段階の政党は「憲政の常道」を掲げて政党政治を再起させるだけの正統性をもっていなかった（米山 2015）。

　林は選挙後も居座りを図り，選挙法改正を表明するなど対決姿勢を示したが，民政・政友両党が全国規模の倒閣運動をはじめ，与党昭和会が自主解散するに及び，政権を近衛に託すことを最後の仕事として，5月末日に総辞職する。軍部の政治への影響力は抜きがたく，逆に軍部による議会改革も難しい。膠着した状況だけがあとに残った。

　その中で見るべきものといえば，避戦，中国との互恵平等，ソ連との平和関係維持，イギリスとの国交調整などを入閣条件として首相・陸相の同意を得ていた佐藤尚武外相の取り組みであるが，わずか3カ月の在任期間では成果はあ

がらなかった。

　五・一五事件の後も幾度となく正常化への揺り戻しがあったが，情勢の悪化に歯止めをかけることができないまま次の戦争の時代を迎えていく。

さらに学びたい人のために | **Bookguide** ●

北岡伸一『政党から軍部へ 1924〜1941』（日本の近代5）中公文庫，2013年。
　　通史の一巻で，1924年の護憲三派内閣成立から1941年の日米開戦までの2つの「時代」を象徴する政党と軍部に注目し，内部対立を踏まえて描き出す。ごく「普通の本」を書くという意気込みは，時に論争的に過ぎ興味先行的な歴史書が好まれる中で重要である。

酒井哲哉『大正デモクラシー体制の崩壊──内政と外交』東京大学出版会，1992年。
　　表裏一体である政党内閣制とワシントン体制（国際協調体制）の崩壊を，近衛新体制と東亜新秩序の前史として遡って理解するのではなく，満州事変から日中戦争に至るまでの五・一五事件後も続く複数の可能性の中で，民主制の崩壊理論を念頭に段階論的に考察する。

御厨貴『馬場恒吾の面目──危機の時代のリベラリスト』中公文庫，2013年。
　　満州事変から55年体制成立までの「危機の二十五年」の日本政治に，ジャーナリストとして対峙したリベラリスト馬場恒吾を通して20世紀の政治評論を考える本書。政党政治を育もうとする自由主義の伝統を再発見させるだけでなく，政治の広がりも感じさせる。

引用・参考文献 | **Referenece** ●

井上敬介 2013『立憲民政党と政党改良──戦前二大政党制の崩壊』北海道大学出版会。
井上寿一 2016『増補 アジア主義を問いなおす』ちくま学芸文庫。
大前信也 2006『昭和戦前期の予算編成と政治』木鐸社。
奥健太郎 2004『昭和戦前期立憲政友会の研究──党内派閥の分析を中心に』慶應義塾大学出版会。
加藤陽子 2012『模索する一九三〇年代──日米関係と陸軍中堅層〔新装版〕』山川出版社。
川人貞史 1992『日本の政党政治 1890-1937年──議会分析と選挙の数量分析』東京大学出版会。
北岡伸一 2013『政党から軍部へ 1924〜1941』（シリーズ日本の近代5）中公文庫。
黒澤良 2013『内務省の政治史──集権国家の変容』藤原書店。
河井弥八／高橋紘・粟屋憲太郎・小田部雄次編 1994『昭和初期の天皇と宮中──侍従次

長河井弥八日記』6巻，岩波書店。

酒井哲哉 1992『大正デモクラシー体制の崩壊——内政と外交』東京大学出版会。

篠原初枝 2010『国際連盟——世界平和への夢と挫折』中公新書。

菅谷幸浩 2005「岡田内閣期における機関説問題処理と政軍関係——第二次国体明徴声明をめぐる攻防を中心に」『学習院大学大学院政治学研究科政治学論集』18号。

日本国際政治学会太平洋戦争原因研究部編 1987『太平洋戦争への道 開戦外交史〔新装版〕』3巻，朝日新聞社。

服部龍二 2008『広田弘毅——「悲劇の宰相」の実像』中公新書。

原田熊雄 1951『西園寺公と政局』4巻，岩波書店。

坂野潤治 2006『近代日本政治史』岩波書店。

古川隆久 2005『昭和戦中期の議会と政治』吉川弘文館。

御厨貴 1996『政策の総合と権力——日本政治の戦前と戦後』東京大学出版会。

御厨貴 2013『馬場恒吾の面目——危機の時代のリベラリスト』中公文庫。

三谷太一郎 2000『近代日本の戦争と政治』岩波書店。

村井良太 2014『政党内閣制の展開と崩壊 一九二七〜三六年』有斐閣。

村瀬信一 1997『帝国議会改革論』吉川弘文館。

森靖夫 2010『日本陸軍と日中戦争への道——軍事統制システムをめぐる攻防』ミネルヴァ書房。

山室信一 2004『キメラ——満洲国の肖像〔増補版〕』中公新書。

米山忠寛 2015『昭和立憲制の再建 1932〜1945年』千倉書房。

若月剛史 2014『戦前日本の政党内閣と官僚制』東京大学出版会。

＊Column ❻

小熊英二 1998『〈日本人〉の境界——沖縄・アイヌ・台湾・朝鮮 植民地支配から復帰運動まで』新曜社。

木村光彦 2018『日本統治下の朝鮮——統計と実証研究は何を語るか』中公新書。

藤原辰史 2012『稲の大東亜共栄圏——帝国日本の「緑の革命」』（歴史文化ライブラリー 352）吉川弘文館。

Column ❻ 移民，植民，国民──移民送り出し国家であった近代日本

　近代日本は移民の歴史であったといったら驚かれるだろうか。目下，人口減少に悩まされる日本は，100年前には人口過多に悩まされていた。狭小な国土では多くの人口を養うことはできない。そのため，日本は明治期から北海道，ハワイ，北米，南米，台湾，朝鮮，満州へと移民を送り続けてきた。日本は移民を送り出す国であった。

　それは帝国主義の時代の中にあって，版図を拡大しようという動きを肯定する要素となる。山県有朋らが唱えた主権線・利益線論は，主権域を安定に保つために，その周辺に利益域を設定し，それを親日に保つという論理であった。親日化された地域には人が移り住み，さまざまな利権が生まれ，やがて主権域となる。この論理は永遠の拡張論であった。

　移民の送り出しと版図の拡大は，食糧の問題と密接につながっていた。政府は台湾では砂糖，朝鮮では米，満州では大豆の生産に努めた。こうして，内地の食は外地における生産によって充足されていた。それは，敗戦によってこれらの植民地を失った日本が，深刻な食糧難に晒されたことに端的に表れている。大日本帝国は，内地にとっての食糧安全保障体制だったとも理解できるだろう。

　では，植民地はどのように統治されたのか。日露戦争後，国内の近代化はほぼ完成をみると，若者たちは植民地をフロンティアとみた。大学では矢内原忠雄らによる植民地政策学の講義が人気を博した。当初，軍政であった植民地統治は，こうしたスタッフの変化と，第一次世界大戦後の民族自決の潮流の中で文化政治，内地延長主義に転じる。朝鮮民族，台湾民族からの登用や大学の設置，言論や集会の自由の部分的容認などが限定的ではあるものの進んだ。

　日中戦争期になると，植民地はそれまでの帝国主義に代わる地域主義の構成員としてとらえられるようになり，「東亜新秩序」「大東亜共栄圏」の一部となる。太平洋戦争末期，台湾，朝鮮に帝国議会の議席が充当されるが，選挙のないまま敗戦となった。植民地が大日本帝国での政治的発言権をもつことはなかった。

　植民地政策をどう評価するかはいまだ定まっていない。そうした中，近年は帝国主義を批判するだけでなく，植民政策の実績を検証したり，統計や実証研究によって統治の成果を検討する試みが始まっている。

第 **4** 部

焦土の中の日本と再編

PART **4**

第**11**章

日中全面戦争と真珠湾への道

近衛文麿を求めた日本

🎧 徐州作戦に向けて中国大陸を行軍する日本軍（1938 年 5 月，写真提供：毎日新聞社）。

INTRODUCTION

　世界大恐慌と内外の大事件に翻弄された日本政治は非常時からの脱出を必死に模索した。しかし，内に政党政治，外に国際協調という 1920 年代の秩序を否定しても，過去の成功に戻れるわけではなく，望ましい出口の一致もなく，混乱は半ば必然的に対外戦争を引き寄せた。盧溝橋事件に始まる事実上の日中全面戦争は総力戦体制に向けたガバナンスの高度化を要請しながら逆に混迷の度を深めていく。1930 年代に存在感を増したのは軍と宮中であったといわれる中，狂言回しを演じたのが貴族政治家・近衛文麿であった。

年　月	事　項
1937（昭和 12）年 6 月	第 1 次近衛文麿内閣成立
7 月	盧溝橋事件起こる。事実上の日中全面戦争に
11 月	事変にあたって大本営を設置し，大本営政府連絡会議を併置
1938（昭和 13）年 1 月	御前会議開催とトラウトマン和平工作の打ち切り
4 月	国家総動員法交布
1939（昭和 14）年 1 月	平沼騏一郎内閣成立
7 月	日米通商航海条約廃棄通告を受ける（1940 年 1 月失効）
8 月	阿部信行（陸軍）内閣成立
9 月	第二次世界大戦勃発
1940（昭和 15）年 1 月	米内光政（海軍）内閣成立
7 月	新体制運動の中で第 2 次近衛内閣成立
9 月	北部仏印進駐。日独伊三国同盟調印
10 月	大政翼賛会結成
1941（昭和 16）年 4 月	日ソ中立条約調印
7 月	日米交渉に伴い，第 3 次近衛内閣成立。南部仏印進駐
8 月	アメリカ，対日石油輸出を全面停止
9 月	御前会議で「帝国国策遂行要領」を決定
10 月	第 3 次近衛内閣総辞職

1 近衛文麿内閣と盧溝橋事件

近衛内閣の誕生と集まる期待

　同時代の日本研究者ノーマンは明治期日本の政治指導者たちを念頭に置き，日本はいずれ合理的で狡猾な判断に立ち戻ると考えていた（ノーマン 1977）。より積極的に，グルー駐日アメリカ大使は日本の穏健派が勢力を回復することを期待した。予想や期待が実現するとすれば満州事変以来の軍事衝突が解決し，総選挙が軍人内閣を退陣に追い込んだ，この時期が一つの可能性であったろう。ところが，近衛文麿首相の誕生と盧溝橋事件が文脈を一変させる。

　1937（昭和 12）年 6 月 4 日，近衛文麿内閣が誕生した。4 月の第 20 回総選挙で民政党，政友会の野党連合が勝利し，林銑十郎内閣を退陣に追い込んだ後で誰が組閣すべきか。国民は軍人，官僚，政党人，いずれでもない五摂家筆頭生まれの 45 歳の貴公子を歓迎した。近衛は先の大戦後に「英米本位の平和主義を排す」と題する論考を発表し，もてる国ともたざる国の対立を論じて革新派

の期待を集めた。他方で，貴族院議長も務めた議会人で，パリ講和会議に随行するなど西園寺公望にかわいがられたことは政党政治家など自由主義派にも親しみを与えていた。二・二六事件直後は大命を拝辞した近衛であったが，首相候補に陸相杉山元（すぎやまげん）の名前が挙がる中，軍人首相に反対する西園寺に応えて，ついに首相を引き受けた。

近衛はラジオ放送で国民に国際正義と社会正義を説いた。西園寺は「文明政治の旗ふり」役を近衛に期待したが，「各国民」の「平等生存権」を肯定する本人は満州事変後の日本の膨張を「当然辿るべき運命」と考え，いかに堅実にその道を歩むかを思案していた。近衛は斎藤実，岡田啓介，広田弘毅各内閣とは異なり，政党の党首を訪問して協力を求めることはせず，民政党から永井柳太郎，政友会から中島知久平（なかじまちくへい）を個人の資格で入閣させた。内閣を支えたのは宮中人脈と矢部貞治（やべていじ）などブレーン集団であり，陸軍統制には皇道派指導者の大赦に関心を示した。また，賀屋興宣（かやおきのり）蔵相は軍部を抑える政治力がない以上，膨張する財政圧力に計画統制経済しかないと考えて経済三原則を提起し，外相には広田元首相を再任して，佐藤前外相が進めた対中宥和政策は華北分離の承認と防共協力を求める広田三原則に後退した。

┃ 盧溝橋事件と局地解決の失敗 ┃

ところが，1937 年 7 月 7 日，中国北平（南京に首都が移された後の旧北京）近郊の盧溝橋で支那駐屯軍が夜間演習中に発砲を受けたことで日中両軍の武力衝突が起こった（盧溝橋事件）。政府は不拡大方針をとったが，陸軍内は収拾派（不拡大派）と一撃派に分かれた。参謀本部は満州事変を起こした石原莞爾が第一部長で，対ソ戦略を重視して「少なくも十年間の平和」が必要と考えていた（『現代史資料』8：703）。それに対して武藤章参謀本部第三課長は国内からの派兵を主張した。

再度の衝突も起こる中，在留日本人の安全も危惧され，収拾派の石原も迷った末に派兵を決め，一撃派の杉山陸相は 11 日の閣議で声明だけで中国は譲歩すると主張した。米内海相は反対したが，事件不拡大，現地解決の強調，動員後も派兵の必要がなくなった場合には，ただちに中止するという条件付きで決定された。近衛はもし派兵を拒否すれば陸相が辞任して内閣は総辞職となり，のちに軍を抑制できる人もいないと考えたという。

近衛は同 11 日夜，官邸に政党指導者など貴衆両院関係者や，言論界，財界関係者を招き，中国側に反省を求めて派兵を説明した。これは風見 章 書記官長の提案で，組閣時に政党や国民との直接のつながりをもたない内閣の支持調達策であった。現地では 9 日には兵力引き離しの合意，11 日には停戦協定が成立していた。しかし，日本の派兵決定で崩れた。17 日に蔣介石は「最後の関頭」演説を行い，25 日に再び衝突，28 日に日本軍の総攻撃が始まった。

　8 月 13 日，上海でも海軍軍人が中国保安隊に殺害された事件で戦闘となり，陸軍の派兵が決定された（第 2 次上海事変）。そして 15 日，政府は「南京政府断固膺懲」を声明し，不拡大方針も撤回された。こうして 7 月 11 日に「北支事変」と称された戦争は，9 月 2 日，「支那事変」に改称されて事実上の日中全面戦争に突入した。

┃ 早期解決の失敗 ┃

　盧溝橋事件は満州事変や第 1 次上海事変と異なり，現地日本軍の謀略ではなく偶発事件であった。にもかかわらず全面戦争に至ったのには，第 1 に陸軍の見通しの誤りがあった。一撃論とは，日本が本気になれば中国はすぐに降伏するという考えであった。第 2 に近衛首相の「先手」論が寄与した。近衛は当初，事件を陸軍の陰謀かと疑ってすらいたが，堅実な膨張には軍の先手を打って希望を充たし，逸脱を避けることが効果的と考えていた。そして第 3 に中国の姿勢があった。前年の 1936 年 12 月に西安事件が発生していた。これまで国民党は日中間の戦力差から日本に対しては自重し，国内の共産党討伐を優先してきたが，蔣介石を張学良が監禁し，対日戦線の統一に踏み出した。「最後の関頭」演説はその変化を象徴するものであった。1937 年 8 月 21 日には中ソ不可侵条約も結ばれ，ソ連は借款供与など蔣政権を積極的に援助した。そして 9 月には，第 2 次国共合作が成立した。

　近衛は事変処理に向けて重要国務を諮問する内閣参議を置き，陸軍の宇垣一成や荒木貞夫，海軍の安保清種，末次信正，政党その他から町田 忠 治や松岡洋右，池田成彬など各勢力から任命した。また，木戸が友人の近衛を支えるために文相に就任したが，近衛は 11 月には辞意を漏らすようになっていた。さらに 1930 年のロンドン海軍軍縮条約の批准をめぐって，規律違反が問われた末次を内閣改造時に参議から内相に選んだ。他方，事変不拡大派でありながら

早期解決に失敗し，戦力の逐次投入を招いた石原は部長を辞任した。

宣戦布告も一時検討されたが，不戦条約に抵触する懸念があった。また，アメリカの中立法の適用を嫌い，同様の理由から中国も宣戦布告しなかったため，事変という名の全面戦争が続いた。それでも11月，日清・日露戦争で機能した戦時の作戦指導機関，大本営を事変時にも設置できるよう改め，設置した。近衛首相は政戦略の一致をめざして大本営への列席を求めたが拒絶され，大本営政府連絡会議を併置した。

戦時体制に向けて11月には新設の企画院が物資動員計画立案に着手した。計画には新たなタイプの知識人が能力を発揮したが，12月には第1次人民戦線事件で鈴木茂三郎，山川均，江田三郎らが，翌1938年2月には第2次人民戦線事件で大内兵衛，美濃部亮吉らが逮捕された。

紛争の局地解決には失敗したものの政府はソ連を警戒し，中国との早期和平を願っていた。そこで，日中両国と関係がよいドイツに斡旋を求め，駐中国ドイツ大使によるトラウトマン工作が行われた。当初，日本政府は斡旋を歓迎し，条件も比較的寛大であったが，対日非難決議を採択した国際連盟が九カ国条約会議を招集する中，国際的圧力に期待した中国政府は消極的であった。日本国内では，この動きに反発して右翼団体を中心に第1次反英運動が起こった。1921年に20年に及んだ日英同盟が発展的に解消されて16年目の，結果的に日英米協調の頂点となる1930年のロンドン海軍軍縮条約締結からは8年目の出来事である。聖戦貫徹同盟が広東・海南島即時攻略要請署名運動を行い，日独伊軍事同盟締結要求運動も行われた。政友会・民政党の停滞を尻目に伸びていた社会大衆党も「抗日政権徹底的膺懲」を決議した。

1937年10月にはローズベルト米大統領が「隔離」演説を行ったが，結局，九カ国条約会議は成果をあげず，12月には中国の首都・南京が陥落した。多田駿参謀次長の南京攻略前の停戦論は現地軍の強い要請によって退けられた（1931年から40年まで参謀総長は閑院宮載仁親王という皇族であったため次長が実質的なトップ。1932年から41年まで軍令部の長も皇族の伏見宮博恭王）。またこのとき，南京大虐殺と呼ばれる一大不祥事が起こった。石射猪太郎外務省東亜局長は「上海から来信，南京に於ける我軍の暴状を詳報し来る，略奪，強姦目もあてられぬ惨状とある。嗚呼之れが皇軍か」と日記に記した（『石射猪太郎日記』1938年1月6日条）。国民政府は漢口，重慶に移って戦争を継続していく。1938

年11月の漢口攻略時には日本軍は住民等への不法行為を厳格に取り締まる方針で臨んだ。

国際圧力が機能せず戦局が悪化する中で蒋介石は和平に応じる姿勢を見せたが、日本側は同じ理由から条件を引き上げていった。参謀本部は一刻も早い事変解決を希望していたが、蒋政権を一地方政権として講和の相手としない考えが広がる陸軍省と、それを支持する海軍省、外務省、首相の反対を受けた。そこで1938年1月11日、参謀本部は天皇の権威を使って和平方針の確認を図るべく日露戦争以来の御前会議を実現した。しかし、近衛は事前に昭和天皇に協力を求めて儀式的なものにとどめた。14日に蒋介石から条件の再照会があると、誠意がないとして閣議は交渉打ち切りを決定した。15日の大本営政府連絡会議でも論争が続いたが、和平に期待をつなぐ多田次長に対して近衛首相、広田外相、米内海相、そして杉山陸相が反対に回り、内閣総辞職に言及する政府に多田は遂に引き下がった。

16日、広田外相は工作打ち切りを通告し、午後には御前会議の決定を受けて近衛内閣は「帝国政府は爾後国民政府を対手とせず」との声明を出し、「帝国と真に提携するに足る新興支那政権の成立発展を期待」すると述べた（第1次近衛声明）。さらに18日には「対手とせず」とは「否認」であり「抹殺」を意味すると補足した。日中両国は大使を召還し、他方で事変解決への見通しを失った近衛首相は再び辞任を模索した。

物の予算と和平工作──近衛内閣の模索と総辞職

事変の勃発と長期化は一方で大胆な国内改革を要請し、他方で阻害した。1937年10月から国民の戦時意識を高め協力を引き出す国民精神総動員運動が始められ、さらに内閣情報部の設置、国家総動員法と電力国家管理法の提出が相次ぎ、統制経済に向かった。1938年4月に交布された国家総動員法は戦時において国防目的のため法律ではなく勅令によって人的物的資源を統制運用することを認めるものであり、国民徴用令、価格等統制令、新聞誌掲載制限令などにつながっていく。政友会と民政党はナチ・ドイツの授権法になぞらえて批判したが、社会大衆党は全面的に支持した。西園寺は「実質論としてこの法案は結局憲法無視の法案」であると反対した（『西園寺公と政局』6：249）。労働運動でも1937年10月には日本労働総同盟が事変中のストライキ絶滅を声明し、

戦争協力姿勢を示した。また，1938年には「労使一体，事業一家」を唱える産業報国連盟が組織され，40年11月の大日本産業報国会へとつながっていく。国民健康保険法が公布されたのも同時期であった。

寺内陸相の肝いりで厚生省も新設され，初代の厚生大臣は木戸幸一文相が兼摂した。木戸は，文相として東京帝国大学経済学部の矢内原忠雄教授が反戦的であると批判され辞職に追い込まれた矢内原事件に直面していた。また，政党解消運動が盛んとなり，政友会と民政党の本部が襲撃される事件が起こった。この事件には社会大衆党や近衛内閣周辺も関与していたという（伊藤 2015：79）。国家総動員法と電力国家管理法の審議過程で社会大衆党の西尾末広が「ヒットラーの如く，ムッソリーニの如く，あるいはスターリンの如く大胆に」と首相を鼓舞して議員除名された。

他方，事件解決に向けて，北支那方面軍の支持する中華民国臨時政府と中支那派遣軍の支持する中華民国維新政府が相次いで樹立された。参謀本部は当面戦争を拡大しないことで軍備充実を図ることを御前会議で決定したが，これも現地軍の要請で撤回され，徐州作戦が命令された。しかし，中国軍を包囲殲滅することはできず，近衛は声明の失敗を悟って，またまた辞職を考えた。

近衛声明が事変解決に結び付かない中，近衛は内閣改造に活路を求めた。昭和天皇の協力を得て陸相を更迭し，参謀総長・閑院宮載仁親王の協力を得て，満州事変を石原とともに起こした板垣征四郎を不拡大派と見込んで後任に据えた。また，外相には宇垣一成を迎え，宇垣は蒋介石の国民政府との交渉とイギリスとの和解を前提に和平工作に取り組んだ。さらに財界から池田成彬を蔵相兼商工相に，元陸相の荒木貞夫を文相にした。また，大本営政府連絡会議が機能しないため，近衛は6月，統帥事項以外の政策決定の場として五相会議の制度化を閣議決定した。1月にはドイツから日独伊防共協定の同盟化が提起されており，7月の五相会議で提携強化の方針が決定された。

1938年7月に，満州国とソ連との国境で日ソ両軍が衝突する張鼓峰事件が起こった。昭和天皇が裁可しなかった威力偵察を現地軍が独断強行したもので，反撃を受けて8月の停戦協定締結まで大きな被害を出した。また，9月には外務省とは別に中国占領地域の統治を担う中央機関・興亜院を設置する問題が起こり，宇垣外相が辞任した（12月設置）。近衛は宇垣が倒閣を謀っているのではないかと疑い，木戸は親英路線への回帰が国内の騒乱を引き起こすとみて十

凡例：
日本軍の進路
1937.7～41.12 の戦線
1941.12～45.8 の戦線

ノモンハン事件
1939.5

ソビエト連邦

モンゴル人民共和国

満州里　満州国　ハルビン

柳条湖事件
1931.9

新京（長春）

虚構橋事件
1937.7

中華民国

塘沽停戦協定
1933.5

包頭　北平（北京）　奉天　朝鮮　京城

張鼓峰事件
1938.7

青島　済南

日本

鄭州　徐州　南京　上海

第2次上海事変
1937.8

重慶政府成立
1937.11

漢口

重慶

柳州　広州　香港　台湾　厦門

南京事件
1937.12

南寧

ハノイ
フランス領
インドシナ

海南島

［出所］　宮地ほか 2019：107 をもとに作成。

分に支持しなかった。

　この間，蔣介石を目標とする孔祥熙工作，汪兆銘を目標とする高宗武工作などいくつもの和平工作が浮かんでは消えていった。板垣陸相も近衛の期待した事変不拡大派ではなかった。他方で，板垣は国内政治に満州国協和会に示された国民再組織モデルを持ち込み，末次内相，平沼派の塩野季彦法相，木戸文相を中心に一国一党をめざす新党構想が議論された。ヨーロッパでは，9月にドイツ・イギリス・フランス・イタリアがミュンヘンに集い，チェンバレン英首相はヒトラー独総統に対する宥和政策と引き換えに戦争回避を願った。

　宇垣退任後の専任外相には有田八郎が就いた。中国では武漢・広東作戦が実施される一方，汪兆銘工作の進展にともなって再び中国内の親日派と提携して東アジアの新体制が模索された。1938 年 11 月 3 日，近衛内閣は，汪兆銘の動きに呼応して，国民政府が従来の抗日容共政策を放棄して日本の「東亜新秩序建設」に参加するのを拒否しないと声明した（第 2 次近衛声明）。同声明は「東

亜新秩序声明」ともいわれる。東亜新秩序は日本，満州国，中国が対象で，中国の唱える「民族主義」に対抗し，しかも軍縮を主導した国際連盟の否定が軍の基本姿勢である中，もう一つの国際主義として，学者も積極的に参加して，反共，反英米帝国主義の「地域主義」が検討されるようになる。

　汪兆銘が重慶を脱すると，12月22日には第3次近衛声明が出された。これは御前会議での「日支新関係調整方針」決定を受けたもので，善隣友好（国民政府の満州国承認），共同防共（日本軍の防共駐屯），経済提携の3原則を掲げた。九カ国条約秩序を否定する，ワシントン体制批判としての東亜新秩序論である。ここに至って不承認政策にとどまっていたアメリカの中国援助が本格化していく。すなわちアメリカは門戸開放違反に関する包括的抗議を寄せ，有田外相が事変前の原則はもはや妥当しないと述べると，さらに反論した（北岡 2015）。

　ドイツは対中軍事援助計画を中止し，満州国を承認して日本に接近した。他方，アメリカの対中援助に触発されたイギリスの対中援助，英米の軍事協力が開始され，ロンドンで英米海軍参謀会談が行われた。そしてソ連の日本非難が始まった（入江 1966）。こうして世界情勢の新たな枠組みが顕在化する中で，近衛の辞意は強く，1939年1月4日，陸軍をはじめ周囲の猛反対を押して総辞職した。先に満州事変時の若槻礼次郎首相にやる気が見えないと批判的であった木戸は，皮肉にも，友人である近衛の辞意を抑えることができなかった。

2　戦時体制の模索と欧州情勢の変化

▶ 相次ぐ挫折の果てに

┃平沼騏一郎官僚内閣の挫折┃

　1939（昭和14）年1月5日，平沼騏一郎内閣が成立した。湯浅倉平内大臣，近衛前首相，木戸文相が推したが，西園寺は奉答を拒否したため，湯浅は元老の意見を聞いたうえで自らの責任で選んだ。近衛は平沼内閣の成立を見込んで辞職したため，平沼に代わって枢密院議長となり，無任所大臣として入閣した。木戸もまた内相としてこの近衛延長内閣を支えた。

　平沼内閣はまず懸案の日独伊提携強化問題に取り組んだ。防共協定の対象に

ソ連とともに英仏も加えるドイツ提案に積極的な陸軍，反対する外務省，消極的な海軍，文官として陸海軍の対立に介入しない平沼首相が交錯し，五相会議は回を重ねた。さらなる攪乱要因は現場の革新官僚であった。陸軍出身の大島浩駐ドイツ大使と革新外交官の白鳥敏夫駐イタリア大使はしばしば訓令を逸脱した。昭和天皇は2人を抑制するために五相会議の念書を求めたが，提出された念書も有耶無耶にされた。さらに5月には関東軍の強硬姿勢から日ソ両軍が満蒙国境で衝突するノモンハン事件が引き起こされた。

　内閣が次に直面したのが南進問題であった。近代日本の発展の方向として北進はロシアとの緊張をはらむ一方，南進は香港を支配するイギリス，フィリピンを領有するアメリカ，さらにはフランスやオランダとの緊張をはらむ。海軍は2月10日，蔣介石を支援する輸送路である援蔣ルートの遮断を目的に海南島を奇襲占領した。また天津租界封鎖問題をめぐって日英の対立が昂進し，板垣の陸軍が主導して木戸の内務省が呼応した排英運動が大々的に行われた。社会大衆党はこの運動に積極的で，平沼首相も昭和天皇から特に取り締まりを求められながら引き延ばし，有田外相とクレーギー英大使の会談に圧力をかけた。チェンバレン英首相はドイツに続いて日本にも宥和姿勢をとり，7月15日，有田・クレーギー会談は日本に有利な妥結に向かった。

　ところが，7月26日，突如，アメリカは日米通商航海条約の廃棄を通告した。6カ月後には失効し，制裁が可能になる。日本は石油・鉄・機械など戦略物資の多くをアメリカから輸入していたため，大きな衝撃を受けた。英米を分断できるのかどうかという「英米可分」の期待は失われ，アメリカの介入に励まされたイギリスは交渉を決裂させた。

　4月には政友会が中島知久平派と久原房之助派に分裂した。前後して河合栄治郎・東京帝国大学経済学部教授が反軍，反戦思想であるとして，著書の発禁処分を受け，休職，起訴に至る事件が起きた。河井は1920年代にマルクス主義，次いでファシズムと対峙し，二・二六事件を批判して蓑田胸喜や貴族院の右翼政治家から攻撃されていた。

　ヨーロッパでは戦争を避けたいイギリスとフランスが前年秋のミュンヘン会談でドイツのチェコスロバキア領ズデーテン地域の領有を認めていたが（宥和政策），3月，ドイツはさらにチェコを併合し，裏切られていた。さらに8月23日，突如，独ソ不可侵条約が結ばれた。防共協定の強化では平沼首相の渡

欧まで議論され，ノモンハンでは日本軍がソ連軍に壊滅的被害を受けている最中であった。平沼首相はヨーロッパの「複雑怪奇なる新情勢」を受けて退陣し，ソ連には停戦を申し出た。

阿部信行陸軍内閣の挫折

1939年8月30日に阿部信行内閣が成立した。二・二六事件後と同じように，陸軍が謹慎を求められるべき状況の中で，彼もまた予想外かつ消極的に選ばれた軍人首相であった。湯浅内大臣が近衛枢密院議長と協議して選んだが，宇垣，広田，近衛，そして財界人の池田成彬の名が挙がる中，板垣陸相は政党からの入閣制限など陸軍の要求を伝えて候補を絞った。「外交は有史以来の大失敗」と述べる西園寺も相談を受けたが，意見は述べなかった。昭和天皇は「陸軍の粛清をしなければ，内政も外交も駄目だ」と考えており，阿部に対して3長官の反対があっても陸相に畑俊六か梅津美治郎を充てるよう指名し，外交では英米との調整を求めた（古川 2011）。昭和天皇はこの時，憲法の尊重も求めたが，もはや立憲君主制の体をなしていない。外相には阿部兼任後，海軍の野村吉三郎が選ばれた。直後の9月1日，ドイツはポーランドに侵攻し，3日，英仏両国が宣戦布告して第二次世界大戦が始まった。日中戦争の解決が最優先の日本は欧州戦への不介入を声明，アメリカも中立を宣言した。

組閣時の陸軍の要望は総力戦体制化に向けた諸改革であった。阿部は兼任による少数閣僚制をとることで閣議中心の政権運営を考え，さらに首相権限を強化する勅令を出した。9月には貿易の統制を強化するために貿易省設置をめざしたが，外務省と対立して停滞した。朝鮮では11月に総督府によって創氏改名が公布され，皇民化政策が進められた。

阿部政権はまた一連の勅令で物価抑制に努めたが，米騒動が懸念されるほどの米不足で効果はなく，国民の不満は高まった。その中で例年12月の通常議会召集が近づくと衆議院の雰囲気は不穏であった。阿部は町田忠治民政党総裁の入閣を求めて断られ，5党首会談も開いたが，議会を前に276名が内閣不信任賛成者として公表され，衆議院の意思を示した。陸軍は議会解散に反対して内閣総辞職を選んだ。吉田善吾海相も同様である中で，なお阿部は強行姿勢を見せたが，ついに陸相から辞任勧告を受け，総辞職した。

米内光政海軍内閣の挫折

　年初から紀元 2600 年の行事が続く 1940 年 1 月 16 日に米内光政内閣が成立した。1872 年に神武天皇即位の年として西暦紀元前 660 年を元年と定めた皇紀によるもので，東京オリンピックが招致され，東京での万国博覧会が決まっていたが，日中全面戦争による国際的孤立と物資不足から返上・延期されていた。この時の首相選定では，近衛は峻拒し，陸軍は政党総裁の入閣に賛成しつつも首相就任には反対していた。そこで，湯浅内大臣は岡田啓介元首相に諮って米内を推した。政党から 4 人を入閣させ，電力国家管理案に強く反対した民政党の桜内幸雄が平沼内閣に続いて入閣し，蔵相を務めた。米内内閣は民政党が支持し，社会大衆党は反対，政友会 2 派は距離を置いた。陸軍の支持には昭和天皇の下問による誘導があった。参議から末次，松岡などが辞任し，広田などが加わった。他方で重要国務の審議には蔵相を外した首相・陸相・海相・外相からなる四相会議を用いた。

　2 月 2 日，民政党の斎藤隆夫は議会で近衛声明による事変解決方針を批判し，戦時下の国民生活を論じた。それは「反軍演説」と呼ばれ，合理的国益計算による戦争抑制論であった。この演説は速記録が削除され，斎藤の離党，そして議員除名処分に至った。さらに 3 月 25 日，政友会の山崎達之輔を中心に会派を越えて聖戦貫徹議員連盟が結成された。聖戦貫徹議員連盟は「自由主義的政党並に階級主義的政党観念を排」すると宣言，「国体の本義」に基づき政府と合体協力し，全国民的組織に立脚する新党を説いた。暴力と政権排除に始まる政党の劣化であったが，政治評論家の馬場恒吾は「今までは議会政治に一縷の望みを繋ぎ，政党の復活を希望していたものすら，これではどうにもならないという嘆声を発する」と書いた（御厨 2013：179）。

　米内内閣は陸軍の求める日独伊三国同盟を抑え，アメリカとの関係改善をめざしたが，手詰まり状態が続いていた。日中関係では 3 月 30 日に汪兆銘政権が樹立されたが，和平工作の桐工作も実らない。これを打開したのは再び選択ではなく状況であった。5 月にドイツは西部方面で大攻勢をかけ，フランスやオランダに侵入し，イギリスに対しても本格的に戦闘を開始して 6 月にはパリを陥落させた。6 月 29 日，有田外相は東亜新秩序に南洋諸地域を加えて「大東亜ブロック圏」建設を説き，日本は南進政策に手をつけることで対米摩擦を

高めた。

　木戸の周囲では再び近衛を戴く新党運動が活発化していた。ところが，6月1日，二・二六事件以来内大臣を務めてきた湯浅が健康を理由に退任し，後任には木戸が選ばれた。24日には近衛が新体制運動を進めるために枢密院議長を辞任し，近衛が後任に平沼を期待する中で政府は法曹家の原嘉道副議長を昇格させ，海軍長老で侍従長として二・二六事件で重傷を負った鈴木貫太郎を副議長にした。陸軍はドイツに懐疑的な米内内閣を倒し近衛内閣を成立させるために陸相を引き揚げ，後任を求める首相の要請にも応じなかった。二・二六事件後の軍部大臣現役武官制は海軍内閣に向けられ，7月16日に米内内閣は総辞職した。

3　近衛の再登場と新体制運動

▎近衛新体制と新党構想──同床異夢の体制改革▐

　こうして近衛が再起した。枢密院議長を辞し，新体制樹立の準備を始めていた矢先に米内内閣が崩壊したのであった。すでに陸軍の阿部，海軍の米内と2つの軍人首班内閣が相次いで倒れた後である。後継首相の選定システムとして立ち上げられた重臣会議には原枢密院議長，若槻，岡田，広田，林，近衛，平沼元首相が呼ばれて近衛奏薦で一致し，元老・西園寺に結果が伝えられた（村井 2014）。西園寺は「今頃，人気で政治をやらうなんて，そんな時代遅れな考ぢゃあ駄目だね」と再び奉答を辞退した。

　組閣の大命を受けた近衛は，7月19日，荻窪の自邸に吉田前海相，東条英機陸軍航空総監と松岡洋右を呼び，基本政策で一致できるか確認を行った（荻窪会談）。前二者は陸海軍が望む軍部大臣候補，松岡は近衛が擬した外相候補である。この擦り合わせを受けて，22日，近衛は第2次内閣を発足させた。

　「挙国一致」内閣の枠組みの中，近衛の意気込みは西園寺の要請で立たされた第1次内閣とは異なる。前回の雪辱を期す思いもあっただろう。組閣当日，首相官邸の正面階段で撮られた集合写真では，近衛首相がひとり前列に飛び出すという不思議な光景が見られた。飛び出したのか，後が付いてこなかったの

か，それはこの内閣の前途を示すようでもあった。

　近衛自身にも迷いがあった。本来，新体制運動は民間運動であることに意味があり，上からの体制改革となってしまっては意味がないと，近衛や彼のブレーンとなっていた昭和研究会のメンバーは考えていた（伊藤 2015）。

　他方，国民の期待は大きく，もはや退くことはできなかった。バスに乗り遅れるなとばかりに，社会大衆党を皮切りに政党の解散が続く。世界情勢の変化の中で，二大政党による「憲政の常道」や議会政治そのものに疑義がもたれる中，政党にとってはこれが生き残り策であり，信頼回復への道であった。とりわけ政党が有力な総裁を迎えることは，自由党系が伊藤や田中義一を，改進党系が桂や加藤高明らを迎えることで政権政党としての地位を得てきたことに鑑みれば常道ですらあった（米山 2015）。日中戦争の膠着という事態を打開すべく，近衛は一歩を踏み出した。

　しかし，10 月 12 日，ついに発足したのは新政党ではなく，大政翼賛会という曖昧模糊とした組織であった（奥 2004）。誤算は民政党の解党にあったという。近衛新党構想に慎重であった民政党が残れば，一国一党という批判を免れつつ，近衛という権威のもとに強力な政治基盤を作ることができると周辺は考えていた。事実，近衛は「一国一党」「幕府的」という批判を恐れた。

　加えて参加を望む勢力があまりに広範で，それぞれが「新体制」に異なる期待を抱いていたことは，新党の組織をさらに困難なものとした。草の根の力で国民政党を作り上げるという最大の理念においても，国民はひたすらに期待を寄せ，内務官僚は地方行政組織との結合を画策することで内務省の維持を図り（黒澤 2013），革新右翼はこれを親軍的なものとすることをめざし，観念右翼は政党組織そのものを否定した。

　その最中の 11 月，幕末に生を受けた西園寺は死去し，近衛を葬儀委員長とする国葬で遇された。彼の育てた公議輿論と開国和親を国是とする日本は，この時点では政党，宮中にも見出すことは困難であり，死の直前には「やはり尊氏が勝つね」と武家政治の復活を見た。馬場恒吾もまた，同時期に新聞評論の場を失い，転向を望まずペンを措いた。

　年が明けた 1941 年 2 月，近衛が大政翼賛会は政事結社ではなく公事結社であると認めた。近衛新体制は，ドイツやイタリアのように一国一党とはならず，分権機構としての明治憲法体制を確認するものとなったのである。限界的状況

において政党政治の必要性が認められたことは、再び複数政党制へと回帰していく伏線となっていく（小関 2014）。

　他方、行政機構における改革は着実に進められていった。1940 年 9 月には内務省によって常会や隣組（隣保班）の整備に着手し、地方制度の末端機構の強化に着手する。11 月には政治と軍事の連絡を図るため、大本営政府連絡懇談会が発足した（関口 2016）。12 月には内閣を強化するために無任所大臣の設置を制度化し、企画院総裁の星野直樹を登用して経済統制の歩みを進め、観念右翼への対応として平沼騏一郎を据えた。国内外への情報発信も、内閣情報委員会を情報局に改組することで強化した。

　また、1941 年 2 月には、男子普通選挙制を戸主選挙に再び制限しようとするなど、それまで各方面で議論されていた衆議院議員選挙法の改正が見送られ、代わりに衆議院議員の任期を一年延長することが決定された（官田 2016）。3 月には国家総動員法の対象範囲が拡大、罰則規定が整備され、治安維持法も予防拘禁が可能となるよう強化された。これらは、いずれも解党前の政友会、民政党が強硬に反対をしてきたものであった。

交錯する交渉と混乱するガバナンス──外交一元化の失敗

　荻窪会談で確認された内閣の外交方針は、日独伊の 3 国にソ連を加えた四国協商体制の樹立と南進論にあった（服部 2012）。とりわけ、オランダ、フランスがドイツに降伏したことで、その植民地であった東南アジアのインドネシアとインドシナに進出し、この地域の資源を確保することへの期待があった。それは、これまで北進論を主張してきた陸軍が、海軍と共同歩調をとる一歩ともなった。

　東南アジアでの経済交渉を進めていた松岡外相は、1940 年 8 月、ドイツとの交渉を開始すると、外務省内の人事刷新を断交した（戸部 2010）。これにより駐米大使に野村吉三郎、駐ソ大使に建川美次、駐独大使に大島浩と陸海軍の人材に入れ替えられた。9 月には四相会議でドイツ、イタリアとの軍事同盟交渉に向けた方針に了承を取り付け、ドイツからの特使との交渉に自ら臨んだ。ドイツ側はアメリカを牽制し、ソ連との関係改善を仲介する意向を伝え、四国協商による事態打開を期待していた日本側はそれに乗った。

　1940 年 9 月 23 日、日本軍は北部フランス領インドシナに進駐した（北部仏

印進駐）。蔣介石政権を南から援助する物資輸送路（援蔣ルート）の遮断と基地確保が目的で，外交交渉による協定実現が直前にもつれ込んだため軍事衝突も起こった。27日にはベルリンで日独伊三国軍事同盟が調印された。そして10月末にはソ連との不可侵条約交渉が開始された。もっとも，ドイツとソ連の関係は日本側の期待に反して悪化しており，ドイツは日ソ間の仲介を果たす能力も意図ももっていなかった。ドイツ側の対ソ戦開戦の意思を知らぬまま交渉は進み，翌年4月13日，自ら交渉に臨んでいた松岡外相が日ソ中立条約に調印する。

他方，中国との関係はもつれにもつれていた。蔣介石率いる国民政府（重慶政府）との交渉と，汪兆銘ら国民政府（南京政府）との日華基本条約締結交渉が並行して進められた。内閣は三国同盟にショックを受けた重慶政府が妥協してくるという観測をもっていたが，その妥協よりも日華基本条約の調印期限が先に訪れた。政府はその期限を延ばすことなく11月30日に条約を結び，ここに重慶政府との和平の可能性は潰えた。

対中国関係がもつれる中，アメリカが1941年3月の武器貸与法など中国への支援に乗り出していく一方で，4月，状況を憂えた宗教家や経済人による民間外交を発端に日米交渉が開始されたことは，近衛たちに関係好転の期待を抱かせた。政府間交渉の出発点として，野村吉三郎駐米大使とハル国務長官との間で確認された日米諒解案は，いくつかの条件が満たされれば，アメリカが中国に和平を斡旋するとも記されていた。アメリカにとってはドイツが最大の脅威であり，日独伊三国同盟の無効化が，仏印や中国からの日本軍の撤退とともに交渉の焦点であった。ところが交渉が難航する中，6月22日，ついにドイツがソ連に奇襲攻撃をかけ，戦端を開いた。四国協商案は崩壊し，三国同盟も日本にとって負担ばかりで意味のないものとなったが，ドイツの勢いを前に同盟破棄の議論は主流とならなかった。

松岡はドイツと結び，ソ連と不戦態勢をとることで日本の外交的立場を強化し，日米衝突を回避することを構想していた。ところが，この日米交渉は松岡のあずかり知らぬところであった。対中外交と同様，対欧米外交も複線化していたのである。統合の役割を担うのは近衛であったが，彼の周辺には非主流派の人物ばかりが集まり，その判断には常に誤謬がつきまとっていた。近衛が事態の打開のために私的なルートでの交渉を複数進めたことが，かえって松岡に

よる外交のガバナンスを崩壊させることとなった。松岡は独ソ戦が始まると南進を翻し，北進を主張するようになる。主要閣僚である外相との信頼関係は崩壊した。7月16日夜，急遽召集された閣議で近衛は総辞職を発議する。第2次近衛内閣は終焉を迎えた。

┃ 外交の混乱，日米交渉の頓挫 ── 近衛時代の終焉 ┃

　組閣の大命は再び近衛に降下した。総辞職の目的が松岡外相を外すことにあった以上，それは織り込み済みであったともいえよう。注目すべきは，後継首班を決める重臣会議において，阿部，岡田，林，米内という軍部出身の首相経験者が，軍との関係が良好なことを理由に近衛続投を推したことである。1941年7月18日に発足した第3次近衛内閣は，14名の閣僚中，半数に当たる7名が軍部出身者で占められる一方で，政党出身の閣僚がいなくなるという特徴をもった。

　外相には予備役海軍大将である豊田貞次郎が就任した。豊田は在外公館に対して既定方針に変更なしとする電報を即座に打ち，三国同盟を軸とする方針を明示した。これでは懸案の日米交渉は最初から手詰まりとなる。

　加えて，アメリカの反発を見込んで松岡が反対していた南部仏印進駐が実施される。野村は国交断絶の一歩手前まで事態が進むと本国に打電したが，7月25日にはアメリカ政府が在米日本資産の凍結を発表し，28日には日本側が南部仏印進駐を断行，同日，イギリス，カナダ，オランダ領インドシナがアメリカに続き，さらに8月1日，アメリカは対日石油輸出の全面禁止に踏み切った。

　この状況を前に，近衛はローズベルト大統領との直接会談という挙に打って出ようとする。石油禁輸に絞られていた及川古志郎海相は賛成し，陸相も交渉不成立の見通しをもちながらも反対はせず，昭和天皇はすみやかな会見実現を望んだ。

　ローズベルトは8月10日からチャーチル英首相とカナダで会談し，14日，その成果を大西洋憲章として公表した。それは好戦国の軍備解除，広範で恒久的な安全保障制度の確立を唱えて日独伊への明確で強烈な警告である一方，両国は領土の拡大を求めず，よりよき将来像として「大国たると小国たると又戦勝国たると敗戦国たるを問はず一切の国」が経済的繁栄に必要な通商の恩恵に浴することを謳っていた。

日米首脳会談について，ローズベルトが意外にも好意的な姿勢を見せてアラスカでの会談実現を口にしたことなどから，日本側はこれに期待をかけた。しかし，中国の反発もあって，ハル国務長官はきわめて消極的で，事前の大筋合意なき首脳会談に反対した。

　日米開戦の可能性が見える中，9月3日，内相を特に加えた大本営政府連絡会議では「対米，（英，蘭）戦争を辞せざる決意の下」でおおよそ10月下旬を目処に戦争準備を行い，並行して外交手段を尽くすという「帝国国策遂行要領」を審議した。それは外交努力に期限を設け，戦争を主とし外交を従とするものではないかという昭和天皇の不審を招き，6日の御前会議（首相，外相，陸相，海相，参謀総長・次長，軍令部総長・次長，枢密院議長，内閣書記官長，陸海軍務局長，企画院総裁に加えて内相と蔵相が参加）で天皇自ら陸相と参謀総長，軍令部総長を叱責するという異例の事態を生じさせた。

　ここで昭和天皇が日露戦争に際して明治天皇が詠んだ御製「よもの海みなはらからと思ふ世になと波風のたちさわくらむ」を朗じたことは，よく知られている。だが，要領は決定され，天皇の憂慮を本国に伝えたグルー駐日アメリカ大使の電報も奏功しなかった。10月に入り，アメリカは中国と仏印からの撤兵まで要求を強めた。

　アメリカはすでに戦争を決意して時間稼ぎをしているのだろうか。時間が経つほど，開戦時の状況は日本に不利になる。生産力の差だけでなく，石油の備蓄が底をつくからである。参謀本部，軍令部はそう判断し，10月5日には大本営が連合艦隊に作戦準備を命じる。事実，ローズベルトはチャーチルに対して，日米交渉の時間をもってシンガポールの状況を改善することを勧めていた。両統帥部の意向を受けた東条英機陸相は強硬論に転じ，ひたすらに日米交渉の継続を主張する近衛の説得に反論し続けた。他方，海軍は対米戦に勝利の見込みがないことを認識しつつ，戦争回避の責任をとることを避けた。ここに近衛内閣のガバナンスは完全に崩壊した。ついには東条の申し出を容れるかたちで，1941年10月16日，総辞職を余儀なくされた。

　外交が停滞する一方で，戦時体制に向けた政策的な対応は進んでいた。食糧対策，鉄道の統廃合などはその好例である。他方で，内務省を廃止して関連行政を内閣に直属させるという大規模な統治機構改革が，近衛の指示のもと，企画院で進められていた。しかし，こうした抜本的な改革は，日米開戦という状

況を前にお蔵入りとなった（古川 2005）。

　日本の総力戦体制は，国防国家派，社会国民主義派，自由主義派，反動派の4つの政治潮流によって担われたといわれる（雨宮 2008）。1920年代は自由主義派全盛の時代であり，他の三派は体制への適応と攻撃に努めた。ところが，二・二六事件を経て自由主義派は反動派から最も強い攻撃を受けて凋落するも，反動派は国防国家派によって抑えられ，そこに社会国民主義派が機会を見出した。近衛は，国防国家派と社会国民主義派を束ねて新たな体制を生み出すはずが，大政翼賛会は政治にかかわらない公事結社に終わった。攻撃したのは反動派と自由主義派の連合である。そこには，本来手を握るはずのない勢力が合従連衡する平板な政治構造が現れている。

　しかも，政党で国政を統合する政党政治が否定されると，横並びの一つとして議会も勢力を盛り返していく。9月には旧政友会・民政党議員を軸に翼賛議員同盟が成立し，これを受けて鳩山一郎らによる同交会，西尾末広による興亜議員同盟が発足した。近衛の退場により，戦時体制の中でかつての均衡体制，すなわち19世紀の立憲体制が息を吹き返しつつあり，逆に旧秩序の下で総力戦に備えなければならなくなっていく。

さらに学びたい人のために | Bookgide ●

伊藤隆『大政翼賛会への道──近衛新体制』講談社学術文庫，2015年。
　　内に政党政治，外に国際協調，経済的には資本主義という1920年代の秩序に挑戦し，克服をめざす「革新」派の動向を検証して日本の戦時体制を論じる名著。「全体主義」に近いものをめざした近衛新体制運動は大政翼賛会に結実するも，内実は敗退していく。

筒井清忠『近衛文麿──教養主義的ポピュリストの悲劇』岩波現代文庫，2009年。
　　1920年代の主流派が傷つき，革新派も支配的でない中で，軍部・官僚・政党などの基盤をもたない近衛が，モダン性と復古性が融合したイメージによって国民の人気を博し，ポピュリズムに立脚した政党政治なき国民政治の矛盾に陥る様を活写する。

升味準之輔『昭和天皇とその時代』山川出版社，1998年。
　　明治天皇，大正天皇，昭和天皇という明治立憲制下3代の天皇について実証研究は豊かである。その中で敗戦時19歳であった著者には戦中派としての世代的葛藤があり，世代的「偏見」をも免れないと自ら記す。戦後につ

いても論じた本書で，その世代体験も味わってほしい。

引用・参考文献

雨宮昭一 2008『占領と改革』岩波新書。

石射猪太郎／伊藤隆・劉傑編 1993『石射猪太郎日記』中央公論社。

伊藤隆 2015『大政翼賛会への道——近衛新体制』講談社学術文庫。

入江昭 1966『日本の外交——明治維新から現代まで』中公新書。

入江昭／篠原初枝訳 1991『太平洋戦争の起源』東京大学出版会。

奥健太郎 2004『昭和戦前期立憲政友会の研究——党内派閥の分析を中心に』慶應義塾大学出版会。

小関素明 2014『日本近代主権と立憲政体構想』日本評論社。

官田光史 2016『戦時期日本の翼賛政治』吉川弘文館。

北岡伸一・歩平編 2014『「日中歴史共同研究」報告書 第2巻 近現代史篇』勉誠出版。

北岡伸一 2015『門戸開放政策と日本』東京大学出版会。

黒澤良 2013『内務省の政治史——集権国家の変容』藤原書店。

島田俊彦・稲葉正夫編 1964『現代史資料8 日中戦争1』みすず書房。

関口哲矢 2016『昭和期の内閣と戦争指導体制』吉川弘文館。

筒井清忠 2009『近衛文麿——教養主義的ポピュリストの悲劇』岩波現代文庫。

筒井清忠 2014『二・二六事件と青年将校』（敗者の日本史19）吉川弘文館。

戸部良一 2010『外務省革新派——世界新秩序の幻影』中公新書。

日本国際政治学会太平洋戦争原因研究部編 1987-88『太平洋戦争への道——開戦外交史〔新装版〕』全7巻・別巻，朝日新聞社。

ノーマン，ハーバート／大窪愿二編訳 1977『日本政治の封建的背景』（ハーバート・ノーマン全集 第2巻）岩波書店。

萩原淳 2016『平沼騏一郎と近代——日本官僚の国家主義と太平洋戦争への道』京都大学学術出版会。

秦郁彦 1996『盧溝橋事件の研究』東京大学出版会。

服部聡 2012『松岡外交——日米開戦をめぐる国内要因と国際関係』千倉書房。

原田熊雄 1951『西園寺公と政局』6巻，岩波書店。

廣部泉 2011『グルー——真の日本の友』ミネルヴァ書房。

古川隆久 2005『昭和戦中期の議会と行政』吉川弘文館。

古川隆久 2011『昭和天皇——「理性の君主」の孤独』中公新書。

升味準之輔 1998『昭和天皇とその時代』山川出版社。

御厨貴 2013『馬場恒吾の面目——危機の時代のリベラリスト』中公文庫。

宮地正人監修，大日方純夫・山田朗・山田敬男・吉田裕 2019『日本近現代史を読む〔増補改訂版〕』新日本出版社。

村井良太 2014『政党内閣制の展開と崩壊 一九二七〜三六年』有斐閣。

米山忠寛 2015『昭和立憲制の再建 1932〜1945年』千倉書房。

第 12 章

アジア太平洋戦争下の日本

帝国日本の崩壊

🎧 最後の御前会議（白川一郎画，鈴木貫太郎記念館所蔵）。

INTRODUCTION

　先の見えない日中全面戦争を戦いながら勝算に乏しい新たな大戦争は可能なら回避したい。しかし，統合に失敗した権力は動かず，その時は近づく。アメリカがすでに戦争を決意して時間稼ぎをしているだけかもしれないと思えば，なおさらである。日米戦争を回避できず，国家の興廃がかかる総力戦下でもガバナンスは働かない。そして迎える敗戦の時，再びアメリカの真意が問われ，昭和天皇が語り出す。戦争によって内外であまりに多くのものを奪い，失った。とともに，戦時は功罪を超えて後々まで残る変化を刻み込む。

年　月	事　項
1941（昭和 16）年 10 月	東条英機（陸軍）内閣成立
11 月	ハル・ノート提示
12 月	御前会議で対米英蘭開戦を決定，マレー半島上陸と真珠湾攻撃で開戦，宣戦詔書公布
1942（昭和 17）年 4 月	第 21 回衆議院総選挙（翼賛選挙）
5 月	翼賛政治会を結成
6 月	ミッドウエー海戦で敗勢に転じる
1943（昭和 18）年 11 月	大東亜会議開催，大東亜共同宣言発表
1944（昭和 19）年 2 月	陸相東条英機の参謀総長兼任，海相嶋田繁太郎の軍令部総長兼任
7 月	サイパン島失陥により重臣層の反対で東条内閣退陣，小磯国昭（米内光政・陸海軍・連立）内閣成立。この後，空襲激化，学童疎開進む
8 月	大本営政府連絡会議を最高戦争指導会議に改組
1945（昭和 20）年 2 月	昭和天皇は重臣の意見聴取。近衛は即時終戦を説く（近衛上奏文）
3 月	翼賛政治会解消と大日本政治会の発足
4 月	沖縄本島上陸と閣内の反対で小磯内閣退陣，鈴木貫太郎（海軍・元侍従長）内閣成立
6 月	大政翼賛会解散，国民義勇隊に統合，義勇戦闘隊に
8 月	広島と長崎への原爆投下，ソ連参戦。御前会議でポツダム宣言受諾。玉音放送。鈴木内閣退陣。

1　開戦の論理と初期の戦果　　▶️東条英機内閣

戦争回避内閣として

　1941（昭和 16）年 10 月 17 日，昭和天皇は，外交交渉に期限を切って対米開戦する 9 月 6 日の御前会議決定を白紙に戻したうえで，前陸相の東条英機に組閣を命じた。日米交渉の最大の障害が陸軍であり，日米開戦を回避できるとすれば東条しかいない。木戸幸一内大臣と天皇は部内統制のため東条を中将から大将に昇任させて現役のまま政権を託した。しかし，東条内閣は無謀な日米戦争をはじめ，泥沼化させた政権として記憶されることになった。東条その人や近衛文麿が支持した皇族の東久邇宮稔彦王による非戦内閣の選択もありえたが，それはリスクが高く，開戦が避けられなかった場合も想定して，責任を皇族ではなく陸軍に負わせようとする諦念含みの選択でもあったという（五百旗頭

2001)。

　第二次世界大戦の戦争指導を論じる研究では，ドイツのヒトラー，イタリアのムッソリーニらが独裁者として取り上げられるのに対して，日本には独裁者がいないといわれる。東条はどうか。

　戦争を回避するには，分散して相互抑制を続ける権力をまとめる必要があった。そのために重要となるのは閣僚人事である。外相には東郷茂徳，蔵相には戦時財政を主導した賀屋興宣，海相には嶋田繁太郎，商相には満州人脈から岸信介，逓相兼鉄道相には海軍出身の寺島健が迎えられた。内閣書記官長には当初，岸が予定されたが陸軍との関係が深すぎるとして同じ満州人脈の星野直樹が就いた。東条自身は首相，陸相に加え，内相，軍需相を兼任した。内閣は「事務官内閣」と称された（福島 1981）。次官，局長級には，かつて革新官僚として名を馳せた者が集まった。

　まずもって東条に期待されたのは，陸海軍の協力と御前会議のやり直しであった。しかし，それは現実には困難な道である。近衛内閣を倒したのは東条自身が中国・インドシナからの陸軍撤退を拒み続けたためであり，加えて，東条は陸軍次官として中国進出という陸軍の方針を貫いた拡大路線の旗手であった。その首相起用は，天皇に開戦の決意ありととらえられても仕方がない。

　議論の場となるのは大本営政府連絡会議である。東条首相は 10 月 23 日から 7 日間，会議を招集して対米方針の再策定に臨み，11 月 1 日には，①不戦による臥薪嘗胆，②即時開戦，③作戦準備と外交交渉の併行，という 3 案を挙げ，自ら第 3 案をとる方針を明示した。海軍は長期戦の不利を述べながら開戦を否定せず，陸軍は長期的な見通しのないまま楽観的な見通しのもとで早期開戦を主張した。アメリカが日本の既得権益を認めないのであれば開戦するしかない，開戦しなければ国内が分裂するという懸念が示される中，和戦両様という御前会議の曖昧な結論は，そのまま引き継がれた。戦争回避という天皇の意向は，各勢力が自己の対面を保全するセクショナリズムの前に潰えたのである。こうして 12 月 1 日まで外交交渉を行い，それが成功しない場合は 12 月上旬に宣戦するという方向が決まった。

　次に外交交渉の中身が議題となったが，中国からの撤兵問題で駐兵期限を設ける「甲案」に対して，暫定的な取り決めとして対日石油供給と南部仏印からの撤退を相互に行う「乙案」を提示することになった。

東条は戦争回避という大命を帯びて組閣し，そのために首相，陸相，内相，軍需相という憲政史上に例を見ない数の大臣職を一人で負ったのではなかったか。しかし，東条は明治憲法体制の定めた権力分立の壁を乗り越えることはできず，未曾有の総力戦という状況を前に，明治憲法体制は軋みを見せていく（村井 2003）。

首相が陸相を兼任したのは憲政史上初のことであった。それ故に，東条は大本営に列し，戦争指導に参与することはできた。しかし，参謀総長を兼任するまでは作戦立案にかかわることはできなかった。それは日清戦争において伊藤博文首相や陸奥宗光外相が統帥権の独立を無視して大本営に列し，作戦にも口を挟んだこととは大きな隔たりがある。制度設計者であった伊藤たちとは異なり，制度が定着した時代の中で制度に護られて昇進を続けた東条は，その則を越えることができなかったのである（戸部 2017）。

「乙案」をめぐってアメリカ政府内でも議論はあったが，11 月 26 日，ハル国務長官は暫定協定に応じるのではなく，領土保全，内政不干渉，機会均等，現状秩序の維持という従来の主張を野村吉三郎大使に突き付けた（ハル・ノート）。事実上の最後通牒を受けて，12 月 1 日，御前会議は自存自衛を理由に対米英蘭開戦を決定し，8 日，陸のマレー半島上陸，海の真珠湾攻撃によってアジア太平洋戦争の火蓋を切って落とした。アメリカへの最後通牒は開戦 30 分前のギリギリのタイミングを狙っていたが，攻撃の 50 分後となった。このことは，奇襲攻撃を行ったとして長期にわたって日本のイメージを傷つけ，アメリカ国民を戦争に結集させた。

戦争指導内閣として

大命降下の目的は果たせなかったが，次は戦争指導内閣として，東条内閣はサイパン島が陥落するまでの 2 年 9 カ月にわたって政権を執った。それは緒戦の勝利による。真珠湾攻撃に続いて，12 月 10 日にはグアム島を占領し，フィリピンに上陸し，12 日には宣戦布告がないままに続いてきた日中全面戦争を含めて「大東亜戦争」と呼称し，英米をはじめとする列強から東アジアを解放することを旗印に掲げた。21 日にはタイとの間で同盟が結ばれ，25 日にはイギリスの拠点である香港が降伏した。年が明けて 1942 年には 1 月にフィリピンのマニラ占領，2 月にシンガポール陥落と連戦連勝が続いた。

長期戦が難しいという海軍の分析に基づけば，矛を収める時期であろう。しかし，そうした声を押さえ込んだのはほかならぬ東条であった。しかし，それは物資動員計画に基づいた長期戦ではなく，陸相としての戦勝への評価，首相としての楽観的な観測に基づいていた。

　長期戦に向けて国内体制の整備も進む。2月には統制会への行政権限委譲が行われ，所得税，法人税を軸に戦時増税が始まった（米山 2015）。戦後長く維持された食糧管理制度が発足したのも，この時期である。なお，戦後に続く制度としてしばしば並んで論じられる税の源泉徴収制度は，勤労所得についてすでに1940年から始まっている。

　政治体制も戦時に対応する。1月には翼賛壮年団が結成され，4月30日には1年の任期延長を終えた衆議院議員が総選挙を迎えた。この時の選挙戦では，戦時下において自由立候補は禁止すべきだ，推薦候補を当選させることが政治の倫理化につながるといった世論形成が行われ，町内会や常会などの組織を通じた国民運動が展開された（バーガー 2000）。戦争遂行を掲げる翼賛政治協議会が支持する「推薦候補」と，それ以外の「非推薦候補」が争った「翼賛選挙」である。戦勝を背景に，戦争遂行に否定的な議員を排除することが目的であった。無産政党系の候補には立候補を断念するよう圧力がかけられ，尾崎行雄，鳩山一郎，芦田均ら非推薦の候補は選挙活動を妨害され続けた。他方，推薦候補には臨時軍事費から多額の選挙費用が交付された。結果，推薦候補は466人中381人が当選した。非推薦候補の当選はおよそ400人中85人にとどまった。これが多いか少ないか。権威主義体制とみれば不十分な結果であろう。

　5月，推薦議員を中心に翼賛政治会が結成される。非推薦議員もそのほとんどが参加し，近衛時代の大政翼賛会があれだけ敬遠した「幕府的」な単一政党が事実上生まれた。これによって政党を単位として国民と結び付き，国政に関与していく複数政党制は失われたが，戦時議会の役割は必ずしも形骸化したわけではなく，政党人はここを拠点に巻き返しを図っていく（古川 2005）。

　もっとも，4月に閣議決定された物資動員計画は，南方の資源を本土に移入することを前提とした楽観的なものであり，軍需動員においては航空機の建造が最優先とされたものの，実際には増産は進まなかった。政府が本格的な増産の必要性を認識したのは，翌1943年のことであった。3月のジャワ島陥落，5月のマニラ湾占拠などの勝報が，ここでも判断を鈍らせていた。いや，適切な

図12.1 アジア太平洋戦争

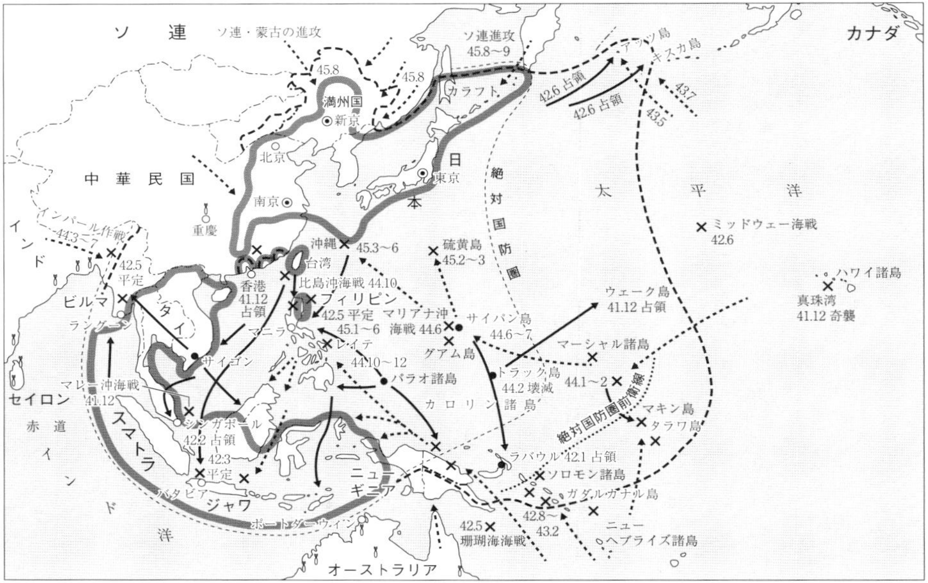

ソ 連
中 華 民 国
カナダ
太 平 洋
日 本
インド洋
オーストラリア
絶対国防圏
ミッドウェー海戦 42.6
真珠湾 41.12 奇襲
ハワイ諸島

---- 1941-45年 日本軍の最大侵攻線 ── 日本軍の終戦時防衛線 ● 日本軍の戦略拠点 × 主要戦場

→ 日本軍の進攻路 ----→ 連合軍の進攻路 ∮ 日本軍の空襲・挺身攻撃を行っている。

[注] インド・オーストラリアにも日本軍は空襲をおこなっている。
中国戦線については、図11.1 (215頁) 参照。
[出所] 宮地 2008：481 をもとに作成。

判断を下せる人物がポストにいなかったというべきであろう。

戦況の悪化

　国内の体制が固まりつつあった 1942 年 6 月，大本営はミッドウエー海戦での敗北を知らされる。もっとも，当初，東条は国民と同様に軽微な被害との情報しか受け取っておらず，後日，昭和天皇の口から敗戦の現実を聞くこととなった。東条が軍部の統制をとれず，適切な戦争指導を行えていないことは明らかであった。

　戦況は一転して劣勢となる。7 月にはドイツから対ソ戦の参戦を要求されるが，応じる余力はなかった。8 月にはガダルカナル島をめぐる攻防戦が始まり，11 月に米軍が上陸すると日本側は消耗戦を強いられていく。統合的な戦争指導が欠落する中，物資と船舶をめぐって陸海軍が紛糾を続けるようになる。こうなっては，もはや「総力戦」の態すらなさない。

　それでも東条内閣は戦争指導をめざした。6 月には政府と翼賛政治会などの結び付きを強めるため各省等の委員に任ずる内閣各省委員制を導入して各勢力との協力体制を示した（官田 2016）。11 月には東郷茂徳外相の反対を押し切って大東亜省を新設し，外務省から東アジアに関する外交権を軍部の側に奪い取った（東郷外相は辞任）。さらに，年が明けて 1943 年 3 月には戦時行政特例法・戦時行政職権特例を発して，首相が各省大臣にさまざまな指示を下せるよう，その指揮監督権を制度化した。かつて制度草創期にあった大宰相主義がここで復活したのである。

　しかし，それは東条の孤立を象徴するものでもあった。制度化しなければ「同輩」である各省大臣を統御することすら難しくなっていたのである。1 月には非推薦議員であった中野正剛が新聞紙上で公然と東条批判を行い（発行停止），ガダルカナル島撤退での膨大な犠牲，山本五十六連合艦隊司令長官の戦死という状況を前に，東条は内閣顧問制を導入したうえで内閣改造によって反東条勢力との宥和を図る（関口 2016）。

　9 月にはイタリアが降伏し，手詰まり感は強まった。東条内閣にできたのは，大東亜戦争という美名のもとにビルマ，フィリピン，インドなどに独立政府を樹立させ，植民地解放の盟主として戦争目的を掲げ直すことであった（有馬 2002）。11 月 5 日には満州，タイ，フィリピン，ビルマ，中国（汪兆銘）を集め

て大東亜会議が行われ，翌日，共同宣言を発表する。連合軍はこれを吹き飛ばすかのように，11月27日，カイロ宣言を発した。

　ここでついに東条は行政と軍令の統合に踏み切る。1944年2月，陸相の参謀総長兼任，海相の軍令部長兼任が行われる。それは，統帥権の吸収に加えて，陸海軍内の対立を終息させようというものであった（鈴木 2011）。東条が独裁的な権力を得たとすれば，この時であろう。もちろん，それは「東条おろし」の動きを加速させる。6月のマリアナ沖海戦の大打撃，7月のサイパン島守備隊玉砕という状況に至り，軍令の責任を負った東条内閣の余命はなかった。7月18日，東条内閣は総辞職し，行政と軍令の統合も解かれることとなった。この過程で閣僚の岸信介が東条に反旗を翻し，戦後へのパスポートを手にする。

　物資の動員，非常時動員の確立，作戦の統合といった戦時体制の構築はすべて後手に回っていた。権力分立を基本とした明治憲法体制のもとで総力戦を戦うには，それを統合しうるだけの「政治家」か，憲法の改正が必要であった。しかし，それには東条は自らに与えられた則に実直であり過ぎた。いや，明治憲法体制の中で育った時代に，そうした判断と信頼を得ることができる人物があったと考えるのは難しいだろう。統御不能のまま戦争に突入したことが，明治憲法体制の制度的限界を如実に示すものであった。

 ## 大東亜新秩序の模索と銃後の日本社会

┃ 東亜新秩序と自存自衛の間で ┃

　歴史家のゴードンは，戦前，戦中，戦後における人々の生活や文化の中に連続性を見出し，この3つの時代を「貫戦期」としてとらえる見方を提示する（ゴードン 2013）。では，戦前の何が戦中に，そして戦中の何が戦後につながっていったのだろうか。それを考えるうえで重要となるのは，アジアとの関係と国民生活であろう。日本はアジアに何を示し，何を行ったのか。国民をどう導いていこうとしたのだろうか。「帝国」の逡巡を見ていこう。

　1941（昭和16）年12月，すでに述べたように，政府は対米開戦を機に「支那事変」まで含めた戦闘状態を「大東亜戦争」と称することを決め，翌42年

1月には東条首相が帝国議会において「大東亜共栄圏」の建設という方針を明言した。この意図は何であったのだろうか。

　戦争には大義名分が必要となる。既得権益の保全を主張した「支那事変」は膠着（こうちゃく）化し，戦争の目的が曖昧なまま長期化していた。単発的な武力衝突を収めることができずに戦争状態までずるずると状況が悪化したこと，不戦条約に調印していたことから，これを戦争と呼ばずに事変と呼び続けたことは，かえって事態の深刻化を招いていた。

　では，アジア太平洋戦争はどうだったか。長期にわたる日米交渉の努力と失敗から，明確な意思をもって開戦が決定されたことはすでに見てきた通りである。しかしながら，戦争の目的は判然としなかった。先の帝国国策遂行要領にも記された「自存自衛」という現実的な課題と，「大東亜新秩序建設」という大義名分が交錯していた（戸部 2017）。当初は，ドイツとイタリアが英仏に対して戦勝を続けた場合に東南アジアでの日本の発言権を確保するための方便であった。しかし，実際に日本が東南アジアに進出すると，それは実質を帯びることとなる（松浦 2010）。

　ここにも政権と統帥部の対立が見出せよう。作戦指導に責任をもつ陸海軍統帥部は，作戦の範囲を限定し，戦争の終結点を模索するために「自存自衛」による限定的な戦争を想定する。それに対して，戦争遂行全体に責任をもつ政権中枢部は，「大東亜新秩序」の構築を掲げて国内外の幅広い支持を得ようとする。近代日本が果たした不羈独立を，欧米の植民地となっている広義の東アジア諸国に訴えることで，英米の側から自らに引き入れることが模索されたのである。

　政権内部においても対立があった。かつての革新官僚が多く集まった興亜院では，統帥部に占領地行政を従属させることで，現地の作戦と軍政への協力を重視した興亜省構想が描かれていた。他方，外務省は侵略戦争という批判を受けないためには早期に各地域の主権を尊重する方針を示し，可能な限り独立を承認する必要があるという考えでまとまりつつあった。彼らは事態を混乱させているのは外政の多元化であるとして，その一元化を図る外政省構想を掲げた（波多野 1996）。この対立の中で東郷外相は東条首相と折り合わず，辞任する。

　戦局が悪化する中で，大義名分の必要性が高まる。政府は大東亜省を新設して「大東亜新秩序」の構築をめざす姿勢を明示し，東京で開かれた大東亜会議

はその一大セレモニーであった。会議を主導したのが，以前からの日中提携論者であった重光葵外相で，連合国側の大西洋憲章を意識し，互恵や協同を謳う大東亜共同宣言が採択された。

　しかし，そこで露呈したのは，参加した各国指導者たちの思惑が想像以上にバラバラだという現実であった。長く日本の傀儡政権となっていた満州国，中華民国汪兆銘政権がその理想を賞賛したのに対して，日本と同盟を結んでいたタイは態度を曖昧にし，アメリカ撤退後の国家再建過程にあったフィリピンは日本による植民地化への警戒を顕わにした。そうした中で，インドの独立運動に従事していたボースが，アラビア人を含んだ民族解放を主張した。日本政府は独立運動への支援を約束する。

　日本側が早くから熱心にこの大義名分を追っていれば，事態は違っていたかもしれない。しかし，それは遅きに失した。何より，満州国や汪兆銘政権の状況を見れば，独立運動に邁進する各地の勢力が，日本を利用こそすれ，共存共栄のパートナーとして信頼を置くことは難しかった。

┃ 占領地統治の理想と現実 ┃

　「大東亜新秩序」の軸となるのは，満州国などの周辺国，独立勢力に加え，日本が直接統治する占領地であった。植民地を含む大東亜地域の経営を担う機構については，外政一致を主張する外務省と，陸海軍部隊のもとに一元化する興亜院の間で対立があった（波多野 1996）。もっとも，興亜院案が軍政から建設段階への移行期について検討していたことに見られるように，広い「大東亜」の中で状況はバラバラであった。

　そうした中，外務省がとったのは現実策であった。新設された大東亜省に煩雑な占領地行政を委ねつつ，自らは大量の人材を同省に送り込むことで実質的な影響力を確保するというものであった（波多野 1996）。

　現地で問題となるのは，大使と司令官，行政長官の関係である。陸軍は司令官が大使を兼任することを主張したが，海軍がそれは満州国を想起させるものであるとして強硬に反対した。その結果，大使は文官とすることが確認される一方で，中国北部の公使には陸軍軍人が充てられることで妥協が図られた。

　東南アジアでは，現状維持的で融和的な現実主義の占領方針が立てられた（中野 2006）。この地域ではヨーロッパ各国の植民地支配のもと，行政機構の現

地化が進んでおり，軍部もそうした残存統治機構を利用することにしたためである。これには，現地軍の指導層が欧米への駐在経験をもち，彼らが占領地は植民地ではないという認識をもっていたこと，自らの欧米における体験から，現地の人々を尊重する姿勢を保ったことが影響しているとされる。

　もっとも，こうしたある種牧歌的な軍政は早々に終わりを告げる。長期戦の見込みが高まり，南方が物資供給の舞台となったからである。1941 年 11 月，大本営政府連絡会議は「南方占領地行政実施要領」を定め，資源獲得の方針を明示した（金子 2007）。1942 年に入ると，大量の軍人，行政官，民間人が司政官として派遣され，企業も公共事業の受注を見込んで盛んに進出を始めた。現地では既存通貨に合わせた軍票によって現地資金が回収され，「敵性資産」が没収された。こうして事実上の植民地化が始まった。

　泰緬鉄道の建設への動員に象徴されるように，戦地と直接，もしくは隣接した地域での統治は過酷なものとなった。それはイギリスやオランダなどの旧植民地宗主国，そして戦後アジアと日本の関係に大きく影を落とすものとなる。

▌戦時日本社会の生活と政治——戦時の転形 ▌

　戦争指導が常に後手に回ったのに対して，日本の社会は比較的柔軟に戦時に対応していったように思われる。それは，第一次世界大戦が総力戦となったことに鑑みて，各省の官僚たちが盛んにヨーロッパに留学し，現地の状況と対策を学び，日本における実践の方策の検討を重ねてきたためであった。

　中でも，常会をはじめとする自治組織の再編は総力戦の遂行を後押しした。常会は折々の課題について『週報』や『写真週報』といった政府広報を材料にしながら論じ，実践のための体制を構築した（清水 2017）。防空における消火体制の整備などはその最たるものである。もっとも，防空体制の構築整備が関東大震災という大災害の記憶によって後押しされたように（土田 2010），それぞれの対策が本格化していくのは，実際に民衆が困難な現実に直面してからのこととなる。

　太平洋戦争開戦の当初は，物資の統制管理による戦時体制の構築と，物価の安定による国民生活の確保が大きな課題であった。生活必需品についての切符配給制も少しずつ始まっていたが，1941 年 12 月には物資統制令が公布され，広範囲に強化されていく。とりわけ翌 1942 年 2 月以降の綿布配給制の影響は

大きく，男子国民服が普及する背景ともなった。5月には前年8月に公布された金属回収令が発動され，寺院の梵鐘や銅像などが供出されていった。

食糧の確保は，1942年2月に公布された食糧管理法によって中央食糧営団が創設され，農家からの買い上げと供給を担うことになった。しかし，農家には高値で売買することを目的とした隠匿が絶えず，社会問題となっていく（小田 2012）。

国民貯蓄を戦費に回す動きも進む。2月には少額貯金を非課税とする国民貯蓄組合法が施行され，3月には戦時色の強い日本銀行法が制定され管理通貨制度が導入された（1931年12月の金本位制離脱以来の実質的な管理通貨制度を追認）。6月には一種の有価証券である「弾丸切手」（抽選による割増金付き郵便貯金切手）の発行が始まり，「貯蓄報国」ということばも流行するようになった。

企業経営も自由にはならない。1943年2月には戦時行政特例法が公布され，企業の国家管理が始まる。9月には閣議で航空機生産最優先の方針が決定された。大学への影響も大きく，8月には科学研究の緊急整備方策要綱が閣議決定され，戦争遂行が研究の唯一絶対の目的とされた。

戦局が悪化してくると，文化への締め付けが厳しくなる。これまでは，映画館でニュース映画の上映を義務づけたほか，総合雑誌の執筆禁止者名簿を作成するなど，内閣情報局を中心に政府の意向に沿った情報が提供されるように統制が行われていたが，この時期になると「敵性」文化を閉め出して，日本文化を強調する動きが出てきた。1943年1月には内務省はジャズなどの演奏を「敵性音楽」として禁止した。もっとも，宝塚歌劇団の公演は翌1944年3月まで続いた。

1943年秋には教育にも大きな制約が生じ始めた。10月に神宮外苑競技場で行われた学徒出陣壮行大会は，もはや将来を担う人材の育成すらままならない状況に追い込まれていることを実感させた。翌44年1月には東京と名古屋の学童に疎開命令が出され，6月には学童集団疎開が閣議決定された。他方で，学生，生徒は働き手として求められ，3月には学徒勤労動員が通年で実施されることになった（猪木 2016）。8月には国民総武装が決定され，竹槍訓練などが始まる。働き手が兵隊として出征していく中で，国内では婦人たちの活躍が目立つようになる。しかし，それは指導的な立場ではなく，事業の部分部分での活躍にとどめられた。また，朝鮮や中国からも多くの労務者が軍需工場に動

員され，その過酷な労働実態から 1945 年 6 月には中国人労働者が蜂起し，鎮圧された花岡鉱山事件が起こっている。

　戦時日本社会は，組合，常会，隣組などの地域組織を張り巡らせ，それが貯蓄，金属供出，勤労奉仕，食糧増産など，立て続けにさまざまな運動を繰り広げていくところに特徴があった（小林 2016）。総力戦体制は，第一次世界大戦からの「学習」と勤勉な「国民」によって，見事に作り上げられたのである。それは同時に，長期にわたって苦しい戦争が続けられる基盤ともなった。地域には戦傷者が溢れ，戦死の報が相次いでいた。それを反戦ではなく，戦争継続に結び付けて考える空気がそこにはあった。

3 本土決戦論と戦争末期の日本社会 ▶小磯国昭内閣

┃ 近づく終局とアメリカの日本占領計画 ┃

　第一次世界大戦が予想外の連鎖反応で大戦に突入したのに対して，第二次世界大戦は平和への構想や避戦の努力にもかかわらず開戦に至った。そこでアメリカは，今度こそ世界を作り替える意欲に燃えていた。1939（昭和 14）年 9 月にヨーロッパで大戦が勃発すると速やかに戦後構想の検討が始められ，41 年 8 月にはローズベルト米大統領とチャーチル英首相が大西洋憲章を声明した。そこでは戦後秩序として「国の大小を問わず，勝者と敗者を問わず」平等な生存を許されると述べられ，アメリカ参戦後の 1942 年 1 月には，これを戦争目的とする連合国共同宣言が調印された（26 カ国）。

　しかし，戦局が進む中で 1943 年 1 月には同じく米英首脳によるカサブランカ会談で「ドイツ，イタリア，日本による無条件降伏」が声明された。これもまた先の大戦の教訓であり，ドイツでは軍は負けていなかったという神話が流布していた。加えてローズベルト大統領は米，英，ソ，中の主要連合国が警察官として旧枢軸国を監視する戦後秩序を構想していた。平等を重んじる水平原理と秩序を強制する垂直原理が交差していたのである。

　日本占領計画も 1942 年にアメリカの国務省特別調査部極東班で日本専門家を集めて検討が開始された。日本処理案には国家壊滅・民族奴隷化を主張する

ものから帝国の温存を許容するものまで幅があったが，民主的で平和な日本に作り替えようという介入変革論，現行制度を尊重し日本の自由主義派に委ねる介入慎重論，そして天皇の名のもとに自由主義的改革を進めようとする積極誘導論の間で議論された。知日派は若槻礼次郎元首相など日本の穏健派に注目し，おおむね寛大な講和をめざした。1943年9月にイタリアが降伏し，44年4月には国務省幹部による戦後計画委員会が設けられ「アメリカの対日戦後目的」が決定された。そこでは内閣も議会も廃止する厳格な占領統治が想定されたが，軍政では天皇の名も用いながら日本の下部行政機構を利用することになっていた。軍政官への日本語教育は急がれていたが，必要な数を満たせないと考えられたためであった。

1944年6月，連合国軍はついに第二戦線となるノルマンディー上陸作戦を敢行した。太平洋では7月7日，米軍がサイパン島を陥落させた。このタイミングでの東条内閣総辞職であったが，政党人が次に首相となれば日本の継戦能力が疑われかねず，東条もまた再起への思いを捨てずにいる中で，重臣会議ではまず文官か軍人かが議論され，陸軍を抑えるために陸軍から選ぶことになった。若槻はなお宇垣に期待したが，重臣会議は寺内寿一，小磯国昭，畑俊六の順番で候補とした。しかし，参謀総長としての東条の意見で前線指揮官であった寺内が外され，朝鮮総督を務めていた小磯が選ばれた。異例であったのは海軍出身の米内光政と2人に「協力して内閣を組織」するよう大命が降下したことであった。重臣の小磯への信頼は低く，昭和天皇は2人に対して戦争完遂のため対ソ関係に注意するよう指示した。

▌小磯・米内連立内閣の成立──消極的陸海軍協力内閣▐

1944年7月22日に小磯国昭内閣が成立した。小磯と米内がともに大命を受けた連立内閣であったが，組閣を主導したのは小磯で，2人の間で意思疎通は乏しかった。東条は陸相留任を謀ったが阻止され，朝日新聞の緒方竹虎が国務大臣兼情報局総裁として入閣した。

小磯内閣は一方で本土決戦準備を進めつつ，他方で対中和平に努めた。国務と統帥の一元化が引き続く課題で，小磯は首相を大本営の構成員とするよう求めたが拒否された。そこで首相が戦争指導に強力に関与できる組織をめざして，8月5日，大本営政府連絡会議に代えて最高戦争指導会議を設置した。しかし，

統帥部の抵抗で実態は変わらなかった。

　8月25日には第2次近衛内閣以来停止していた政務官制度を復活させ，衆議院議員，貴族院議員から政務次官，参与官を任命した。翼賛議会にも多元性はあり，議会勢力は権力の回復に向けた胎動を始めていた。また，帝国議会以外の下情上通のしくみとして，9月に開かれた中央協力会議は，1940年12月の初回から7回目で最後の会となった。戦時下の厳しい国民生活を前に，外交評論家の清沢洌は「民主主義以外に人間の安全を確保する道なし」と記している（清沢 2004）。帝国でも朝鮮と台湾で徴兵制度が施行され，直接国税15円以上の朝鮮人と台湾人に選挙権が与えられて，朝鮮23人，台湾5人，樺太3人の議員が選出される制度改正が行われた。

　10月10日，沖縄で最初の大規模な空襲があり，同月にはフィリピン戦線で敵艦に体当たりする特攻が始まった。11月には日本の戦争に運命を翻弄された汪兆銘が病死した。12月から翌1945年3月まで開かれた戦時下最後の通常議会では首相，外相の施政方針演説中，議場からは一つの拍手も起こらなかった。また12月には東南海地震，翌1945年1月には三河地震と大きな地震被害が相次ぎ，地域での軍による救護活動が行われたが，先の明治，昭和の三陸地震津波や関東大震災とは異なり，戦時下で報道は制限された。

▌近衛上奏文▐

　連合国は1944年7月にブレトンウッズで連合国国際通貨金融会議を，8月にダンバートン・オークス会議をそれぞれ開催し，10月には，国際連盟に代わる国際連合案が発表された。戦後世界が設計されていく中，日本はその場にいなかったのである。1945年2月にローズベルト，チャーチル，スターリンの米英ソ3首脳がヤルタで会談し，戦後処理や国連創設で合意し，南樺太の返還に加えて千島列島の引き渡しと引き換えにソ連の対日参戦を取り決める秘密協定が結ばれた。

　同じ2月，昭和天皇は7人の重臣に相次いで意見を求めた。積極論を唱えた東条以外はいずれも消極意見であったが，近衛だけが明確な早期和平を説いた。国体護持のための天皇退位をすでに検討し始めていた近衛は，2月14日，敗戦必至の情勢下，戦争終結に向けた手立てを早急に打つべきと上奏した。近衛上奏文と呼ばれる内奏文は，近衛が牧野伸顕元内大臣の女婿である吉田茂元駐

英大使の補校を得て作成したもので，満州事変以来の動きを軍内左翼分子の共産革命に向けた「意識的計画」と位置づけ，「いわゆる右翼は国体の衣を着けた共産主義なり」と述べるなど陰謀論に貫かれているかのように見える。その実，分析は，英米輿論が未だ国体変革を求めていないこと，ソ連のヨーロッパでの勢力伸張は戦後の日本政治への介入を予想させること，にもかかわらず国内では交戦国である英米への反感が中立国であるソ連への親近感につながり，共産革命の客観的条件が醸成されつつあることに警鐘を鳴らすものであった。

解決策は軍内部の共産分子とみなした日本軍閥の粛清であった。それは一方で即時和平を説きながら，他方で国内の障害除去を優先する議論であったが，昭和天皇はいま一度戦果を挙げなければ難しいと，和平の国外条件を重視する立場を示した。このような一撃後和平論は連合国の無条件降伏論に対応する面はあったが，近衛は事態の切迫を重ねて訴えた。

1944 年末頃から全国諸都市への空襲が本格化し，1945 年 3 月 10 日未明には東京大空襲があった。18 日，昭和天皇は関東大震災後と同じく東京を視察した。ビルが立ち並んでいただけに「今回の方が遙かに無惨」「これで東京も焦土になったね」と周囲に漏らし，付き従った木戸内大臣は見渡す限りの焼け野原に「此灰の中より新日本の生れ出でんこと」を祈った（『木戸幸一日記』，『昭和天皇実録』）。22 日には硫黄島の守備隊が最後まで持久抗戦した末に壊滅した。さらに 26 日，米英軍は琉球諸島の座間味島，そして 4 月 1 日，沖縄本島に上陸した。海軍では人間ロケット桜花や特攻が計画され，実戦に送られた。

国民の動員もさらに強化された。3 月には国民勤労動員令が出され，さらに男 65 歳以下女 45 歳以下の小学校卒業以上の国民で国民義勇隊が編制された。また，翼賛政治会は改称され，大日本政治会が設立された。

小磯首相は対中和平工作にも熱心で，南京から漢口，さらに重慶で抗戦を続けていた蔣介石といかに合意に至るか，重慶工作が進められていた。汪兆銘政権を通じた工作が重光葵外相をはじめ正規の方法であったのに対して，小磯首相は緒方の勧めもあって密使である繆斌に期待した。このことが政府内の軋轢を呼び，4 月 1 日に小磯首相が工作の続行を上奏すると，陸海外相の反対を聞き取った昭和天皇はこれを容れず，5 日，内閣は総辞職した。小磯内閣ではソ連との関係強化も課題であったが見るべき成果はなく，それどころか総辞職の日，ソ連は 1946 年 4 月に迎える日ソ中立条約期限後の不延長を通告してき

た。

4 敗戦過程

▌鈴木貫太郎戦争完遂内閣の成立▐

1945（昭和20）年4月7日に鈴木貫太郎内閣が成立した。首相選定の重臣会議では，東条は国務と統帥の一致を理由に現役軍人の首相就任を求め，畑俊六を推した。これに対して木戸内大臣が海軍出身でかつて侍従長も務めた鈴木枢密院議長を推すと，東条は「国内が戦場にならんとする現在，余程御注意にならないと，陸軍がそっぽを向く虞れあり。陸軍がそっぽを向けば内閣は崩壊すべし」と述べ，木戸が「今日は反軍的の空気も相当強し。国民がそっぽを向くと云ふこともあり得べし」と応酬している（『木戸幸一日記』下：1194）。

憲法は一度も停止されなかったが，政党政治を失った二・二六事件以後の政治体制は，消極的に宮廷政治に帰結していった。東条と木戸の冗談のような真摯（しん L）なやりとりの中でも沖縄での戦局は絶望的で，本土決戦準備が並行して進められていた。4月5日に沖縄に向けて出撃した戦艦大和も沈み，特攻作戦や空襲も続いていた。15日には先の近衛上奏文との関係で「反軍反戦行動」を理由に憲兵が吉田茂や馬場恒吾らを逮捕し，原田熊雄，樺山愛輔らを取り調べた。

鈴木内閣の陸相には阿南惟幾（あ なみこれちか），海相には米内光政，外相には東郷茂徳がそれぞれ充てられた。鈴木首相は天皇の「御言葉」によって特に大本営に列することを許された。5月7日にはドイツが降伏し，残すは日本だけとなった。11日，東郷外相の発案で新たに最高戦争指導会議構成員会議が設けられた。これは最高戦争指導会議が構成員を補佐する幹事によって運営されるために組織を離れた議論がしにくく，本土決戦が迫る中，構成員だけで議論する場も求められたためであった。

6月8日の最高戦争指導会議の御前会議で「今後採るべき戦争指導の基本大綱」が決定され，本土決戦態勢の推進とともに対ソ対中施策が決定された。同日，会議に出席しない木戸内大臣は別に「時局収拾対策試案」を起草し，昭和天皇の勇断による戦局の収拾を企図し，それは最低限の条件を天皇の親書によ

って提起するとした。

　6月9日から13日まで戦時最後となる臨時議会が開かれた。鈴木は当初，議会召集に消極的であったが，施政方針演説で1918年の自らの訪米時の思い出を交えて昭和天皇の平和愛好精神と太平洋を貿易の海とすべきことを語った。空襲が繰り返され本土決戦が近づく中で戦時体制の強化は足早に進む。非常大権発動に代わる戦時緊急措置法が成立し，また本土決戦による地方分断に備えて地方行政協議会に代わって軍管区と一致した8つの地方総監府が設置された。最終日の13日には大政翼賛会が解散式を行い，大日本婦人会，大日本翼賛壮年団とともに，4月に発足していた国民義勇隊に統合された。大日本産業報国会も吸収されている。

▌超高度国防化と突然の終戦──「聖断」の利用▐

　沖縄でなおも絶望的な戦闘が続く6月22日，昭和天皇は鈴木首相ら最高戦争指導会議構成員を呼んで意見を求め，「従来の観念」にとらわれることなく戦争終結への速やかな取り組みを促した。この間も決戦態勢の整備は進み，男15〜60歳，女17〜40歳に服役を命じる義勇兵役法が制定され，地域と職域で義勇戦闘隊が組織された。そして6月23日には悲惨を極めた沖縄での組織的抵抗が終わった。内地沖縄の悲劇は本土決戦時に全国各地で繰り返されるはずであった。米軍は11月を予定する南九州上陸作戦（オリンピック）と1946年3月を予定する関東平野侵攻作戦（コロネット）の計画をすでに立てていた。それは，ドイツでのベルリン陥落の再現ともなるだろう。

　7月10日の最高戦争指導会議構成員会議で，ついに速やかな戦争終結に向けてソ連への特使派遣が決まり，近衛文麿が送られることになった。12日に昭和天皇から使命を告げられた近衛は，米英との直接交渉も視野に要綱を作成し，「我国古来の伝統たる天皇を戴く民本政治には，我より進んで復帰するを約す」と記された。しかし，ソ連は日本の姿勢を利用しながらヤルタ会談で約束した対日参戦準備を進めていた。また，ナチ・ドイツの原子爆弾開発の悪夢からアメリカで進められていた原爆開発（マンハッタン計画）は，7月16日に爆発実験に成功し，ポツダム会談に臨んでいたトルーマン新大統領を励ました。トルーマンは4月，ローズベルトの病死を受けて，副大統領から大統領に昇格していた。

他方，7月26日には，米英ソ3首脳が合意したポツダム宣言が，現に日本と戦っている米英中3国の名で発せられた。アメリカでは1945年に入ると国務省を超えて国務・陸軍・海軍三省調整委員会（SWNCC）が設けられ，6月11日決定の「初期対日方針」も占領下での日本政府解消を想定していた。これはアメリカ国民の対日感情が厳しいだけでなく，無条件降伏を貫徹すれば，受け皿となる日本政府はドイツ同様消滅するためであった。ところが，駐日大使を務めた職業外交官のグルーが戦時の異例で極東局長に復帰すると，知日派は彼らの信じる日本処理案の穏健化に向けて巻き返しを図った。グルーはトルーマン政権でさらに国務次官となり，スティムソン陸軍長官の後押しを得て本土決戦前に戦争終結の機会を与えることになった。スティムソンは1930年のロンドン海軍軍縮会議で全権を務めており，政党内閣期の指導者，幣原喜重郎，若槻礼次郎，浜口雄幸の名を挙げてグルーの提案に賛成した。本土決戦が近づく中での日米死傷者率の接近に加えて，ドイツの帰結があまりに非人道的であったことも，無条件降伏方針の実質的な変更につながった。知日派が鍵と考えた天皇の護持までは明記できなかったが，ポツダム宣言では軍国主義の駆逐や占領・領土方針などとともに「民主主義的傾向の復活強化」が謳われた。

　しかし，鈴木首相はポツダム宣言に「黙殺」とコメントした。意図はノーコメントであったというが，閣内に本土決戦論と早期和平論との対立があり，全会一致で方針転換できない限り本土決戦に突き進む条件の下で拒絶以外の何ものでもなかった。

　8月6日，広島に人類最初の原子爆弾が投下され，甚大な被害を出した。衝撃を受けたソ連は参戦を前倒しし，8日，佐藤尚武大使に参戦の意思を通告すると，9日未明には日ソ中立条約の有効期限内であるにもかかわらず侵攻を開始した。さらに最高戦争指導会議の最中，長崎への原爆投下の知らせが入った。1発と2発の違いは大きい。会議では国体護持を唯一の条件としてポツダム宣言を受諾すべきと主張する東郷外相，米内海相に対して，国体護持に加えて，自主的撤兵・武装解除，戦争犯罪人の自主的処罰，保障占領なしという4条件での受諾を唱える阿南陸相，梅津参謀総長，豊田軍令部総長が対立した。

　閣議でも同様で，再び最高戦争指導会議に平沼枢密院議長と閣僚が列席して御前会議が開かれた。枢密院議長が加えられたのは宣言受諾が条約にかかわるからであった。時刻はすでに10日午前2時をまわり，鈴木首相は昭和天皇の

もとに歩み寄り，「聖断」を求めた。昭和天皇は外相の意見を支持し，最高戦争指導会議は唯一条件での受諾を決定した。さらに閣議を再開して最終決定したのは午前6時であった。午前9時に外務省は国体護持を条件とするポツダム宣言受諾の決定を中立国に打電した。その日の午後には，重臣にも参内と意見聴取の機会が与えられている。

8月12日朝，バーンズ米国務長官から連合国の正式回答が届いた。そこには天皇の地位について「人民の自由意思により」と記されていた。この日，皇族の会議も開かれた。13日の最高戦争指導会議構成員会議では，バーンズ回答は国体護持を確認していないとする再照会論が起こり，閣議でも意見は分かれた。

14日には連合国の回答がビラで散布される状況下で，異例にも昭和天皇の召集によって最高戦争指導会議と閣議を合同し枢密院議長を加えて御前会議が開催された。会議で鈴木首相は反対論を述べさせ，再び昭和天皇に判断を求めた。昭和天皇は明治天皇の三国干渉時の苦衷にふれ，重ねて受諾の意思を示した（鈴木　2011）。午後1時からの閣議で終戦詔書に副署が行われ，午後11時，スイスに向けて打電された。阿南陸相は詔書に副署の後，陸相官邸で自決した。こうして立憲国家として一時隆盛を誇った帝国日本は明治維新の大目標であり日露戦争の勝利で確保した「独立不羈」を失う。この夜も空襲は行われ，第二次世界大戦最後の空襲となった。

敗戦受容に向けて

翌15日正午，昭和天皇の発意で，ラジオを使った玉音放送が行われた。閣議決定を受けて自らの声で国民に説明し，協力を求めたのだが，前夜の録音時には戦没者遺族にふれるくだりで言葉に詰まったという。陸軍内では翌朝，録音盤を奪おうとするクーデタがあったが失敗した。本土決戦に備えた部隊が津々浦々に展開する中，天皇の判断は絶対であるという「承詔必謹」が強調された。しかし，君主の誤りは強制してでも糺すべきという忠諫の士の論理との間で事態は未だ流動的で，部隊の説得には皇族も差し向けられた。

玉音放送後の午後3時，鈴木貫太郎内閣は総辞職した。後継首相は重臣会議を開くことなく木戸内大臣が平沼枢密院議長と相談し，内の敗戦受容と外の占領軍受容のため東久邇宮稔彦王を首相として，近衛に補佐させることにした。

翌 16 日，東久邇宮内閣が誕生し，近衛は国務大臣として入閣した。宮様内閣の誕生は先の天皇による政治判断とともに明治立憲制の奇道であった。それは戦時下の延長としての占領下という特殊な状況での対応であるとともに，政党政治を否定して進められた国内融和策の終着点でもあった。天皇が国民に直接語りかける玉音放送は占領初期において何度か活用される。

　ポツダム宣言受諾声明後もソ連の侵攻は続き，歯舞諸島の占領は 9 月 3 日であった。日本は 9 月 2 日に降伏文書に調印している。また，先に 8 月 16 日にスターリンが北海道の北半分を占領したいとトルーマンに伝えたが，トルーマンは同 18 日に拒否の回答をした。

　近衛上奏文に参画した吉田茂は，戦後の見通しについて，8 月 27 日の書簡に「我は虚心坦懐に敗戦の事実を認め，最も大胆に積弊打破，開国進取の策を決し国家再建に邁進すべく」と記し，他の書簡には鳩山一郎の名を挙げて「米の注文通りデモクラシーとなれば，差当り我世の春は先生独占か」と冗談を飛ばしている（『吉田茂書翰』：175，554）。こうして日本政治は明治維新で示された開国和親と公議輿論の国家像に立ち返る。とはいえ簡単ではない。娘の回想では，吉田は敗戦直後，朝早く起き出して歩き回り，崖の上から目の届く限り拡がる赤茶けた焼け跡を見て，「これがいつになったら片付けられて，家並みが揃うのだろうか，二十年後では無理かもしれない」とよくこぼしていたという（吉田 1998：337）。

さらに学びたい人のために　｜　Bookguide ●

五百旗頭真『日米戦争と戦後日本』講談社学術文庫，2005 年。
　　第一次世界大戦を最後の戦争にすると参戦したアメリカだったが，20 年で次の大戦が起こった。今度こそとの思いは周到な戦後計画となるが，ポツダム宣言でさらに変化していく。日本史を紡ぐのは日本人だけではない。戦後日本のおいたちを伸びやかに描く良書。

吉田裕・森茂樹『アジア・太平洋戦争』（戦争の日本史 23）吉川弘文館，2007 年。
　　緻密な実証に基づく国際的な軍事史研究や戦争史研究は自由な社会の礎である。先の大戦については，戸部良一ほか『失敗の本質——日本軍の組織論的研究』（中央公論社，1991 年）が著名だが，直接体験者が減る中，全体像を提供してくれる良質な手引き書である。

鈴木多聞『「終戦」の政治史——1943-1945』東京大学出版会，2011 年。

　　日本の「終戦」過程や原因については多くの研究が積み重ねられてきた。その中で政治史としてあらためて問い直す作品。戦争を終えることはいつの時代も難しい。当時の政治構造に無条件降伏の「条件」と時間の変数を掛け合わせ，敵国への信頼感の有無も重視する。

引用・参考文献　　　　　　　　　　　　　　　　　　　Reference ●

安達宏昭 2015「『大東亜共栄圏』論」大津透・桜井英治・藤井讓治・吉田裕・李成市編『岩波講座　日本歴史』（第 18 巻　近現代 4）岩波書店。

有馬学 2002『帝国の昭和』（日本の歴史 23）講談社。

五百旗頭真 2001『戦争・占領・講和　1941〜1955』（日本の近代 6）中央公論新社。

五百旗頭真 2005『日米戦争と戦後日本』講談社学術文庫。

猪木武徳 2016『増補 学校と工場——二十世紀日本の人的資源』ちくま学芸文庫。

小田義幸 2012『戦後食糧行政の起源——戦中・戦後の食糧危機をめぐる政治と行政』慶應義塾大学出版会。

金子文夫 2007「占領地・植民地支配」石井寛治・原朗・武田晴人編『日本経済史 4　戦時・戦後期』東京大学出版会。

官田光史 2016『戦時期日本の翼賛政治』吉川弘文館。

木戸日記研究会編 1966『木戸幸一日記』上・下，東京大学出版会。

清沢洌／山本義彦編 2004『暗黒日記　1942-1945』岩波文庫。

宮内庁編 2016『昭和天皇実録　第九』東京書籍。

ゴードン，アンドルー／森谷文昭訳 2013『日本の 200 年——徳川時代から現代まで〔新版〕』上・下，みすず書房。

小林啓治 2016『総力戦体制の正体』柏書房。

清水唯一朗 2017「国民を動員せよ——国策グラフ誌『写真週報』の誕生」玉井清編『『写真週報』とその時代——戦時日本の国民生活』上，慶應義塾大学出版会。

鈴木多聞 2011『「終戦」の政治史——1943-1945』東京大学出版会。

関口哲矢 2016『昭和期の内閣と戦争指導体制』吉川弘文館。

武田知己 2002『重光葵と戦後政治』吉川弘文館。

土田宏成 2010『近代日本の「国民防空」体制』神田外語大学出版局。

戸部良一 2017『自壊の病理——日本陸軍の組織分析』日本経済新聞社。

中野聡 2006「植民地統治と南方軍政——帝国・日本の解体と東南アジア」倉沢愛子ほか編『岩波講座　アジア・太平洋戦争 7　支配と暴力』岩波書店。

バーガー，ゴードン・M.／坂野潤治訳 2000『大政翼賛会——国民動員をめぐる相剋』山川出版社。

波多野澄雄 1996『太平洋戦争とアジア外交』東京大学出版会。

福島新吾 1981「東条内閣」林茂・辻清明編『日本内閣史録』4，第一法規。

古川隆久 2005『昭和戦中期の議会と行政』吉川弘文館。

松浦正孝 2010『「大東亜戦争」はなぜ起きたのか——汎アジア主義の政治経済史』名古屋大学出版会。

宮地正人編 2008『日本史』（新版世界各国史1）山川出版社。

村井哲也 2003「東條英機」御厨貴編『歴代首相物語』新書館。

吉田茂 1998『回想十年』4巻, 中公文庫。

吉田茂／吉田茂記念事業財団編 1994『吉田茂書翰』中央公論新社。

吉田裕・森茂樹 2007『アジア・太平洋戦争』（戦争の日本史23）吉川弘文館。

米山忠寛 2015『昭和立憲制の再建 1932〜1945年』千倉書房。

＊Column ❼

金澤史男 2010『近代日本地方財政史研究』日本経済評論社。

中西啓太 2018『町村「自治」と明治国家——地方行財政の歴史的意義』山川出版社。

松沢裕作 2013『町村合併から生まれた日本近代——明治の経験』講談社選書メチエ。

Column ❼　中央・地方制度——近代化のサブシステムとして

　2018 年は明治 150 年に当たり，日本のみならず，アメリカ，台湾，中国，ドイツ，トルコ，ベトナムなど世界各地で記念シンポジウムが開かれた。そこで最もよく話題に上ったのは「なぜ 260 を数えた藩に分かれていた日本が，一つの国家にまとまることができたのか」という問いであった。日本の近代化の陰陽どちらに光を当てるにせよ，この問いは避けて通れない。

　日本の近代化の中で地方制度は大きな要素をもつ。江戸に住み慣れた藩主が廃藩置県に応じて故地を離れても，家臣や領民は地域に残る。彼らをいかに統治するかはきわめて大きな課題であった新政府は大区小区制，市制・町村制によって合併再編を進め，当初は藩を引き継ぎ 302 あった県を 42 に集約することで，スケールメリットを考慮した地方制度を組み上げた。

　最大の改革は地租改正であった。江戸時代には村を単位として収税する村請制があり，これが納税の責任をもつ単位として自治能力をもち，互助組織としても機能していた。地租改正により地主が納税者となったことで，こうしたムラの互助的な機能が希薄化していく。

　明治後期に入り，日露戦後経営の中で地方の疲弊が問題視されると，内務省を中心とする地方改良運動や，農商務省などによる産業組合運動などの官製運動が展開され，地方における共同機能の再構成がめざされた。

　この背景には，独立不羈をめざして進む明治日本では国家財政を下支えするために税収の 7 割が国税に充てられており，地方は常に財源不足に喘いでいた。再分配は主として補助金や公共事業によって行われ，政党は「我田引鉄」という言葉に代表されるように，鉄道事業，道路事業などの利益誘導に血道をあげた。「初の本格的政党内閣」を担った原敬は，地元に帰るごとに地方が自立する必要性を説いて回ったが，その問題の根源は地方制度の未整備にあった。

　地方に財源を，地方に権限をという声は，近代日本で始終唱え続けられたが，走り続ける近代日本にそうした財政的余裕はなかった。これがようやく実現するのは，戦後，地方財政平衡交付金制度が導入されてからのことであったが，これとて分権的なものではなく，抜本的な改革は今世紀はじめの三位一体改革まで待たねばならなかった。そのことは日本の中央・地方関係に大きな影響を及ぼし続けている。

第 **13** 章

戦後改革と日本の再出発

国民・国際社会との絆の回復

🎧女性の参政権を認めた戦後初の総選挙において，選挙演説を行う
加藤シズエ（1946 年 4 月 9 日，東京，写真提供：共同通信社）。

INTRODUCTION

　本土空襲が一段と激しさを増す中で，沖縄戦の後，九州南部，関東平野と進む予定だった戦闘は，急転直下のポツダム宣言受諾で終わった。王政復古の名の下に幕藩体制を解体し，新たな国作りに励んだ明治初期と同様，「国体護持」の名の下に帝国日本の解体を強制された占領下で再び新たな国作りが始まった。戦後改革は戦時改革，占領改革，占領後の改革を含む。それは単なる敗戦や冷戦による外圧ではなく，戦時の延長線上にあるとともに，国民体験を背景に再び立憲国家の枠内に国際協調の礎となる民主国家を育む道であった。

年　月	事　項
1945（昭和20）年 8 月	東久邇宮稔彦内閣成立し，降伏文書に調印（9月2日）
10 月	幣原喜重郎内閣成立
12 月	衆議院議員選挙法改正（婦人参政権実現），労働組合法交布
1946（昭和21）年 4 月	第22回衆議院議員総選挙
5 月	鳩山一郎公職追放，吉田茂内閣成立
1947（昭和22）年 2 月	GHQの命令で二・一ゼネスト中止
3 月	最後の帝国議会。トルーマン・ドクトリン（冷戦顕在化）
4 月	第23回総選挙で社会党第一党に
5 月	日本国憲法施行，片山哲中道三派連立内閣成立
1948（昭和23）年 3 月	中道三派連立内閣を引き継ぐ芦田均内閣成立
10 月	第2次吉田茂内閣成立
1949（昭和24）年 1 月	第24回総選挙で与党民自党が初の単独過半数獲得
1950（昭和25）年 6 月	朝鮮戦争が勃発し（～1953年7月に休戦），警察予備隊創設（8月）
1951（昭和26）年 9 月	サンフランシスコで対日平和条約と日米安保条約に調印
1952（昭和27）年 4 月	平和条約発効で占領終結（北方領土・沖縄・奄美・小笠原は分離）
1953（昭和28）年 12 月	奄美群島返還
1954（昭和29）年 6 月	自衛隊発足
12 月	吉田内閣総辞職，鳩山一郎民主党内閣成立
1955（昭和30）年 11 月	自民党結成と社会党統一（10月）で1955年体制成立

1　日本国憲法制定と政党政治の再開　▶占領改革

占領の開始

　昭和天皇の「聖断」による降伏を受けて，連合国最高司令官マッカーサーが神奈川県の厚木飛行場に降り立ったのは，1945（昭和20）年8月30日であった。3日後の9月2日，横須賀沖に停泊するアメリカの戦艦ミズーリ号上で日本政府は降伏文書に調印し，ここに連合国による占領管理体制が始まる。

　もっとも，この体制においてまさに支配者として日本に君臨したのは，マッカーサーその人であった。皇居前の第一生命ビルに司令部を置いたマッカーサーは，在任中そのオフィスに閉じこもるようにして日本の統治に没頭した。彼が日本国民の前に姿を現すことは稀だったが，それが故に，その存在は神格化され，日本占領の全権を握って改革を指導していくことになる。

　マッカーサーの厚木到着に先立ち，日本では終戦を取りまとめた鈴木貫太郎

内閣が総辞職し，皇族の東久邇宮稔彦王を首班とする内閣が成立した。初めての皇族内閣である。東久邇宮には以前から首相待望論があった。しかし，戦前において彼に大命が降下することはなかった。開戦が危惧される困難な状況の中で，皇族に累の及ぶことが懸念されたのである。だが，いまや降伏を受け入れ，占領軍の進駐を迎えようとしている中，人心の混乱を抑え，スムーズに体制の移行を実現するために，満を持して組閣の命が下った。選定は木戸幸一内大臣が主導し，平沼騏一郎枢密院議長の同意を得たが，陸軍を統制できるのは彼以外にいないというのが，昭和天皇をはじめ衆目の一致するところだった。

このように占領軍を整然と迎え入れることが，東久邇宮内閣の第1の使命であり，この期待に東久邇宮首相は応えることができた。そして約1カ月後の10月2日に軍政組織である米太平洋陸軍総司令部（GHQ/AFPAC）から改組・設置された連合国最高司令官総司令部（GHQ/SCAP）による占領統治が，あくまで日本政府を仲立ちとして行われる間接統治のかたちをとることを勝ち取った。9月2日の降伏文書調印の日に連合国軍が日本政府に発した布告では，英語による直接軍政，総司令部命令違反者に対する軍事裁判，軍票の導入が定められていた。直接軍政を避けたい日本政府は，マッカーサーと交渉し，布告の撤回に成功する。20日には，ほぼ無制限な委任立法であるポツダム緊急勅令が制定され，占領下でこれに基づくポツダム命令が数多く出されたが，直接軍政とは異なり，少なくとも日本政府は存続し，占領下でも独自の意思と方針で政治改革が行える余地を獲得したのである。

しかし，この内閣ができたのはそこまでであった。開明的な思想の持ち主だった東久邇宮は，婦人参政権の付与や表現の自由全般の拡充，特高警察の廃止といった政策を実行に移そうとしたという。だが，理想に走るその姿勢に他の閣僚から批判の声が上がり，閣内に不協和音が生じる。そうこうするうちに，GHQによって10月4日に「人権指令」（「政治的民事的および宗教的自由に対する制限の撤廃に関する覚書」）が発せられた。広範な言論の自由や政治犯の釈放を求めるこの指令に基づき，治安維持法やその関連法令の廃止，特高警察の解体が命じられた。また，内務省の警察関係の職員が大量に罷免・解雇され，山崎巌（いわお）内相も公職追放となった（これに引き続き，12月15日には「国家神道，神社神道ニ対スル政府ノ保証，支援，保全，監督並ニ弘布ノ廃止ニ関スル件」，いわゆる「神道指令」が出され，国家神道が廃止される）。

これを受けて，翌日の 10 月 5 日，東久邇宮内閣は総辞職した。人権指令は日本に共産主義革命を惹起_{じゃっき}しかねないあまりに急進的な施策であり，内相の罷免は GHQ の内閣に対する不信任と受けとめられた。何よりも，せっかく勝ち取った間接統治が画に描いた餅で，GHQ はいつでも直接軍政的政策をとる用意があることがわかったことは衝撃だった。唯一の救いは，GHQ の指令が決して内閣の中で事前に全く考慮されなかったものではなく，当の首相自身が理想論として唱えていたものだったことだろうか。「人権指令」は，内閣の中で抵抗勢力に囲まれ孤立していた宮様首相の本来の考えを掬_{すく}い取るものではあったのである。

▌占領改革▐

　東久邇宮内閣の総辞職を受けて，木戸内大臣と平沼枢密院議長が次に選んだ首相はアメリカ側に反感がなく，戦争犯罪者の疑いがなく，外交に通じている幣原喜重郎元外相であった（五百旗頭 2007：129）。両大戦間期のワシントン，ロンドンの 2 つの海軍軍縮条約締結と深くかかわり，英米協調外交を担った幣原は，軍ににらまれ，戦中は逼塞_{ひっそく}して暮らしていた。担ぎ出された幣原はすでに 70 歳を超えていたが，昭和天皇からの強い懇請を受けて，この重任を担うことになる。

　幣原内閣は占領者に先んじて改革を進めた。第 1 に，衆議院議員選挙法を改正して婦人参政権（女性参政権）を認め，選挙権年齢も 25 歳から 20 歳に引き下げた。第 2 に，労働者の団結権，団体交渉権，争議権を認める労働組合法を制定した。そして第 3 に，自作農創設を目的とする農地改革にも着手した。いずれも 1920 年代から戦時を通して議論されていたものであり，敗戦後に勃興した日本の労働組合には，事業所別に組織されていた大日本産業報国会の跡を残して企業別組合が広がった。

　しかし，改革は日本側の意図と経験を超えて進展していく。農地改革も GHQ の介入で徹底された。財閥解体も戦時期に膨張した新興財閥を除き日本側が戦争責任を意識しないところであったが，日本の非軍事化と民主化をめざす GHQ は経済民主化にも積極的に取り組んだ。こうして占領下の改革には，「日本政府先取り型」があり，「GHQ 指令型」があり，多くの「混合型」があった（五百旗頭 2014）。

幣原内閣が期せずして果たすことになった最大の功績が，新憲法の制定である。幣原自身は当初，憲法改正に消極的であった。首相就任の挨拶でマッカーサーを訪問した際，憲法改正を勧めるマッカーサーに対して，幣原の反応は鈍かった。幣原は戦前の軍部の専横は明治憲法によってもたらされたものではなく，それが蹂躙された結果であり，明治憲法が再び正常に機能すれば，民主的な体制が日本でも十分に実現すると考えていた。これは，美濃部達吉のような往時の代表的憲法学者にも共有されていた考えだった。

　だが，マッカーサーをはじめGHQの面々は，憲法の抜本的な改正が必要とみなしていた。「人権指令」が発せられた10月4日にマッカーサーのもとを訪れた近衛文麿は，憲法の改正にリーダーシップをとるよう勧められた。近衛は東久邇宮内閣に副総理格の国務大臣として入閣していた。内閣総辞職後，近衛は宮中の内大臣府にポストを得て，京都帝国大学の憲法学教授だった佐々木惣一とともに憲法改正案の作成に当たった。しかし，近衛のこの行動に対しては，内閣をないがしろにするものとして幣原内閣との間に軋轢が生じ，GHQからも「近衛の憲法調査は関知していない」と声明が出された。梯子を外されたうえに，戦犯に指定された近衛は，12月16日，失意のうちに服毒自殺を遂げる。

　こうして憲法改正作業は，内閣が一手に進めることになった。10月25日に商法学者で国務大臣の松本烝治を委員長とする憲法問題調査会（松本委員会）が閣内に設けられ，憲法改正案の作成が進められた。12月8日，松本委員長は衆議院予算委員会で憲法改正の指針である「松本4原則」を明示した。それは，①天皇による統治権の総攬は変更せず，②天皇の大権事項を制限し，議会の議決を要する事項を拡充，③国務大臣が議会に対して国政全般にわたって責任を負うこと，④人民の権利・自由に対する保障と救済の強化，を内容としていた。ここには，議会を強化しつつ明治憲法の微修正で十分と考える幣原内閣に結集したオールド・リベラリストの考えが反映されているといえる。

　他方で，マッカーサーのほうでは憲法改正，それも抜本的な改正を急ぐ事態が生じた。12月16日にモスクワで米英ソ外相会議が行われ，対日占領管理のために極東委員会が設置されることになった。これは対日占領政策を自分の専権と考えるマッカーサーにとって，目の上の瘤となりかねない厄介なものと映った。極東委員会が具体的に発足して口出しを始める前に，日本の統治体制の大枠を作ってしまわなければならない。マッカーサーは，極東委員会を納得さ

せられるような自由主義的で民主主義的な憲法の制定を待望していた。

　その一方で彼は，天皇制の存続を必要視した。軍の武装解除など，これまで
の占領が円滑に進んだのは天皇の存在が大きかったと一目置いていた。その後
の占領政策のためにも天皇の力が不可欠と考えるに至っていたのである。また，
降伏後の9月27日にマッカーサーを訪問した昭和天皇は，その会談でマッカ
ーサーの信頼を勝ち得ていた（マッカーサーの回顧録によれば，天皇は「国民が戦
争遂行にあたって政治，軍事両面で行ったすべての決定と行動に対する全責任を負う者
として，私自身をあなたの代表する諸国の裁決にゆだねるためおたずねした」と述べて，
彼を感動させた〈マッカーサー　2014：425〉）。1946年の元旦に発せられた「人間
宣言」（「新日本建設の詔書」）で，昭和天皇が率先して自らを「現御神」とする
のは「架空なる観念」と宣明したこともあり，マッカーサーの天皇に対する信
頼は揺るぎないものとなった。

　昭和天皇が「人間宣言」で強調したのは，明治新政府の基本方針を示した五
カ条の御誓文であり，占領者による自由主義的改革と戦時をまたいだ伝統との
調和が図られた。翌月には天皇の地方巡幸が始まり，国民とのより身近な結び
付きが追求される。

▎新憲法の制定▎

　民主主義的憲法と天皇制の存続。この両立が至上課題となる中，2月1日，
『毎日新聞』が松本委員会の憲法草案とされるもの（実際は試案の一つ）をスク
ープした。それは天皇を統治権の総攬者とするなど明治憲法の骨格を維持しつ
つも，先の4原則に則って，議会を強化し，統帥権を削除し，基本的人権でも
自由の制約を法律に求めるなど過去の反省を踏まえていた（雨宮 2008）。しか
し，ホイットニーGHQ民政局長はきわめて保守的な内容であると理解し，マ
ッカーサーは自ら憲法改正に介入することを決断する。

　2月3日，マッカーサーは，「マッカーサー・ノート」と呼ばれる憲法改正
の3原則を記した覚書を提示して，民政局に1週間での草案作りを指示した。
それは，①天皇は国の元首の地位にある，②自衛戦争も含んだ戦争の完全な
放棄，③封建制度の廃止の3原則である。

　①では世襲される天皇が憲法に従って職務と権限を行使し，国民の基本的
意思に応えると記された。注目されるのは②で，日本国憲法第9条（戦争放棄

条項）の始原である。ここでは当初，自衛権までもが否定されていた。しかし，民政局での草案作成過程で侵略戦争のみを放棄するものにあらためられた。勝者が占領下の敗者に自衛権の否定まで強いれば憲法の寿命が短くなると予想されたからである。

　それにしても，戦争放棄という規定は誰によって，そしてなぜ発案されたのか。マッカーサーの回顧録によれば，それは幣原首相だとされている。1月24日に幣原がマッカーサーを訪問した際，新憲法に戦争放棄を規定することを申し入れてきたという（マッカーサー　2014：456）。

　確かに，幣原が戦争放棄という思想をことあるごとに口にしていたことを伝える証言は残されている。そもそも国際協調主義者として自他ともに認める外交官だった幣原の脳裏には，第一次世界大戦後の世界的な軍縮の一翼を担って日本外交を主導した過去の功績があったであろうし，1928年に締結されたパリ不戦条約に始まる戦争違法化の潮流も意識されていたであろう。

　だが，彼がそれを憲法の中に書き込もうとまで考えていたかは疑問視されている。少なくとも，松本委員会ではそのようなことは全く検討されなかったし，2月13日にGHQ草案が日本政府に提示された時，象徴天皇制と戦争放棄を定めたその内容に幣原を含む閣僚一同は大きな衝撃に見舞われた。

　では，マッカーサーは，いかなる意図で象徴天皇制と戦争放棄を憲法草案に規定したのか。それは，そうする以外に国際社会の批判から天皇制を守ることはできないと判断したからであった。戦争を放棄し，戦力ももたないと定め，非軍事化された平和国家となることを，憲法を通じて国際社会に発信し，さらに天皇は軍事的のみならず一切の政治的な権能を剥奪（はくだつ）された象徴的な存在としてのみ存立を認められる。極東委員会をはじめ戦勝国が納得するには，そうするほかないと考えられたのである。

　GHQ草案の提示に政府は驚愕（きょうがく）して抵抗したが，無駄だった。3月6日，GHQ草案をたたき台として，それに修正を加えてできあがった草案が，「憲法改正草案要綱」として日本政府によって公表された。変更はGHQの許容範囲内でしか認められず，GHQ草案で一院制であった議会は，日本政府の働きかけで直接選挙を条件に参議院が加えられた。

　国民はスクープされた松本委員会案とのあまりの変わりように動揺したが，すぐにこれを受け入れる空気が広まっていった。政党や民間ではさまざまな憲

法改正試案が提案されており，高野岩三郎を中心とする知識人グループの案は，GHQでも参考にされていた。GHQ草案は，そのような一層の民主的改革を求める日本人の声に応える側面も有していたのである。憲法改正草案要綱は，次の吉田茂内閣で実現に向かう。

▌政党政治の再開▐

　戦時下でも議会制は存続した。しかし，翼賛政治によって政党としての活動は著しく制約され，停滞していた。終戦は，日本の政党政治にとっては「解放」を意味した。象徴的なかたちでは，1945年10月4日の人権指令によって獄中にあった徳田球一や志賀義雄などの日本共産党幹部が釈放され，活動の場が与えられることになった。共産党は当初，占領軍を「解放軍」と呼んだ。

　戦前に非合法化されていた共産党にすら政党活動が認められるようになり，日本の政党政治は新しい時代に入った。戦後最初に結成されたのは，労働者を支持基盤とする日本社会党である。共産党以外の無産政党の大同団結をめざして，西尾末広，鈴木茂三郎，片山哲，水谷長三郎ら左右の社会主義指導者を糾合して11月2日に結党した。

　その1週間後の11月9日には，鳩山一郎を総裁にして日本自由党が結成された。憲法学者の美濃部達吉や作家の菊池寛，自由主義エコノミストの石橋湛山らも参集して清新な保守政治がめざされた。綱領では，ポツダム宣言の実践，民主体制の確立，人権の尊重と婦人の地位向上などが定められていたが，他方で国体の護持も掲げられた。

　かつての二大政党である政友会と民政党は，戦時下で大日本政治会に流れ込んだが，それを基盤として成立したのが進歩党である。その名とは裏腹に最も保守的な勢力となった。当初不在であった総裁には，元民政党総裁の町田忠治が就き，幹事長には鶴見祐輔が就任した。

　このほか，協同主義を掲げる日本協同党も設立され，これら5つの政党を主たる要素として，新生日本の政党政治は再始動した。彼らの当面の目標は，1946年4月の戦後初めての総選挙だったが，それに先立って，1月4日にGHQの発した公職追放令の衝撃に見舞われた。戦前からの代議士はほぼ該当し，進歩党は議員274名中260名が追放された。保守勢力への強い逆風の中で4月の総選挙を迎えたわけだが，その結果は自由党139議席，進歩党93議席，

社会党 92 議席，協同党 14 議席，共産党 5 議席だった。女性議員も 39 名が当選した。

2 占領下における日本再建と経済計画

▎第 1 次吉田茂内閣——憲法改正の継承 ▎

　敗戦後の新たな第一歩を踏み出すべき総選挙の実施は，しかし政権交代をすぐには意味せず，幣原内閣自身が進歩党を中心に多数派工作を始めたが，これは「非立憲」であると退陣に追い込まれた。しかし，その後も後継内閣は容易には決まらない。新憲法はまだ発布されておらず，重臣会議も正統性を失っている。内大臣府は廃止され，木戸幸一は A 級戦犯として巣鴨に拘留されていた。首相の指名方式が定まらぬ中，責任は幣原首相に委ねられた。軸となるのは比較第一党となった鳩山一郎率いる自由党である。自由党は社会党，進歩党との連立政権を模索したが果たせず，結局，社会党から閣外協力の約束を取り付けた。幣原はこれを受けて昭和天皇と GHQ に報告した。

　しかし，事態は落着しなかった。首相候補の鳩山が公職追放されたためである。幣原は社会党を中心とした連立政権を模索するが，これは自由党と共産党が反目し合ったため挫折した。社会党単独内閣も幣原が認めなかった。一回りして交渉相手は自由党に戻った。自由党は不在となった総裁の座を外相だった吉田茂に差し出し，吉田もこれを受けた。鳩山の説得に，吉田は，金策はしない，閣僚銓衡に口出しはさせない，いつでも政権を投げ出すという 3 つの条件を出したといわれる。この段階では吉田は鳩山のリリーフに過ぎず，彼が 5 度も首相の座に就くと考えた者はおそらくいなかっただろう。それでも吉田は「戦争に負けて外交に勝った歴史がある」と語っていた。こうして東久邇宮，幣原，吉田と，内政に疎いと自認する首相が 3 人続くことになったのである（高坂 2006）。

　とはいえ組閣は吉田主導とはいかない。鳩山派への配慮に加え，連立相手である進歩党との関係もあった。吉田の独自色が強く発揮されたのは現役の農林省農政局長であった和田博雄を，周囲の反対がある中で農相に登用したことで

あろう。

　当面の課題は食糧問題であった。食糧の輸入元であった朝鮮半島も，台湾も，もはや日本ではない。戦時の徴兵によって農地の状況は悪く，復員による消費増もあった。帝国議会召集直後の5月19日には皇居前広場で25万人規模の「飯米獲得人民大会」（食糧メーデー）が行われ，天皇への面会を求めるという異例の状態に至っていた。このときはマッカーサーが暴力的脅迫は認めないとする趣旨の声明を発表し，さらに昭和天皇が食糧問題に対する玉音放送を行うことで当座は収拾をみた。吉田にとって，食糧問題を打開しなければ，その先は見通せなかったのである。

　課題は米の供出推進，すなわち隠匿物資の供出にあると見られていた。しかし，実際には供出の促進では状況の打開は見込めず，政府は秋に向けてGHQから食糧の輸入，放出を受けることでなんとか乗り切っていった（小田 2012）。

　GHQからすれば，農地解放が進まないことには，状況は改善しない。その圧力を受けて，政府は7月26日に第2次農地解放を閣議決定し，自作農創設の動きを徹底していく。

　食糧問題を管理しながら，吉田内閣が取り組まなければならない最大の課題は憲法改正であった（五百旗頭 2007）。およそ70年ぶりの事実上の憲法制定は，まず枢密院で審議され，若干の改正を施されたうえで，6月20日，帝国議会に回付された。マッカーサーは日本人自らこの新しい憲法を旧憲法との連続性の中で十分議論するように求める声明を発表した。

　審議では，国体の護持と戦争の放棄が争点となった。国体の護持については保守系議員の意向があったほか，6月18日に極東国際軍事裁判において天皇を戦争犯罪人としないことがアメリカ側から表明されていたことから，期待が高くあった。戦争の放棄は，日本が新しい国家になったという印象を与えるために大きな意味をもつものであり，革新系の議員から念を押す質問が多くなされた。折しも中国では国民党と共産党の内戦が全国化しており，冷戦の足音も迫りつつあった。

　8月24日に衆議院で修正可決され，貴族院が国務大臣を文民とすること，両院協議会を置くことなどを追加し，10月7日，衆議院がこれを了承し，日本国憲法は成立，11月3日公布，翌1947年5月3日に施行となった。その中で「天皇は，日本国の象徴であり日本国民統合の象徴」と定められ，選挙に立

脚した議会政治が国政の中心に返り咲き，制度化された。

▌経済復興への陣痛——労働運動，日本政府，GHQ ▌

　憲法案が衆議院で可決された 1946 年 8 月は，戦後の経済復興をめぐる転機となった。必要最低限の統制による経済再建を行うべきと考える GHQ が設置を求めていた経済安定本部が 12 日に発足し，16 日には財界の側でも経済団体連合会（経団連）が創設された（村井 2008）。さらに，同月，労働者の側では日本労働組合総同盟（総同盟）と全日本産業別労働組合会議（産別会議）が結成され，役者が揃った。

　活発に活動したのは共産党と産別会議であった。賃上げ闘争を基盤に政治闘争の裾野を広く労働者に広げていこうとする彼らと，生産増強による経済危機の打破を訴える政府は正面衝突した。注目すべきは，共産党と産別会議が公務員に支持を広げて，全官公庁共同闘争委員会を結成して政府に賃上げ実現を迫る一方で，右派が主導権を握った社会党が共産党と決別する姿勢を明確にし，ゼネスト（ゼネラル・ストライキ）に反対する姿勢を明示したことであろう。明けて 1947 年 1 月には吉田と社会党右派の西尾末広との間で連立交渉が 2 度にわたって行われていた。

　しかし，1 月 28 日，共同闘争委員会は仲介に入った中央労働委員会の調停案を拒否し，交渉は決裂，ゼネストの実施は避けられないと思われた。ところが，1 月 31 日，GHQ は翌日に予定されていた二・一ゼネスト中止の指令を出す。復興方針をめぐってさまざまな「理想」を求めてくる占領軍であったが，その存在は政府にとって切り札でもあったのである。

　もっとも，GHQ は吉田内閣を支えたのではなく，早期に解散総選挙を行って民意を問うことを求めた（福永 2014）。他方で，吉田内閣は国家再建，憲法施行に向けて制度整備を進めており，容易にその座を明け渡せるものでもなかった。2 月に再開された第 92 帝国議会では，地方自治法，教育基本法，独占禁止法など，今日に続く重要法令が審議にかけられた。

　中でも焦点となったのは衆議院議員選挙法であった。戦後直後に大選挙区制制限連記制が導入されていたが既存政党からはきわめて不評であり，1925 年以来慣れ親しんだ中選挙区制への回帰が図られた。こうして 2 年間の大選挙区制を挟んで，実に 70 年近くにわたることになる中選挙区制の復活があった

（雨宮 2008）。すでに参議院議員選挙法は制定されていたので，選挙の前提は整った（1950年に公職選挙法にまとめられる）。憲法の施行を前にして，国政選挙と地方選挙が立て続けに実施されることとなった。3月31日，吉田は衆議院を解散した。ここに1890年以来，60年弱にわたって近代日本に存在した帝国議会はその幕を下ろした。

　政界は大きく変動する。幣原による自由党・進歩党合同構想があり，その失敗を受けた新党構想に自由党から芦田均が参加し，進歩党を母体とする日本民主党が結成された。選挙区制度は自由党に有利な中選挙区になっていたが，当の自由党が分裂したことで，4月25日に実施された第23回総選挙では社会党が第一党に躍進した（社143，自由131，民主124，国民協同31，共産4，その他33）。5月3日，日本国憲法の施行式典を挙行したのち，吉田内閣は5月20日，総辞職した。

▎片山哲内閣──社会党首班中道連立政権 ▎

　一躍第一党となった社会党だが，彼らは困惑していた。60年近くに及ぶ日本の憲政史において社会主義勢力が政権をとったことはなく，野党としての作法は心得ていても，与党として政権を担当する責任を負った経験はない。一般公務員を組織してはいても，中央省庁のキャリア官僚との関係は敵対的であった。

　加えて彼らが衆議院に有する議席は全体の3割に過ぎず，同じく第一党となった参議院では2割に満たなかった（第1回参議院議員選挙では無所属議員が半数近くを占め，参議院独自会派の緑風会が結成された）。安定的な政権をつくるためには連立が必要であり，これまで譲歩を要求してきた社会党が，逆に譲歩を迫られることとなった。新憲法のもと，議院内閣制のもとで初の組閣である。

　鍵となるのは第二党となった自由党の去就である。社会党は，共産党を除き，自由党，民主党，国民協同党との間で連立交渉を開始して政策協議を重ね，1947年5月16日に経済危機突破のための総合計画と国家統制，重要産業に対する民主化された国家管理，労使協調による産業復興，食糧増産と供出制度の改善など9項目にわたる政策協定が合意された。社会党は政策面で自由党に大きく譲歩し，閣僚ポストも社5，自5，民5，国1と均衡に配慮することで政権の安定的な船出を図った。

しかし，土壇場になって吉田・自由党は閣外協力への切り替えを申し出た。首相指名では社会党の片山哲に投票するものの，連立交渉からは離脱する，社会党が左派を入閣させないのであれば閣外協力には応じるという，きわめて政治性の強い揺さぶりであった。その結果，自由党の要求を容れた社会党は，党内の不安定化と引き換えに，新憲法下初の首班という栄誉を手にすることになった。6月1日，片山首班で自由党を除く中道連立内閣が発足する。閣僚は社7，民7，国2，緑風会1という構成となった。

　片山内閣にとって，現実には，国民経済生活の立て直しという喫緊かつ困難な課題を乗り越えるために官僚との関係をどう構築するかが課題であった。官僚組織が民主化を阻んでいるというGHQ，特に民政局の意向もあって，内閣は強い姿勢で官僚組織に臨んだ。まず，「省庁の中の省庁」とされた内務省を解体して新地方制度の貫徹を図り，国家警察機構を解体して地方自治体警察に改組した。占領改革は非軍事化と民主化とともに地方分権化にも力を注いでおり，公選知事による民主的な地方自治体運営を掲げる片山内閣の政策綱領にも沿うものであった。

　さらに「天皇の官吏」ではなく，国民の奉仕者とすべく公務員制度が樹立される。もっとも，同年末に施行された国家公務員法は，戦前の反省に鑑みて，公務員の人事を委員会によって統括し，その労働権を保障するという，社会党首班政権ならではのものであった。

　こうした官僚組織の改革を断行する必要があったのは，片山内閣が「民主的な」国家管理による経済再生を進めるため，官僚を統御するためであった。その司令塔となったのは経済安定本部である（村井 2008）。和田博雄長官（国務大臣）のもと，経済学者などブレーンが集められ，食糧の確保，物資流通の確立，物価の安定（「新価格体系の確立」），雇用の確保などを骨子とする経済緊急対策を実施していった。8月には制限付きではあるものの民間貿易も再開された。経済安定本部は，社会党左派が依る党政調会との関係もあり，政策立案センターとして機能し始めていた（佐藤 2011）。

　こうした中，片山内閣は経済復興の基盤として吉田時代の延長線上にある石炭の国家管理に突き進む。同案は民主党の強い抵抗にあって骨抜きにされ，乱闘の末，最後は3年の時限立法となった。民主党はこの賛否をめぐって内部対立を深め，幣原ら24名が脱党した。社会党も全農議員団を束ねる平野力三農

相が GHQ と対立を深め罷免された。これにより平野に近い 16 名の議員が脱党し，社会党は左派への傾倒を深め，自由党との対立を深めていった。世論の後押しあっての社会党首班内閣であったが，支持率は組閣当初の 68% から，1948 年 1 月には 23% に下落していた。政策では妥協を重ね，政権は求心力を失い，もはや内閣は死に体となっていた。

　1948 年 1 月 19 日，左派の主張に押された社会党は，4 党政策協議の破棄を決定する。2 月 5 日には左派議員が中心となって，衆議院予算委員会で追加予算案の撤回を可決した。こうした左派の台頭は片山らに総辞職，いや，政権の投げ出しを決意させるに至った。2 月 10 日，発足から 8 カ月あまりで社会党首班政権は退陣した。

芦田均内閣 ── 中道連立政権の継承と挫折

　片山内閣の崩壊は，再び政局を流動化させた。最大野党の自由党は「憲政の常道」を説いて与野党間での政権交代を迫り，GHQ 民政局が「民主主義を曲解するもの」と反論するほど社会でも一定の支持があったが，議席占有率は 4 分の 1 をわずかに超えるに過ぎなかった。また連立政権内で首班交代を行うには社会党も民主党も党内の安定性に欠けていた。このため，新憲法下初の解散総選挙を求める声もあったが，わずか 10 カ月での再選挙は GHQ が認めない可能性が高かった。

　片山が再出馬を固辞したことから，連立政権側は民主党総裁の芦田均を推し，自由党がこれに切り崩しをかける格好となった。2 月 21 日の投票では衆議院が芦田を，参議院が吉田を指名し，首班指名をめぐる初の両院協議会が開かれた。その結果，協議は決裂し，衆議院の議決が優越するという新憲法の規定により，芦田が首班指名されることになった。

　片山内閣とは異なり，民主党首班政権が社会党の要求を呑むかたちで，3 月 10 日，芦田内閣は発足した。閣僚には社会党左派を取り込み，その政策は，外資導入による国内経済の自立，行政機関の民主化を軸とするものであった。議席数からしても，社会党の発言力は大であった。芦田は同党の西尾末広を副総理に任命し，政権の安定を期した。

　他方，世論は連立政権が「顔」だけを変えたことに不満であった。組閣直後の世論調査の多くで新内閣不支持が支持を上回った。加えて，組閣から 5 日後

に吉田自由党が社会主義批判を軸に保守政党の再編を進め，幣原らを取り込んで民主自由党を発足させた。同党は 150 名を超える衆議院議員を擁し，社会党をしのぐ第一党となった。

　与党の側も公務員賃上げ問題に端を発する交渉の行き悩みから造反が相次ぎ，3 月 26 日には社会党が分裂し，副総理として安定に寄与するはずの西尾が政治献金にかかわる偽証罪で告発され，7 月 6 日に国務大臣を辞することとなった。

　極め付けは昭和電工事件（昭電疑獄）である。復興金融公庫からの融資のうち相当分が政官界に流れたという疑惑であり，9 月には大蔵省主計局長の福田赳夫や自由党総務の大野伴睦が，10 月には経済安定本部長官の栗栖赳夫，さらには前副総理の西尾が逮捕されるに及び，内閣の命運は尽きた。10 月 7 日，芦田内閣は総辞職し，12 月には芦田自身が逮捕される事態となる。

　もっとも，芦田内閣も無為に 7 カ月を過ごしたわけではない。6 月には教育勅語，軍人勅諭などの排除に関する決議案を可決し，7 月には行政管理庁設置法，水産庁設置法，公認会計士法に加え，国家行政組織法を公布，さらにマッカーサー書簡を受けて政令 201 号を発し，公務員の労働権制限に踏み切った（福永 2014）。もっとも，それは片山内閣がフーバー顧問団の提案を骨抜きにした努力を後退させるものであった。

　もう一つ，芦田内閣の時に極東国際軍事裁判（東京裁判）が結審した。ナチ・ドイツを裁くニュルンベルク裁判に倣った戦犯裁判では「平和に対する罪」に問われた A 級戦犯が市ヶ谷の法廷で，捕虜虐待など「通例の戦争犯罪」「人道に対する罪」に問われた B・C 級戦犯が国内外で裁かれていた。ここで残った課題は，昭和天皇の退位問題であった。天皇を起訴しないことはすでに決まっていたが，道義的責任をとって退位すべきという議論はくすぶっていた。これに対して，芦田は宮中改革に取り組み，昭和天皇自身の抵抗にもかかわらず，宮中人事の刷新を行っていた。

　しかし，天皇は退位しなかった。マッカーサーがそれを望まず，政権も天皇がその地位にとどまることを強く求めた。そして，昭和天皇自身，反省と責任を退位によって果たすよりも，留位して果たすことを考えていた（吉田 2004）。その後，東条英機ら A 級戦犯 7 人には死刑が言い渡され，12 月に執行された。

占領の終結と日米安全保障条約の締結

占領政策の転換——経済復興の推進と講和問題

　1948（昭和23）年10月19日，片山哲，芦田均と2代にわたった中道連立政権が退陣し，野党として政権と対峙してきた民主自由党による第2次吉田茂内閣が発足した。この政変にはGHQ内の対立の影が差していた。芦田内閣退陣を招いた昭電疑獄には治安を担当する参謀第二部の関与が疑われ，他方，民政局は総裁の吉田を嫌って幹事長を擁立する山崎猛首班工作を試みた。しかし，政友会にともに属した旧友の説得で当人が議員辞職し，頓挫した。新憲法では首相は国会議員の中から選ばれる。

　第2次吉田内閣は発足後も少数党内閣による衆議院解散は容易に認められなかった。日本国憲法が内閣の主導性による解散を認めているかを問う憲法問題で，結局，与野党が内閣不信任案に合意するいわゆる「なれ合い解散」が行われた。この1949年1月の第24回総選挙で吉田民自党は264議席を得て，戦後初めて1つの政党が衆議院の過半数を占めた。それは1942年の翼賛選挙を除けば，32年2月の犬養毅政友会内閣以来である。

　すでにアメリカでは10月7日に国家安全保障会議（NSC）で，冷戦下で講和を急がないこと，懲罰的でない条約とすること，安全保障上の利益以外では経済復興をめざすことを定める「アメリカの対日政策に関する勧告」（NSC13/2）が採択されており，吉田内閣は新たな占領政策の実施主体となった。以後の占領では，市場経済の中で自立できる日本経済の再建と「独立」回復に向けた講和交渉が課題となった。

　まず経済再建では，12月に経済安定9原則が出され，アメリカ政府はGHQと日本政府に均衡予算や物価抑制など国際競争に堪えうる自由経済構築に向けた諸施策を求めた。さらに翌1949年2月にはGHQ財政顧問として銀行家ドッジを送り込んだ。ドッジは日本経済がアメリカからの経済援助と財政からの大量の補助金という「二本の竹馬の足」に乗っている危険性を指摘し，これを

取り外すために通貨安定と輸出増大に向けたドッジ・ラインを強行し，1ドル＝360円の単一為替レートが導入された。このレートは結果的に1971年まで維持され，日本の復興と高度経済成長を支えていくことになる。そして5月には，商工省と貿易庁を統合して通商産業省を設置し，産業育成と輸出振興に努めた。

　経済自立に向けた強行策はデフレ不況を招き，失業率は上昇し，社会不安が広がった。7月には，人員整理中の国鉄総裁・下山定則が轢死体として発見された下山事件，無人電車が暴走して死亡事故が起きた三鷹事件，8月には列車転覆事故が起こった松川事件と不可解な事件が相次ぎ，共産主義者の関与を疑う議論が行われた。穏健な労働運動育成を図るGHQの支持で1950年3月に日本労働組合総評議会（総評）が結成されたが，急進化していく。

　他方で，一時中断されていた昭和天皇の地方巡幸が1949年に再開され，54年の北海道で，分断されていた沖縄県以外の全都道府県を回り終えた。1949年6月には地方自治庁が設置され，8月のシャウプ勧告は市町村自治の充実と強化を促した。これを受けて1950年5月に地方財政平衡交付金制度が設けられ，54年5月には地方交付税制度へと発展していった。それは，内務省解体後の新たな中央地方関係の整備であった。

　目を国外に転じれば，1949年には冷戦による戦勝国の分裂がさらに進んでいた。北大西洋条約の発効，東西ドイツの成立，ソ連の核保有，中国の内戦では毛沢東率いる中国共産党が中華人民共和国を建設し，蔣介石の中華民国政府は台湾に逃れた。翌1950年2月には毛沢東とスターリンが立ち会う中で中ソ友好同盟相互援助条約が結ばれ，アメリカ国民は大きなショックを受けた。

　こうした緊迫した国際情勢下でアメリカ政府はソ連抜きでの対日講和に踏み出した。講和交渉では「日本の安全」と周辺国の「日本からの安全」がともに重要であった。アメリカ国内にも2つの考えがあり，国務省は占領の長期化が反米意識を高めることを危惧し，講和に積極的であった。それに対して軍は東アジア情勢が緊張をはらむ中で基地の自由使用に死活的な利益を見出し，講和には否定的であった。民主党のトルーマン大統領は「中国喪失」以来の国内情勢に配慮して超党派外交を心がけ，共和党のダレスを国務省顧問に任命して担当させた。ダレスは吉田と同じく第一次世界大戦後のパリ講和会議に参加していたが，その後の平和の喪失を受け，正義は強くなければならないと考えてい

た。日本側では再軍備を唱えた自由主義者・芦田均に近い。日本の安全は西側の安全によって担保される。吉田・ダレス会談では，日本の西側自由主義陣営としての防衛貢献を強く求めるダレスに対して，吉田は安全保障問題にふれたがらず，ダレスを当惑させた。

■ 朝鮮戦争の勃発と講和条約締結 ■

　ところが1950年6月25日，北朝鮮の金日成が祖国統一を掲げて韓国に侵攻し，朝鮮戦争が勃発した。北朝鮮軍は一気に南下したが，拒否権をもつ国連安全保障理事会常任理事国のソ連が中華人民共和国の議席をめぐって安保理をボイコットしていたために国連軍が組織され，マッカーサー司令官の仁川再上陸によって局面は一変した。国連軍はさらに北緯38度線を越えて北上し，逆に南からの統一をめざした。そもそも北朝鮮の南下はソ連のスターリンの支持を受けていたが，第三次世界大戦への拡大をおそれて支援は慎重に行われた。

　ここに介入したのが毛沢東の中国であった。毛はアメリカが台湾海峡に艦隊を送ったことに反応し，内戦貫徹を求める周囲の反対を押し切って人民義勇軍を北朝鮮に送り，再び戦線を38度線付近に押し戻した。これに対してマッカーサーは中華民国軍の中国大陸への反抗や核兵器の使用に言及するようになり，今度はアメリカが戦争の拡大をおそれる番となった。トルーマン大統領は1951年4月にマッカーサーを解任し，占領下の日本人は軍人を抑制するデモクラシーの威力を思い知らされた。

　朝鮮戦争はデフレ不況に苦しんでいた日本にとって経済復興の呼び水となったが，政治的には禍根を残した。日本共産党は1950年1月にコミンフォルムから批判されて動揺し，51年2月，その意向に沿って朝鮮戦争の後方攪乱を目的とする武装闘争方針に転じた。また朝鮮戦争には旧帝国海軍の掃海艇が派遣されたが国内では秘匿された。そして深刻な問題を残したのが不明朗なかたちで再軍備を強いられたことであった。日本に駐留していた軍隊が朝鮮半島に渡ったことから，1950年7月，マッカーサーは日本政府が以前から要請していた治安強化の施策を許可する名目で7万5000人の警察予備隊の創設と8000人の海上保安庁の増員を命令した。再軍備へと続く警察予備隊の創設はポツダム政令により，出発点において憲法との整合性も議論されず，国民が議論する機会もなかった。それは「逆コース」とみなされるGHQの政策の一つであっ

た。

　1951 年 1 月に始まった講和交渉で，ダレスは戦局が不利に展開する中で再軍備への圧力を強めた。しかし，吉田は引き続き国民負担と国内外の軍国主義復活への懸念を挙げて消極姿勢に終始し，講和後の限定的な再軍備への努力を約束するにとどめた。

　「独立」回復後の日本の安全については，敗戦直後からさまざまな検討が行われた。当初，最低限度の自衛が当然視されたが，新憲法によって国連その他の国際的枠組みによる防衛が考えられ，さらに冷戦によって日米 2 国間での安全保障が検討されるに至っていた。しかし，このことは冷戦下で一方に与（くみ）することになり，戦争に巻き込まれる危険性が国内で批判された。すべての連合国と講和すべきという「全面講和」論が中立政策や軍事基地反対論とともに唱えられた。朝鮮戦争勃発後においても，政治学者の丸山真男らが「三たび平和について」を発表し，全面講和論の維持を訴えた。

　それに対して，アメリカとの間で講和を進める政府の姿勢は「多数講和」論や「単独講和」論，西側だけとの「片面講和」論と呼ばれ，日本の安全は当面アメリカに依存することになった。平和条約と同時に結ばれた日米安全保障条約ではアメリカに基地駐留の権利を認める一方，アメリカの日本防衛義務は明記されなかった。また日本政府の要請があれば内乱鎮圧に出動でき，期限がないなど不平等面が目についた。さらに，交渉の最終段階で日本防衛に加えて極東地域の安全が条約の目的に入った。吉田は名目よりも実質を重視して，これらを問題視しなかった。

　他方，対日平和条約案は，1947 年に提起された早期講和案が 25 年間の監視といった制約を含んでいたのと比べて寛大であった。特に賠償については，冷戦が日本に有利に働いた面はあるにせよ，第一次世界大戦後のドイツへの過大な賠償負担が世界経済を傷つけ，ナチスの台頭を招き，第二次世界大戦を引き起こしたことへの反省から，すでに行われた中間賠償を除いて日本の「存立可能な経済」を維持する範囲に限定され，現物・サービスによる役務とされた。なお「日本からの安全」を求める周辺国への保障の意味も込めて，アメリカは北大西洋条約機構（NATO）の太平洋版を検討したが，枠組みから排除されるイギリスの反対や日本と安全保障関係に入ることに消極的な周辺国の意向もあり，米比相互防衛条約などハブ・アンド・スポークと呼ばれるアメリカとの個

別条約の束に帰着する。

マッカーサーの後任となったリッジウェイ連合国最高司令官は 1951 年 5 月，占領中の諸制度の再検討を認めることを声明し，8 月に政令諮問委員会が設けられた。

1951 年 9 月 4 日から 8 日まで 52 カ国が参加してサンフランシスコ講和会議が開かれた。ダレスの強い勧めもあって吉田は自由党が過半数を占める中でも超党派外交をめざし，共産党を除く各党に参加を求めて国民民主党と参議院の緑風会からも全権を得た。会議には予想外にソ連も参加したが，条約には署名せず，49 カ国が調印した。最も被害が大きかったにもかかわらず，アメリカが支持する中華民国と，イギリスが支持する中華人民共和国はいずれも呼ばれなかった。吉田は，平和条約が「復讐の条約」ではなく「和解」と「信頼」の文書であると「欣然」受諾し，「古い日本の残骸」の中から生まれた「新しい日本」が，「平和，デモクラシー，自由」に努める覚悟を述べた。その後，吉田は場所を米軍基地に移し，日米安全保障条約には一人で調印した。

┃占領終結に向けて

条約締結後，まず国会での審議を経て平和条約が批准された。その過程で，平和条約，安保条約のいずれにも反対する共産党に対して，社会党はいずれにも反対する左派と，平和条約には賛成する右派に分裂した。自由党，国民民主党，緑風会はいずれにも賛成した。また，安保条約に基づく米軍駐留の条件を定めた日米行政協定が結ばれたが，刑事裁判権や費用分担の面で占領時代の特権が続く内容に，強い批判が集まった。

次に，平和条約のアメリカでの批准に関連して，日本は中華人民共和国ではなく蔣介石の中華民国政府との間で日華平和条約を結び，最終的に賠償請求権は放棄された。また，日韓国交正常化に向けた交渉も開始された。

日本は植民地が解体され，沖縄などいくつかの地域が切り離され，明治憲法が施行された 1890 年時点よりも小さくなって再出発した。また，占領下にポツダム勅令によって当分の間外国人とみなすとされた朝鮮，台湾出身の旧帝国臣民は，国籍選択の機会を与えられず，外国人登録法の管理を受けた。

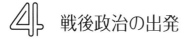 戦後政治の出発 ▶▶憲法・講和・安保と1955年の政治体制

占領後の再出発

　1952（昭和27）年4月28日に対日平和条約が日米安全保障条約とともに発効し，占領日本は幕を下ろした。極東委員会，対日理事会，GHQは廃止され，占領下に再建されたデモクラシーも本格的に再始動した。日本国憲法は初めて外部管理者抜きで運用されることになり，占領下のポツダム政令は，法律となるか，原則180日間で廃止されることになった。

　5月3日，皇居前広場で平和条約発効ならびに日本国憲法施行5周年記念式典が開催され，昭和天皇は「身寡薄なれども，過去を顧み，世論に察し，沈思熟慮，あえて自らを励まして，負荷の重きにたえんことを期し」て「国家再建の志業」大成に努めると退位論を最終的に否定した。その結果，いわゆる天皇の戦争責任は不明確なまま，長く持ち越されることになった。戦争は昭和天皇の名のもとに行われ，国民との結び付きを失った政党政治なき後の日本政治を権威づけたのも天皇であった。木戸元内大臣は講和を機に退位すべきと考えていたが，アメリカと協調して日本の再建に努めることになった。

　講和後の日本は多くの課題を抱えていた。5月1日には「血のメーデー」事件によって死者2名を出し，騒擾罪が適用された。学界では，日本主義の時代を越えて，共産主義が1920年代の元気を回復し，強化していた。7月には破壊活動防止法が制定され，公安調査庁が設置された。また，5月2日には新宿御苑で昭和天皇臨席のもと全国戦没者追悼式が開かれたが，海外戦没者の遺骨収集はこれからであった。生者の帰還も終わっておらず，抑留はもとより，大陸に取り残され，中国人家庭で育てられた中国残留孤児問題は長く続いていく。

　占領改革は占領後の再調整をあわせて戦後改革と呼ばれる。諸制度の調整と定着はこれからの課題であった。復興を担った経済安定本部は1952年7月に経済審議庁に，55年には経済企画庁になった。また，中央地方関係では1952年8月に地方自治庁と全国選挙管理委員会，地方財政委員会が統合され自治庁

となった。自治の強化は事務態勢の強化を要請し，昭和の大合併で1956年までに市町村の数が約3分の1になった。他方，東京都区長公選制が廃止され，区議会が知事の同意を得て選任する間接選任制に改められた。

　北方領土でソ連軍の占拠が続く一方，米軍の支配する沖縄・奄美・小笠原は平和条約第3条でアメリカの施政権を承認する潜在主権が定められた。沖縄では従前の4群島政府に代わって琉球政府が発足した。1953年のクリスマスに奄美群島が返還されたが，これは小笠原と沖縄は返還しないという意思表示であり，1954年1月，アイゼンハワー大統領は沖縄の無期限保持を明言し，基地が拡充された。伊江島などで強制収用が行われ，また，軍用地問題で「島ぐるみ闘争」に発展した。

　朝鮮戦争はスターリン死去後の1953年7月に休戦が成立し，10月に米韓相互防衛条約が結ばれた。かつて山県有朋は主権線と密接な関係を有する利益線防護を説き，朝鮮半島がその焦点として後に韓国併合に至ったが，帝国解体後はアメリカが日本防衛に主要な役割を果たすとともに朝鮮半島情勢にも深く関与することになった。

┃戦後政治の枠組み──1955年体制の成立┃

　占領終結後の日本政治は冷戦の深刻化に加えて，追放解除者の政界復帰によって刺激され，解散が相次いだ。占領政治に否定的な追放解除組は一方で鳩山一郎のように自由党に復帰し，他方で松村謙三のように国民民主党と一緒になって戦前以来の保守2大政党をめざす改進党を結成した。

　朝鮮特需後の再軍備に伴いアメリカの相互安全保障法（MSA）にもとづく援助が政治の焦点となり，1952年4月，海上保安庁に新たに海上警備隊が設置された。8月には保安庁が発足し，10月には警察予備隊を改組して保安隊が発足した。さらに1954年6月に防衛庁設置法と自衛隊法が成立し，7月には航空自衛隊が発足した。最高指揮権は首相にあり，文民統制が制度化された。また戦時中は陸海軍の対立が深刻であったが，陸上，海上，航空の3部隊を束ねる統合幕僚会議が設置され，防衛大学校では統合的かつ英米に範を求めた民主的な教育が施された。自衛隊への改組は少数与党となった吉田自由党内閣が改進党や鳩山自由党との提携に努めたためであった。こうして占領初期には保守の自由党，革新の共産党を排して緩やかな中央勢力の結集が模索されたが，再

軍備と憲法改正問題で保革の明確化が進んだ。

衆議院では自由党内の争いが激しく，保守合同の第一幕として改進党は自由党内の反吉田派を加えて民主党を結成した。他方，参議院は独自会派である緑風会に貴族院の伝統をわずかに残し，戦前に婦人参政権獲得運動の過程で貴族院とつき合いのあった市川房枝も公職追放後に参議院議員となって衆議院とは異なる第二院像を模索した。また，公明選挙運動として，二・二六事件以前の政党政治を矯正し強化するための選挙粛正運動がいわば復活した。戦前の宮中官僚，貴族院議員で戦後は緑風会から参議院議長となる河井弥八は，一方では保守の混乱に，他方では国会に押し寄せる全日本学生自治会総連合（全学連）など左の直接行動に民主政治の将来を危惧した。

1954 年 12 月，吉田内閣は 2 度の解散でも安定を図れず，ついに総辞職に追い込まれた。国会での指名投票で成立したのは，早期解散を条件に左右両社会党の支持を得た日本民主党の鳩山一郎内閣であった。「鳩山ブーム」と呼ばれたように，国民は庶民的で長い苦難の果てに首相となった鳩山に同情的で，1955 年 2 月の総選挙で民主党は第一党を獲得したが，過半数には及ばなかった。

鳩山政権は吉田政治の克服を掲げ，日米関係の対等化と外交地平の拡大をめざした。重光葵外相は日米安全保障条約について，アイゼンハワー政権で国務長官となったダレスに，西太平洋を条約区域として相互条約への改定を求めたが，憲法が改正されない中で相手にされず，同席していた岸信介幹事長に強い印象を残した。これは 1960 年の安保条約改定につながっていく。他方，鳩山政権は日ソ国交回復交渉に取り組み，1956 年 10 月，日ソ共同宣言を行った。シベリア抑留者の帰還を優先し，領土問題は解決できなかったが，拒否権をもつソ連が反対しなくなったことで国際連合への加盟を果たした。サンフランシスコ講和が「片面講和」と批判された中で，国連加盟は日本の国際社会復帰を国民に実感させた。翌 1957 年に岸信介内閣は初の『外交青書』を出し，国際連合中心，自由主義諸国との協調，アジアの一員という日本外交 3 原則を示した。

経済でも大きな進展があった。日本は 1952 年 8 月に国際通貨基金（IMF）・世界銀行に加盟して，第二次世界大戦後の国際通貨システムであるブレトンウッズ体制に正式に加わっていたが，55 年 9 月には関税及び貿易に関する一般協定（GATT）加盟を果たした。同年 12 月には「安定経済を基調として経済の

自立と完全雇用の達成を図る」ことを謳う「経済自立五か年計画」を閣議決定した。それは，閣議決定された初の長期経済計画であった。神武景気の中，翌1956年7月に発表された『経済白書』は1人当たり実質国民総生産（GNP）が1934年から36年の戦前最高水準を超えたことを受けて「もはや『戦後』ではない」と述べた。その後も旺盛な新規設備投資に牽引されて1958年から岩戸景気が始まり，いざなぎ景気を経て1973年まで高度経済成長が続くことになる。

　政党政治では，1949年の第24回総選挙で3分の1に議席を減らし，51年に講和条約をめぐって分裂した日本社会党も，保守の内訌を尻目に議席を回復し，55年の第27回総選挙では左右両派で156議席を獲得し，47年の第23回総選挙時の獲得議席数以上となった。保守が分裂する中で社会党が統一されれば政権も夢ではなく，1955年10月に再統一された。それは第1に，左派社会党の躍進であった。社会党の支持基盤は労働者で，総評は左派を支持した。第2に，西側諸国との友好関係を支持していた右派社会党が，中立政策や中国との国交回復を主張する左派社会党の政策路線に歩み寄るかたちで統一された。そして第3に，労働者政党である前に「平和」「憲法擁護」などを主張する政党として支持を集めた。吉田政権への反対から鳩山政権を支持した社会党であったが，自主独立や日ソ国交回復などで政策が重なる中，鳩山の掲げる憲法改正への反対姿勢を強めた。国際的にも中ソ両国が西側と対峙する中で戦略的に平和を求める「平和攻勢」に転じており，朝鮮戦争の後方攪乱のために武装闘争路線を余儀なくされた日本共産党も政党システムに戻ってきた。

　他方，日本民主党と自由党の合同による単一保守党も実現し，自由民主党が誕生した。安定した保守政権の誕生は，財界やアメリカ政府の強い期待を受けていた。保守合同が三木武吉と岸信介を中心に実現したように，自民党は反吉田の政治基盤として出発した。他方で，これは戦前回帰ではない。岸が「保守新党」という言葉を用いたように，戦前2大政党の反省に立って，より国民に近い新しい政党が追求された。戦後民主主義の起源には，「憲政常道」と呼ばれた戦前の民主的政治慣行の経験，敗戦後の占領改革による制度化とともに，戦時下での政党政治批判があり，国民を代表する存在として総裁選挙の実質化や組織化への取り組みの強化など，さらなる改善が図られたのであった。

　こうして日本国憲法を基盤に冷戦下で自民党と社会党が鋭く対立しながら国

民合意を形作っていく戦後政治のあり方は 1955 年体制と呼ばれ，その下で結果的に 1993 年まで自民党長期政権が実現する。残された戦後改革は憲法改正であったろうか。吉田政治の克服をめざした鳩山政権であったが，争点化することでかえって憲法改正を遠ざけ，日ソ国交回復と国連加盟は現行体制を強化した。

　こうして占領後の日本政治は，①日本国憲法，②サンフランシスコ平和条約と日米安全保障条約，そして③1955 年体制という 3 つの枠組みが支え合いながら展開していく。占領下の文部省教科書は民主主義を「安寧と幸福と繁栄との最も確実な基礎」と位置づけながらも「民主主義は，戦災の廃墟の上に日ならずしておとぎの国を築き上げる魔法やてじなではない」と忠告していた（文部省 1995）。しかし歴史は逆説に満ち，時代は移る。焼け野原を慨嘆した吉田も 1958 年頃には復興を実感するようになり，高度経済成長の時代も胎動していた。

　幕末・維新変革を経て導入された立憲政治の枠内に事実において育まれた民主政治は，時代ごとの課題に揉まれながら，開国和親の担い手として大きな逆潮の果てに復活し強化され，形を変えつつなおもその旅路を続けている。

さらに学びたい人のために | **Bookguide** ●

福永文夫『日本占領史 1945-1952——東京・ワシントン・沖縄』中公新書，2014 年。

　　占領史研究は，戦後日本の形成を問い，国際的にも高い関心が寄せられてきたテーマで，アメリカ国立公文書館所蔵資料をはじめ充実した史料群を用いて高度に発展してきた。本書は沖縄占領も含めた日本占領の全体像を示し，今，「戦後」を考えるうえでの必読書である。

村井哲也『戦後政治体制の起源——吉田茂の「官邸主導」』藤原書店，2008 年。

　　敗戦後の出発を重視するあまりそれ以前との断絶性を強調し過ぎることも，変化を軽視することも誤りである。戦前には戦前の反省があり，占領者の日々の改革と相まって新憲法下での選択と再生が行われた様子を，官邸主導をめぐる政治過程を通して示す。

武田知己『重光葵と戦後政治』吉川弘文館，2002 年。

　　「日本は東西の架け橋となる」と述べた重光。脱亜入欧でも脱欧入亜でもなく，欧米もアジアも，という外交指導者の戦前・戦中・戦後にまたがる実証研究。あるアイデアを実現するために，どのように政治のボタンを押して

いくのか，体制の変化が浮かび上がって刺激的。

引用・参考文献　　　　　　　　　　　　　　　　　　　Reference ●

天川晃 1981「第一次吉田内閣」林茂・辻清明編『日本内閣史録』5，第一法規。

雨宮昭一 2008『占領と改革』（シリーズ日本近現代史⑦）岩波新書。

五百旗頭真 2007『占領期――首相たちの新日本』講談社学術文庫。

五百旗頭真編 2014『戦後日本外交史〔第3版補訂版〕』有斐閣。

小田義幸 2012『戦後食糧行政の起源――戦中・戦後の食糧危機をめぐる政治と行政』慶
　應義塾大学出版会。

楠綾子 2013『占領から独立へ 1945～1952』（現代日本政治史1）吉川弘文館。

高坂正堯 2006『宰相吉田茂』中公クラシックス。

佐藤信 2011『鈴木茂三郎 1893-1970――統一日本社会党初代委員長の生涯』藤原書店。

進藤榮一編 1992『芦田均日記』第2巻・第3巻，岩波書店。

季武嘉也・武田知己編 2011『日本政党史』吉川弘文館。

武田知己 2002『重光葵と戦後政治』吉川弘文館。

福永文夫 2014『日本占領史 1945-1952――東京・ワシントン・沖縄』中公新書。

マッカーサー，ダグラス／津島一夫訳 2014『マッカーサー大戦回顧録』中公文庫。

村井哲也 2008『戦後政治体制の起源――吉田茂の「官邸主導」』藤原書店。

文部省 1995『民主主義――文部省著作教科書』径書房。

吉田裕編 2004『戦後改革と逆コース』（日本の時代史26）吉川弘文館。

　＊Column ❽

平塚らいてう 1992『平塚らいてう自伝――原始，女性は太陽であった』全4巻，大月書
　店。

市川房枝 1974『市川房枝自伝 戦前編』新宿書房。

児玉勝子 1985『覚書・戦後の市川房枝』新宿書房。

Column ❽　平塚らいてうと市川房枝

　占領下の 1945（昭和 20）年 12 月，婦人参政権が認められ，翌年，初の女性代議士 39 名が帝国議会に誕生した。さらにアメリカ人女性ベアテ・シロタ・ゴードンの尽力もあって日本国憲法では男女同権が謳われた。日本女性の政治的権利は敗戦と占領軍の恩寵であろうか。平塚らいてう（1886-1971年）と市川房枝（1893-1981 年）を取り上げたい。

　平塚らいてう，こと平塚明は教育熱心な家庭に育ち，女子の高等教育機関として設立された日本女子大学校を卒業した。1911（明治 44）年 6 月に婦人が作る文芸雑誌『青鞜』を刊行し，「原始，女性は太陽であった」と婦人覚醒の理念を掲げた。与謝野晶子も「山の動く日来る」で始まる詩を寄せた。「新しい女」として世の注目を集めた平塚は次第に婦人問題への関心を高め，1920（大正 9）年に新婦人協会を設立して政治運動に乗り出した。そこで協力者に選んだのが実務家の市川房枝であった。新婦人協会は治安警察法第 5条改正運動を行い，1922 年に女性の集会参加を実現すると解散した。

　市川は愛知女子師範学校を卒業し，小学校教員や新聞記者などを務めた当時の職業婦人であった。友愛会婦人部で書記も務め婦人労働に関心が高かった。平塚と別れた市川は兄がいたアメリカを訪問し，全米婦人党のアリス・ポールと知り合う。労働運動よりも女性運動を，と勧められた市川は，関東大震災後の日本で，婦人参政権獲得期成同盟会（婦獲）に参加して運動を主導していく。

　当時の運動目的は，婦人参政権（国政参加），婦人公民権（地方参政），婦人結社権（政党加入）の獲得であった。「婦選は鍵なり」と述べたように，市川は女性の権利擁護のために選挙権を求め，内外の婦人の連帯に努めた。時は「憲政常道」の時代，1925 年には納税資格を問わない普通選挙が満 25 歳以上の男子に実現していた（男子普通選挙）。市川らは無産政党に期待しつつも政友会と民政党にも働きかけ，その競争の中で 1931（昭和 6）年春には，民政党内閣提出の婦人公民権案が衆議院通過を果たした。しかしさらに良い法案がじきに成立すると考えた市川らはこれに反対し，貴族院での否決を喜んだ。ところが，そこに満州事変が起こり，政党内閣は途絶え，権利運動は停滞した。

　平塚は地域で消費組合運動を行っていた。市川も政党政治の再建に期待しながら母性保護法制定運動や東京市政にかかわり，選挙粛正運動に参加して女性の存在感を示した。それは戦時下での大日本産業報国会婦人指導委員会委員や言論報国会理事にもつながり，のちに公職追放を受ける。戦後の平塚は平和運動に取り組み，市川は獲得した権利が再び奪われることがないよう憲法擁護に努めた。2 人は古い友人として時に協力した。その後，市川は参議院議員として女性の権利拡張と，基盤となる健全な政党政治の育成に力を尽くした。

図 1　人口と予算（1875-1945 年）

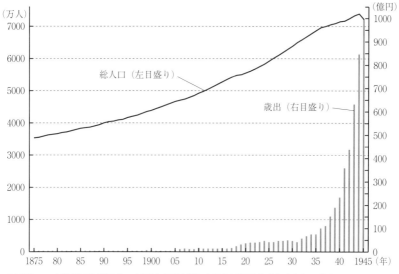

［出所］　日本銀行統計局編「日本銀行 明治以降 本邦主要経済統計」をもとに作成。

図 2　主要政党の変遷

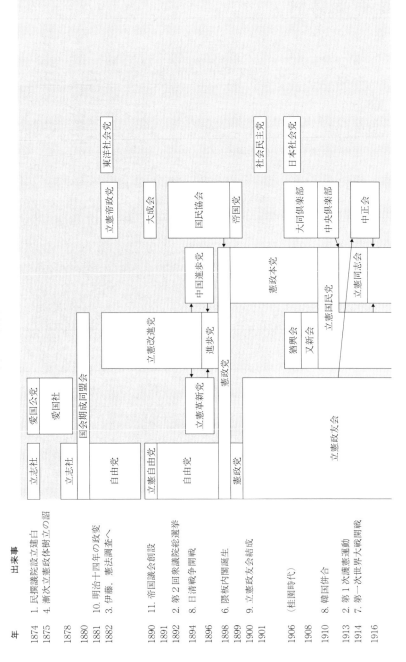

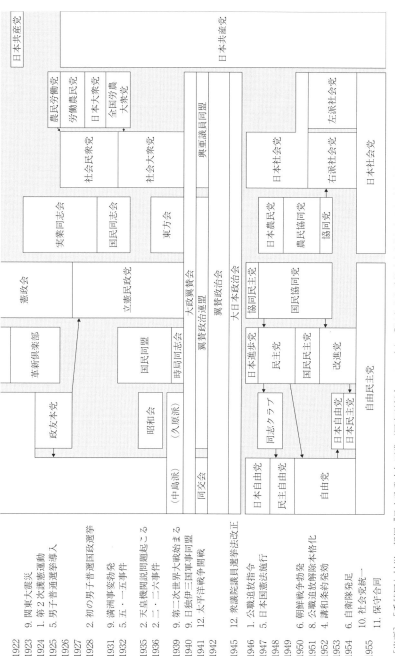

1922	9. 関東大震災
1923	9. 関東大震災
1924	1. 第2次憲政運動
1925	5. 男子普通選挙導入
1926	
1927	
1928	2. 初の男子普選国政選挙
1931	9. 満洲事変勃発
1932	5. 五・一五事件
1935	2. 天皇機関説問題起こる
1936	2. 二・二六事件
1939	9. 第二次世界大戦始まる
1940	9. 日独伊三国軍事同盟
1941	12. 太平洋戦争開戦
1942	
1945	12. 衆議院議員選挙法改正
1946	1. 公職追放指令
1947	5. 日本国憲法施行
1948	
1949	
1950	6. 朝鮮戦争勃発
1951	8. 公職追放解除本格化
1952	4. 講和条約発効
1953	
1954	6. 自衛隊発足
1955	10. 社会党統一
	11. 保守合同

[出所] 「系統図」村川一郎編『日本政党史』『日本政党史』下巻（国書刊行会，1998年），「既成政党系統略表」「無産政党系統略表」遠山茂樹・安達淑子『近代日本政治史必携』（岩波書店，1961年）をもとに作成。

事項索引

人名索引

有斐閣 ストゥディア
YUHIKAKU

日本政治史──現代日本を形作るもの
An Introduction to A Political History of Modern Japan

2020 年 1 月 25 日　初版第 1 刷発行
2024 年 2 月 10 日　初版第 3 刷発行

著　者	清　水　唯一朗
	瀧　井　一　博
	村　井　良　太
発 行 者	江　草　貞　治
発 行 所	株式会社　有　斐　閣

郵便番号 101-0051
東京都千代田区神田神保町 2-17
https://www.yuhikaku.co.jp/

印刷・大日本法令印刷株式会社／製本・牧製本印刷株式会社
© 2020, Yuichiro Shimizu, Kazuhiro Takii, and Ryota Murai. Printed in Japan
落丁・乱丁本はお取替えいたします。

★定価はカバーに表示してあります。

ISBN 978-4-641-15070-6